农村义务教育改革与发展问题研究丛书

丛书主编 ◎ 范先佐　雷万鹏

农村义务教育教师补充政策研究

付卫东 ◎ 等著

科学出版社

北京

内 容 简 介

我国已进入全面建成小康社会的关键阶段,但农村义务教育教师队伍建设还面临诸多挑战,农村义务教育教师补充问题较为突出。深入、系统地研究农村义务教育教师补充政策,有利于加强农村义务教育教师队伍建设,为县域义务教育优质、均衡发展提供参考依据。

本书首先对我国农村义务教育教师补充政策进行了系统回顾和反思;其次分别研究了国家免费师范生政策、地方免费师范生政策和特岗教师政策,阐述了这些政策实施的背景、内容、成效、问题以及应对策略;最后,着重对江西省定向免费师范生政策和湖北省新机制教师政策进行了案例研究。

本书可以为从事教育政策研究的机构和个人提供学术及实践参考,也可以为地方教育行政官员和中小学校长提供决策参考。

图书在版编目(CIP)数据

农村义务教育教师补充政策研究 / 付卫东等著. —北京:科学出版社,2020.8

(农村义务教育改革与发展问题研究丛书 / 范先佐,雷万鹏主编)

ISBN 978-7-03-062205-1

Ⅰ. ①农… Ⅱ. ①付… Ⅲ. ①乡村教育-义务教育-师资培养-教育政策-研究-中国 Ⅳ. ①G451.2

中国版本图书馆 CIP 数据核字(2019)第 190037 号

责任编辑:付 艳 刘曹芃 黄雪雯 / 责任校对:何艳萍
责任印制:李 彤 / 封面设计:润一文化

科学出版社 出版

北京东黄城根北街 16 号
邮政编码:100717
http://www.sciencep.com

北京盛通商印快线网络科技有限公司 印刷

科学出版社发行 各地新华书店经销

*

2020 年 8 月第 一 版　开本:720×1000　B5
2020 年 8 月第一次印刷　印张:13 3/4
字数:254 000

定价:89.00 元

(如有印装质量问题,我社负责调换)

"农村义务教育改革与发展问题研究丛书"
编委会

主 编 范先佐 雷万鹏

编 委 唐 斌 郭清扬 王远伟
　　　 付卫东 叶庆娜 马红梅

丛 书 序

农村义务教育是我国义务教育极为重要的组成部分。进入21世纪,中国迎来了基本完成义务教育普及工作的"后普九"时代,城乡适龄儿童"有学上"的问题得到基本解决。在这样一个大背景下,广大人民群众对教育的要求也越来越高,已不再简单地满足于"有学上",而是对"上好学"提出了新的要求。因此,义务教育由确保数量上的达标转向注重均衡发展,这既是新世纪、新时代我国教育发展面临的一个重大的现实问题和战略任务,也是广大人民群众对我国未来教育发展的一种美好期待。但是,长期以来,我国城乡经济社会发展的不平衡不充分,农村义务教育底子薄弱、沉积问题繁多,加之城镇化变迁等问题,令农村义务教育改革更复杂、更艰巨、更具挑战性,农村义务教育进入了改革的深水区和发展的关键期。因此,对我国农村义务教育改革与发展的重点和难点问题进行深入的研究,既有助于我国义务教育的均衡发展,又有助于满足广大人民群众对我国未来教育发展的美好期待,让更多的农村学生享受到公平而又有质量的教育。

我们谈农村义务教育的改革与发展,不能就农村谈农村,它不是孤立的,而是整个经济社会发展和教育事业发展中不可分割的一部分。因此,对于农村教育问题的探讨,需要更宏大的研究视角,要在城乡义务教育均衡发展中去破解农村教育中存在的问题。《国家中长期教育改革和发展规划纲要(2010—2020年)》将推进义务教育均衡发展提升到义务教育战略性任务的高度,要求加快缩小城乡差距,努力缩小区域差距,到2020年基本实现区域内义务教育均衡发展。党的十九大报告更加明确要求,要推动城乡义务教育一体化发展,高度重视农村义务教育。为此，我们组织编写了这套"农村义务教育改革与发展问题研究丛书"，试图在前人研究的基础上，结合我们研究团队的优势，就农村中小学教师队伍建设、农村家庭义务教育需求、流动儿童和留守儿童、寄宿制学校、贫困生资助、义务教育财政体制等关涉农村义务教育改革与发展的重点和难点问题，进行全面、深入的分析研究，并就如何破解这些难点提出若干对策建议，进而促进义务教育均衡发展。

范先佐　雷万鹏

前　言

《荀子·大略篇》有提到：国将兴，必贵师而重傅；国将衰，必贱师而轻傅。提高教育质量，促进教育公平，实现由教育大国向教育强国的转变，关键在于建设一支师德高尚、业务精湛、结构合理、充满活力的高素质专业化教师队伍。自中华人民共和国成立以来，我国采取了一系列的政策措施，初步建立了一支数量基本充足、结构趋于合理、素质稳步提高、相对稳定的农村义务教育教师队伍。但是，在我国进入全面建成小康社会的关键阶段，面对提高教育质量和促进教育公平的两大战略任务，我国农村义务教育教师队伍建设还面临诸多挑战，农村义务教育教师补充问题较为突出，新形势下农村义务教育教师补充政策也要因时而变。系统研究农村义务教育教师补充政策，对加强农村义务教育教师队伍建设，促进县域义务教育优质均衡发展，具有重要的现实意义。

本书是华中师范大学中央高校基本科研业务费重大领域研究项目"农村义务教育改革与发展问题研究"（CCNU14Z02007）的子课题"农村义务教育教师队伍建设"的阶段性成果。在本书中，我指导的硕士研究生收集了不少有价值的学术资料，例如，第二章的资料由 2015 级硕士研究生彭士洁收集，第五章的资料主要由 2015 级硕士研究生刘博收集，第六章的资料主要由 2014 级硕士研究生吴晗收集。本书的校对由 2017 级硕士研究生沙苏慧和常亚欢负责，全书由我撰写并统稿。在写作过程中，我得到了导师范先佐教授的悉心指导，也得到了领导王继新教授、雷万鹏院长和左明章副院长的大力支持，在这里一并表示感谢。

本书也是多年来我对农村义务教育教师队伍建设研究的系统总结，主要体现在我撰写的一系列文章中，例如，2011 年 7 月，在《华中师范大学学报（人文社会科学版)》上发表文章《首届免费师范毕业生就业意向及其影响因素分析——基于全国6所部属师范大学免费师范毕业生的调查》；2012年4月，在《复旦教育论坛》上发表文章《首届免费师范毕业生就业影响因素实证研究——基于全国六所部属师范大学的调查》；2012年7月，在《高教发展与评估》上发表文章《首届免费师范毕业生就业情况调查分析》；2012年9月，在《河北师范大学学报（教育科学版）》上发表文章《首届免费师范毕业生就业情况及其影响因素分析——基于全国6所部属师范大学的调查》；2013年2月，在《河北师范大学学报（教育科学版）》上发表文章《首届免费师范毕业生工作生活的主要困难及应对策略——以华中师范大学为例》；2013年8月，在《河北师范大学学报（教育科学版）》上发表文章《师范生免费教育政策：背景、成效、问题及对策——基于全国六所部属师范大学的调查》；2013年11月，在《华中师范大学学报（人文社会科学版）》上发表文章《高校师范类学生就业需求与师范生免费教育政策调整——基于全国6所部属师范大学和30所地方院校的调查》；2015年6月，在《教师教育论坛》发表文章《地方实施师范生免费教育政策的基本模式探析》；2015年12月，在《中国大学教学》上发表文章《鼓励和支持地方实施师范生免费教育政策的理性思考》。

　　希望本书可以为从事教育政策研究的机构和个人提供学术及实践参考。当然，本书肯定还存在不足之处，例如，由于种种原因，有些地方研究不深入，有些资料的使用本书并未完全标注出来，有些对策建议需要进一步推敲，等等。我们将继续开展更深入的研究，以为新时期我国农村义务教育教师队伍建设提供更中肯的政策建议。

付卫东

目　录

丛书序

前言

绪论 ……………………………………………………………………… 1

第一章　农村义务教育教师补充政策回顾与反思 ………………… 7

　　第一节　计划经济阶段：农村义务教育教师补充政策演变 ……… 7

　　第二节　市场经济初级阶段：农村义务教育教师补充政策演变 … 11

　　第三节　市场经济深化阶段：农村义务教育教师补充的探索与革新 … 16

　　第四节　农村义务教育教师补充政策的反思 ……………………… 22

第二章　国家免费师范生政策研究 ……………………………………… 25

　　第一节　国家免费师范生政策实施背景 …………………………… 25

　　第二节　首届免费师范毕业生就业意向 …………………………… 27

　　第三节　首届免费师范毕业生就业满意度 ………………………… 40

　　第四节　首届免费师范毕业生在工作、生活、读研中的主要困难 … 48

　　第五节　首届免费师范毕业生工作、生活满意度 ………………… 54

　　第六节　首届免费师范毕业生的政策认同 ………………………… 60

第三章　地方免费师范生政策研究 ……………………………………… 68

　　第一节　地方免费师范生政策实施的现实背景 …………………… 68

　　第二节　普通高校师范类学生就业需求 …………………………… 80

　　第三节　地方免费师范生政策的基本模式 ………………………… 87

第四节　地方免费师范生政策的定位和路径选择……………… 93

第四章　特岗教师政策研究……………………………………… 102
　　第一节　特岗教师政策实施的现实背景………………………… 102
　　第二节　特岗教师政策的基本内容……………………………… 105
　　第三节　特岗教师政策实施的初步成效………………………… 109
　　第四节　特岗教师政策实施过程中存在的主要问题…………… 116
　　第五节　特岗教师政策实施中存在问题的原因分析…………… 119
　　第六节　完善特岗教师政策的建议……………………………… 123

第五章　案例研究：江西省定向免费师范生政策……………… 128
　　第一节　江西省定向免费师范生政策的主要内容……………… 128
　　第二节　江西省试点县定向免费师范生政策实施情况………… 129
　　第三节　江西省试点县定向免费师范生政策取得的初步成效… 131
　　第四节　江西省定向免费师范生政策实施过程中存在的主要问题… 138
　　第五节　完善江西省定向免费师范生政策的建议……………… 139

第六章　案例研究：湖北省新机制教师政策…………………… 142
　　第一节　湖北省新机制教师政策实施的现实背景……………… 142
　　第二节　湖北省新机制教师政策的基本内容…………………… 145
　　第三节　湖北省新机制教师政策实施的初步成效……………… 148
　　第四节　湖北省新机制教师政策实施中的主要问题…………… 157
　　第五节　湖北省新机制教师面临问题的深层次原因…………… 171
　　第六节　完善湖北省新机制教师政策的建议…………………… 184

参考文献…………………………………………………………… 201

绪　　论

进入新时代，面对提高教育质量和促进教育公平的两大战略任务，我国农村义务教育教师队伍建设还面临诸多挑战。一是国际竞争对高素质人才培养的需要与农村义务教育教师整体素质不高的矛盾。目前世界各国都非常重视教师的发展。2012年9月，联合国秘书长潘基文在联合国大会上发起"教育优先"这一倡议，声言"没有合格的教师就没有高质量教育"[1]，并呼吁推动教师发展。二是全面建成小康社会对高素质创新型人才的要求与农村义务教育教师素质和业务水平不高的矛盾。目前，我国农村义务教育教师队伍建设还不尽如人意，尤其是中西部地区农村中小学依然存在着教师数量不足、部分学科教师紧缺以及教师素质低等问题。

针对国际竞争对高素质人才培养的需要和农村义务教育缺乏教师尤其缺乏优秀年轻教师的状况，国家先后采取了一系列的政策措施来加强农村义务教育教师队伍建设。2003年7月，国家开始实施"大学生志愿服务西部计划"。自2004年起，国家采用推荐免试入学的办法，为"国家扶贫开发工作重点县"培养了一批农村教育硕士。为贯彻落实2005年中共中央办公厅、国务院办公厅印发的《关于引导和鼓励高校毕业生面向基层就业的意见》和十六届五中全会提出的"切实提高师资特别是农村师资水平"[2]，以及2006年《中共中央　国务院关于推进社会主义新农村建设的若干意见》提出的"加强农村教师队伍建设，加大城镇教师支援农村教育的力度，促进城乡义务教育均衡发展"等有关精神，教育部、财政部、人事部和中央机构编制委员会办公室（以下简称"中央编办"）联合启动了农村义务教育阶段学校教师特设岗位计划（以下简称"特岗计划"）。2007年，党的十七

---

[1] 潘基文. 2012-10-05. 潘基文2012年世界教师日致辞. http://www.kaosee.cn/plus/view.php?aid=890
[2] 人民网. 2006-05-19. 加强农村教师队伍建设的新举措. http://edu.people.com.cn/GB/4387876.html

大提出"加强教师队伍建设,重点提高农村教师素质"[1],同年,国家开始启动免费师范生政策(也称"师范生免费教育政策")。党的十七届三中全会提出,保障和改善农村教师工资待遇和工作条件,健全农村教师培养培训制度,提高教师素质。[2]2010年7月,国家中长期教育改革和发展规划纲要工作小组办公室发布了《国家中长期教育改革和发展规划纲要(2010—2020年)》,该纲要进一步明确了加强教师队伍建设的保障措施,提出了"以农村教师为重点,提高中小学教师队伍整体素质"等要求。2012年教师节前夕,《国务院关于加强教师队伍建设的意见》明确提出:中小学教师队伍建设要以农村教师为重点,采取倾斜政策,切实增强农村教师职业吸引力,激励更多优秀人才到农村从教。为了进一步加快农村义务教育教师队伍建设步伐,建立城乡一体化义务教育发展机制,从根本上解决农村义务教育发展的突出问题,2012年,《教育部 中央编办 国家发展改革委 财政部 人力资源社会保障部关于大力推进农村义务教育教师队伍建设的意见》出台,该意见明确提出,到2020年,建立起较为完善的准入严格、管理规范、保障有力的农村教师队伍建设长效机制,造就一支师德高尚、数量充足、配置均衡、城乡一体、结构合理、乐教善教、稳定而充满活力的高素质农村教师队伍。2018年1月,《中共中央 国务院关于全面深化新时代教师队伍建设改革的意见》明确了新时代教师队伍建设的目标任务:经过5年左右努力,教师培养培训体系基本健全,职业发展通道比较畅通,事权、人权、财权相统一的教师管理体制普遍建立,待遇提升保障机制更加完善,教师职业吸引力明显增强。教师队伍规模、结构、素质能力基本满足各级各类教育发展的需要。并且,该意见还提出大力提升乡村教师待遇、深入实施乡村教师支持计划等措施。可以看出,国家对农村义务教育教师队伍高度重视,在不同的历史时期颁布了不同的农村义务教育教师补充政策。那么,这些农村义务教育教师补充政策有哪些基本内容?这些政策实施的现实背景是什么?取得了哪些初步成效?还存在哪些突出的问题?为什么会存在这些突出问题?解决这些突出问题的对策建议是什么?这些问题都急需回答。因此,对农村义务教育教师补充政策的研究,系统梳理国家支持农村义务教育教师发展的历史脉络,对进一步推进农村义务教育教师队伍建设,促进城乡义务教育均衡发展,具有重要的现实意义。

---

① 胡锦涛. 2007-10-24. 胡锦涛在党的十七大上的报告. http://politics.people.com.cn/GB/8198/6429195.html

② 中国网. 2008-10-20. 中共中央关于推进农村改革发展若干重大问题的决定. http://www.china.com.cn/policy/txt/2008-10/20/content_16635093_5.htm

本书在借鉴前人研究的基础上，以文献研究、历史研究和比较研究等研究方法为资料收集手段，从理论与实践相结合的角度，对我国农村义务教育教师补充政策进行了系统梳理，了解了我国农村义务教育教师补充政策的历史脉络；通过对国家免费师范生政策、地方免费师范生政策、特岗教师政策等农村义务教育教师补充政策实施的历史和现实背景、基本内容、取得的效果、存在的主要问题及其背后的深层次原因进行全面深入的分析，以期引起各级政府部门、非政府组织、研究机构和社会其他相关部门对该问题的重视，并最终采取相应的措施解决农村义务教育教师补充政策实施过程中出现的问题，从而更好地加强农村义务教育教师队伍建设和促进城乡义务教育优质均衡发展。

本书力图对农村义务教育教师补充政策进行全景式分析和深度探讨，并对现行的农村义务教育教师补充政策的不足及影响因素进行剖析。对农村义务教育教师补充政策进行深度挖掘，寻找政策背后的理论根基，可以深入探究农村义务教育教师补充政策存在问题的症结所在，为进一步完善农村义务教育教师补充政策提供坚实的理论依据。全面了解农村义务教育教师补充政策的现状，分析带有共性的问题及其背后的深层次原因，提出解决问题的对策思路，对于进一步加强农村义务教育教师队伍建设和促进城乡义务教育优质均衡发展具有重要的现实意义，具体包括三个方面。①有利于完善教师政策，特别是农村义务教育教师政策研究。以农村义务教育教师为关注点的政策研究日益成为教育研究的热点。从现有的文献来看，目前，教育学界对农村义务教育教师补充政策的关注逐渐升温，其研究范围和领域也在不断拓展，但是总的来看，目前，农村义务教育教师补充政策的研究成果还不丰富，其研究视角尚显单一，理论深度有待进一步挖掘。对农村义务教育教师补充政策进行系列实证研究，可以为改善我国农村义务教育教师短缺的现状提供新的思路。②有利于改善农村基层学校教师的生存境遇。对于新入职教师而言，农村义务教育教师补充政策的顶层设计与他们的福利待遇、生活境遇和专业发展息息相关；对于在职教师来说，行之有效的农村义务教育教师补充政策可以转变他们的教学观念，提升他们的教学水平，减轻他们的压力。可见，农村义务教育教师补充政策对整个农村义务教育阶段的教师队伍建设都有非常重要的影响。③为有效壮大农村义务教育教师队伍提供有益的借鉴。自中华人民共和国成立以后，针对农村义务教育阶段教师队伍的补充，不同历史阶段有不同的政策，这些政策的实施既有成功的经验，也有失败的教训。系统总结不同历史阶段我国农村义务教育教师补充政策的得失，对于解决农村义务教育教师队伍出现的新问题，出台新时期农村义务教育教师补充政策，都有很好的借鉴作用。

农村义务教育教师补充政策研究是一项复杂的工作，研究内容涉及很多方面，包括农村义务教育教师补充政策的基本组成，各项子政策实施的背景、效果、问题及对策等。因此，针对农村义务教育教师补充政策的研究，是多种研究方法综合运用的过程。正如马修（C. Marshall）和罗斯曼（G. B. Rossman）认为的，应根据过程中的问题的特点和资料的需要，灵活采用不同的研究方法或同时采用多种方法进行研究，从而使它们取长补短，较好地达到研究的目的（王宝玺，2002）。本书采用的方法有四种。①文献研究法。文献研究法最大的特征是不接触研究对象，它主要利用二手资料进行研究，因而具有很明显的间接性、无干扰性和无反应性。本书主要采用官方文献、大众传媒中的现存统计资料分析，以及近年来国内外农村义务教育教师补充政策的研究成果，全面了解农村义务教育教师队伍补充政策的基本情况。②历史研究法。历史研究法涉及对过去发生事件的了解和解释。其目的在于通过对以往事件的原因、结果或趋向的研究，解释目前的事件和预测未来的事件。对历史资料的掌握，有助于全面地了解事件的真相和预测事件未来的发展趋势。历史研究法正是借助于对相关社会历史过程的史料进行分析、破译和整理，以认识研究对象的过去、研究其现在和预测其未来的一种研究方法（裴娣娜，2006）。教育科学中的历史研究法，顾名思义，是以历史研究法来研究教育科学，是通过搜集某种教育现象发生、发展和演变的历史事实，并对其加以系统客观的分析研究，从而揭示其发展规律的一种研究方法。本书运用历史研究法，对我国农村义务教育教师补充政策的整个过程进行回顾，全面地了解我国农村义务教育教师补充政策的历史脉络和历史背景，以预测我国农村义务教育教师队伍建设的发展趋势。③比较研究法。比较是根据一定的标准，把彼此有某些联系的事物放在一起考察，寻找异同，以把握研究对象所具有的质的规定性。比较研究法是确定对象间异同的一种逻辑思维方法，也是一种具体的研究方法（裴娣娜，2006）。比较研究法的本质在于：从事物的相互联系和差异的比较中观察事物、认识事物，从而探索规律。比较，也是一种认识。"知识不能单从经验中得出，而只能从理智发明同观察的事实两者的比较中得出。"（爱因斯坦，1976）本书运用比较研究法，分析不同历史阶段我国农村义务教育教师补充政策的异同，了解不同历史阶段农村义务教育教师补充政策的经验和教训，对完善该政策有很好的启示作用。④调查研究法。调查研究法也叫"现代社会调查方法""社会调查""问卷调查""统计调查"。这种方法最大的特点是运用概率抽样方法抽取样本或者针对总体的所有个体，采取问卷调查或登记表的方法收集资料，并在对资料进行统计分析的基础上把调查结论推论到样本所在的总体（仇立平，2008）。其作用在于能够在对大量样本调查或总体调查的基础上，反映社会一般情况；能客观地、精确地分析社会现象；资料精确、可靠，调查结论的概括度相对较高。本书先后对华中师范大学等六所部属师范大学首届免费师范毕业生进行了跟踪调查，分别调查其就业意向、就业情况、就业后工作生活和读研中的主要困难、工作生活满意度以及政策认同度等，还对30所地方普通高校师范类学生的就业意向进行了调查，以及对江西省定向免费师范生政策和湖北省新机制教师政策的实施情况进行了实地调研，得到了大量一手数据和访谈资料，为本书的撰写奠定了坚实的基础。

  本书的逻辑思路是：由于历史和现实的原因，当前我国农村义务教育教师队伍建设问题较为突出，完善农村义务教育教师补充政策刻不容缓。那么，我国农村义务教育教师补充政策的历史脉络是什么？该政策由哪几个子政策组成？每个子政策实施的历史和现实背景是什么？这些子政策取得了哪些初步效果？在实施过程中还存在哪些突出的问题？这些突出问题背后的深层次原因是什么？如何完善这些子政策？本书力图从教育学、教育经济学、经济学和管理学等学科的视角出发，从理论和实践相结合的角度，对上述问题进行全面、深入的分析，并结合我国的现实国情，提出进一步完善我国农村义务教育教师补充政策的对策建议。

  本书共分为七部分。绪论主要明确本书要研究的问题，拟定本书的研究思路与研究方法。第一章主要是对我国农村义务教育教师补充政策的回顾与反思。该章系统地回顾了农村义务教育教师补充政策的发展历程，探究了自中华人民共和国成立以来我国农村义务教育教师补充政策的演变历程，了解了不同阶段我国农村义务教育教师补充政策的特点。第二章主要研究国家免费师范生政策。该章着重分析国家免费师范生政策实施的历史和现实背景，并通过追踪调查的形式，对六所部属师范大学的首届免费师范毕业生的就业意向、就业情况、就业后工作生活和读研中的主要困难、工作生活满意度以及政策认同度等进行了调查，了解了国家免费师范生政策实施的初步效果以及存在的主要问题，并提出了相应的对策建议。第三章主要研究地方免费师范生政策。该章着重分析地方免费师范生政策实施的历史和现实背景，调查我国农村中小学教师队伍建设的现状及需求，以及我国普通高校师范类学生的就业需求，提出了我国地方免费师范生政策调整的建议。并且，通过比较我国地方免费师范生政策的不同模式，了解这些不同模式的利弊，提出了我国地方免费师范生政策的战略定位和实施的基本路径，为补充农村义务教育师资提供了新鲜的血液。第四章主要研究特岗教师政策。该章着重分析我国特岗教师政策实施的历史和现实背景，阐释了特岗教师政策的基本内容，分析了特岗教师政策取得的初步成效和存在的主要问题，在分析问题背后深层次原因的基础上，提出了完善特岗教师政策的对策建议。第五章主要对我国地方免费师范生政策案例进行研究，通过分析江西省定向免费师范生政策实施的历史和现实背景，阐释了该政策的基本内容，分析了该政策取得的初步成效和存在的主要问题，在分析存在问题背后的深层次原因的基础上，提出了完善江西省定向免费师范生政策的对策建议。第六章也是对我国地方免费师范生政策进行案例研究，通过分析湖北省新机制教师政策实施的历史和现实背景，阐释了湖北省新机制教师政策的基本内容，分析了新机制教师政策取得的初步成效和存在的主要问题，在分析存在问题背后的深层次原因的基础上，提出了完善湖北省新机制教师政策的对策建议。

第一章 农村义务教育教师补充政策回顾与反思

强国必先强教,强教必先强师。自中华人民共和国成立后,我国对农村义务教育教师补充工作高度重视,先后根据当时形势发展的需要制定了不少教师补充政策,既有成功的经验,也有失败的教训。系统地回顾不同历史时期我国农村义务教育教师补充政策的演变历程,能够更加理性地看待当前农村义务教育教师补充政策的现实选择。

第一节 计划经济阶段:农村义务教育教师补充政策演变

自中华人民共和国成立后,我国进入和平建设时期,社会各项事业开始恢复,其中,教育事业也随之进入了迅速发展时期,农村义务教育教师队伍规模也随着农村教育的迅速发展而得到了大量扩充,这主要得益于两个因素:①农民教育需求的释放;②农村基础教育的发展。教育供求之间的巨大差距使学校建设和师资补充成为当时教育发展的迫切需要,并对农村义务教育教师补充工作提出了新的要求和挑战。

为化解中华人民共和国成立初期人民群众高涨的教育需求与当时教育事业供给能力相对不足之间的突出矛盾,国家采取了坚持国家办学和群众办学相结合的发展模式,通过公办和民办两条路线推进教师补充工作的稳步进行,调动了各方力量参与教育事业建设的积极性,加快了教育事业的发展步伐。

改革开放前,国家行政力量在农村义务教育教师补充工作中扮演着重要的角色,农村义务教育教师补充工作主要遵循计划经济体制下的培养、招募和分配机制;补充方式服从于国家计划调整的整体安排。这一时期,我国农村义务教育教师的补充工作主要依靠两种方式予以推进:①以独立的师范教育为农村中小学培养和输送教师,其类型主要包括高等、中等、初等三级师范教育,中等师范教育是农村义务教育教师补充的主要方式;②吸纳民办教师加入农村义务教育教师队伍,从而弥补因国家财力限制而造成的公办教师供给缺口。

一、师范教育政策的调整

作为教师培养的主渠道,师范教育被纳入中华人民共和国成立初期国家教育政策的核心。中华人民共和国成立初期,基于普及教育的现实需要以及当时基层财力的客观限制,各地方政府都将师范教育的发展重点放在了发展初等师范教育上。1952年7月,教育部颁布《师范学校暂行规程(草案)》,该规程提出了当时师范教育的基本方针,即"正规师范教育与大量短期培训相结合",并指出在一定时期内"以大量短期培训为重点"(菲利普·库姆斯,2001),从而将中华人民共和国成立初期师范教育的重心放在了以短期培训为主的速成式师资培养模式上。国家采取的这种以中低层次为主的师范教育发展路线,虽然存在弊端,但在当时师资严重短缺的大环境下,这种低门槛、宽来源、速成式的教师补充方式,使农村义务教育小学教师队伍得到了迅速壮大,从而缓解了农村小学严重的师资压力。

为了弥补农村小学教师数量的不足,更好地提升农村小学教师的培养水平,国家将中等师范教育列为师范教育规划的重点。1956年,国家颁布《师范学校规程》,从而奠定了中等师范教育在培养基础教育师资方面的核心地位,推动了中等师范教育的长足发展。此后,在长达半个多世纪的时间里,中等师范教育一直在农村义务教育教师补充工作中扮演着主要角色,并为我国农村中小学教师队伍的建设发挥了不可替代的重要作用。

随着经济社会的发展以及国家人才培养标准的提高,这一政策也在实践中不断被调整。基于农村师资建设梯队重心的上移,以及工业化进程对高水平人才的需求,以中低层次为主的师范教育发展路线已难以适应当时国家建设对人才质量与规格的要求,且初等师范教育普遍低下的培养质量也使其存在的合理性受到了广泛的质疑。为有效提高教师的质量和水平,国家对师范教育的培养层次做出了适时调整,重点加大了对高等师范教育的投入力度,并逐步提高了中等师范教育的发展比重,初等师范教育则通过裁撤及升格等形式加以转化和压缩,其规模大幅缩减（最终于20世纪50年代后期走向终结）。通过这些措施，国家集中有限的教育投入，促进了师范教育资源的优化配置，改善了师范教育的办学结构，逐渐形成了以中高层次为主的师范教育培养格局，进而扩大了对中等师范教育的师资输送规模，进一步促进了我国教育事业的发展。

1958年，在"大跃进"的影响下，包括农村初中和农业中学在内的农村中等学校得到迅速发展，特别是农业中学发展迅猛，我国农业中学招生规模达到200万人，从而推动了农村教育的结构性变革（张乐天，2009）。为了满足农村中等学校日益高涨的师资需求，高等师范教育适时扩大了培养规模，来满足农村中等教育对教师补充的现实需要。在此期间，全国范围内掀起了大办师范教育的建设浪潮，师范院校数量迅速增加，学校布局范围迅速扩大，尤其是中等师范教育，在"县办师范教育"目标的推动下，其办学布点更为分散，布点过多导致了办学力量的严重分散和办学质量的不断下滑，损害了师范教育对农村义务教育教师补充的有效输送能力，直接影响了农村义务教育教师补充的规模和质量，从而给农村义务教育教师队伍建设带来了明显的消极影响。随着1960年开始整顿，师范教育也随之进入了调整期，但对其规模的压缩幅度过大，这种过度的压缩削弱了中等师范教育的师资培养能力，从而给农村义务教育教师补充工作带来了很大的困难，并给当时正在推进的小学普及工作造成了非常不利的影响，使其缺乏足够的基础教育师资储备，因而难以实现预期的普及目标。

二、民办教师政策的调整

民办教师的发展和国家的政治、经济尤其是教育的发展状况密不可分。中华人民共和国成立初期，国家经济实力有待提升，难以独立支撑耗资庞大的教师补充工作，因此，在发展公办学校的同时，在广大农村地区发展民办学校，招募民办教师，成为当时推动农村教育事业发展的重要方式。民间力量对教育事业发展的巨大投入，在很大程度上弥补了中华人民共和国成立初期在财力上的严重不足，并减轻了国家在教育投入上的负担。

1950年，教育部和中华全国总工会在北京联合召开了第一次全国工农教育会议，提出了"以民教民"的方针，鼓励民众自筹经费发展学校教育。该会议通过了《关于开展农民业余教育的指示》文件，号召动员一切识字的人做群众教师，以教人识字作为自己的光荣任务（顾明远，1998），从而对"以民教民"的方针做出了具体的解读。在国家的引导和推动下，一大批民办学校应运而生，民办教师也从此走上历史舞台，并成为我国农村教师队伍中的一支重要力量。

1952年，由于农村地区存在的贫困村筹款能力不足，农村民办教师招募自发性强、缺乏有效管理等问题，我国开始对民办教师队伍进行整顿，压缩了民办教师队伍规模，并使之趋于稳定。整顿以后，小学民办教师的数量由1951年的42.5万人减少到1953年的4.3万人，占小学教师总数的比例从34.8%下降到2.7%；中学民办教师的数量由1951年的2.28万人减少到1953年的0.8万人，占中学教师总数的比例从31.2%下降到7.5%（魏峰，2009）。随着社会主义改造的顺利完成，国家财政能力迅速增强，农村基础教育特别是小学教育规模迅速扩大，从而使师资数量陡然紧张，在这种情况下，国家再度鼓励群众办学，并对其进行了政策引导。

1957年，第三次全国农村教育行政会议重申了在农村提倡群众集体办学的发展思路，同年，《1956年到1967年全国农业发展纲要（修正草案）》颁布，该纲要进一步指出，"农村办学应当采取多种形式，除了国家办学以外，必须大力提倡群众集体办学，允许私人办学，以便逐步普及小学教育"[①]。在国家的引导和鼓励下，1957年全国再次出现群众办学的热潮，民办教师队伍规模又出现了较大幅度的增长。1956—1957年，小学民办教师由9.1万人增加到14.1万人；中学民办教师从1497人增加到16 880人（魏峰，2009）。

进入20世纪50年代末期，一方面，由于"大跃进"给国民经济造成严重的冲击，加上三年经济困难的影响，国家财政的供给能力受到严重削弱，国家无力承担教师补充所需的大量费用；另一方面，在"大跃进"的影响下，我国师范教育的教师培养能力受到破坏，且因在20世纪60年代受到压缩，其师资输送能力，尤其是小学教师的输送能力大为下降，使得国家不得不将农村小学教师补充的依靠重点放在了民办教师上。在多方因素的共同作用下，国家难以为当时的教育发展补充足够的教师，不得不依靠来自民间的力量去弥补农村中小学教师队伍的庞大缺口，由此民办教师队伍得到了迅速的扩大，并形成了中华人民共和国成立以后民办教师增长的第一个高峰。1961—1965年，小学民办教师从40.3万人猛增到175.1万人，中学民办教师从0.8万人增加到2.3万人（魏峰，2009）。

"文化大革命"对我国社会经济建设和教育事业产生了巨大影响。在此期间，与农村教师补充工作有关的制度建设和政策推动几近停滞，农村教师补充的政府渠道基本没有，因此，民间渠道在这一时期的农村教师补充工作中扮演了重要的

---

① 全国人大常委会. 2000-12-23. 1956年到1967年全国农业发展纲要（修正草案）. http://www.npc.gov.cn/wxzl/gongbao/2000-12/23/content_5000392.htm

角色，国家再度将农村教师补充的依靠重点放在了民办教师上。在这一时期，随着农村学校办学事权下放，农村基层学校和农村教师队伍也都掀起了"公转民"的高潮，同时，为填补新的师资缺口，大量的民办教师进入了农村教师队伍中，大大推动了民办教师规模和比重的急剧增长和提升，从而出现了我国历史上第二个民办教师数量增长高峰。1977年，全国小学民办教师数达到343.59万人，占小学教师总数的65.8%；全国中学民办教师数达到127.3万人，占中学教师总数的39.9%；民办教师总数达到471.2万人，占教师总数的56%（魏峰，2009）。

第二节 市场经济初级阶段：农村义务教育教师补充政策演变

改革开放之后，随着我国社会主义市场经济的不断深化，传统的由计划手段主导的农村义务教育教师补充格局被逐渐打破，市场力量在农村义务教育教师补充工作中发挥着越来越重要的作用。在经济体制改革和教育体制改革的双重影响下，一些传统的农村义务教师补充方式逐渐退出历史舞台，新的农村义务教育教师补充方式开始扮演着日益重要的角色，有关政策也相继颁布并逐渐完善，从而催生了农村教师补充政策的历史新格局。

改革开放初期，随着拨乱反正的不断深入，我国社会经济各项事业发展都面临着恢复与重建的历史任务，教育系统内部也开始着手纠正"文化大革命"时期的一些问题，以促进教育事业的恢复和发展。

1980年，《中共中央国务院关于普及小学教育若干问题的决定》明确指出在20世纪80年代，全国应基本实现普及小学教育的历史任务，有条件的地区还可以进而普及初中教育；经济比较发达、教育基础较好的地区，应在1985年前普及小学教育，其他地区一般应在1990年前基本普及，并强调各地应根据经济、教育发展的实际情况，绝不要搞"一刀切"，应按照分区规划、分批实现的工作节奏，推动这一目标的稳步实现。从中可以看出，这一时期的教育普及工作有两个特点：①目标明确，力度适中，充分兼顾了国家发展的需要和国民经济的承受能力；②实事求是，稳步推进，更注重教育普及的质量效果和务实的节奏安排。

为了推动教育普及目标的真正落实，1983年，《中共中央、国务院关于加强和改革农村学校教育若干问题的通知》提出了初等教育普及的任务安排和具体措施,并重点强调了"建设一支稳定的、合格的教师队伍,是办好农村学校的重要关键"。

教育事业的恢复和发展,特别是农村教育普及工作的推进,给农村教师补充工作带来了新的任务,以师范教育重建弥补教师队伍数量缺口,以教师队伍整顿提升现有师资的人力资本水平,成为这一时期农村教师补充工作的两条主脉络。面对各项改革带来的新变化,传统的农村教师补充方式不得不做出必要的调整,以适应新形势下人才培养的现实需要。

一、师范教育政策的调整

改革开放之初,国家将师范教育的恢复和发展放在了教育事业发展的优先位置上,1978 年,教育部印发了《关于加强和发展师范教育的意见》,该意见强调了大力发展师范教育的重要性所在,要求各地"统筹规划,建立师范教育网","有计划有步骤地新建若干师范院校"。1980 年,全国第四次师范教育工作会议召开,该会议将师范教育定位为整个教育事业的"工作母机",提出要把发展师范教育作为发展整个教育的基本建设首先抓好(姚云,2008a),从而将师范教育发展放在了教育事业发展的首要位置上。在国家的重视和推动下,师范教育迈进了蓬勃发展的"快车道",通过加强在职进修、缩短学制、扩大招生规模等多种方式,为改革开放之初的基础教育输送和补充了大量的教师,师范教育自身建设也取得了长足进步。自中华人民共和国成立后的很长一段时期内,在传统计划经济体制下,统招统分的中等师范毕业生是我国农村义务教育教师补充的主要渠道,我国师范教育发展一直延续着"中师培养小学教师,师专培养初中教师,师院培养高中教师"的三级师范教育体系。由于当时小学教育的占比较高,中等师范教育一直是师范教育的发展重心。随着改革开放的推进和经济发展水平的提高,新时代对师资质量提出了新的要求,1993 年中共中央、国务院印发《中国教育改革和发展纲要》,该纲要明确提出,到 20 世纪末,通过师资补充和在职培训,绝大多数中小学教师要达到国家规定的合格学历标准,小学和初中教师中具有专科和本科学历者的比重逐年提高,从而将小学与初中教师的潜在学历标准分别提到了专科和本科之上,这也就意味着"中师培养小学教师"的梯队要求将不再符合未来教师补充的标准化要求,同时也表明传统的三级师范教育体系最终将被二级师范教育体系取代,也在一定程度上预示着中等师范教育的历史性终结。

自中华人民共和国成立以来，在定向化的招生、培养及输送机制下，师范教育不仅是农村义务教育教师队伍的培养渠道，而且也是输送和补充渠道。但在传统的师范教育运行机制被打破之后，师范教育作为一种教师补充渠道的功能开始逐渐弱化。据国家教育委员会统计，1984—1987 年，高等师范教育共培养了 25 万名师范专科生和 12.5 万名师范本科生，然而在同一时期，中学阶段具有专科学历的教师却仅增加了 7.7 万人，具有本科学历的教师不仅没有增加，反而减少了 1 万人（孟旭，马书义，1999）；而到了 20 世纪 90 年代中期，我国各级师范毕业生到中小学任教的比例更是出现了全线下滑。由此可见，对于教师补充而言，师范教育的补充渠道功能开始明显弱化，尤其是对于农村义务教育教师补充而言，随着时间的推移，师范教育逐渐不再具备教师补充方式的功能性意义，其作用更主要地体现在师资培养与潜在师资储备方面。

二、民办教师政策的调整和转向

　　改革开放初期，民办教师队伍普遍存在着学历水平偏低、教学素质不达标、师资水平参差不齐等问题，国家从多方面着手开始对民办教师队伍进行规范化治理，从提高质量的角度展开了一系列的调整和整顿。民办教师政策在这一时期走向了历史性的终结，民办教师作为一种重要的教师补充方式在政策层面被最终取缔，这一时期的民办教师政策基本延续了上一时期的工作思路，以合格民办教师的转岗消化和不合格民办教师的清理辞退为主要抓手。一方面加强民办教师管理工作的部署，规定了民办教师的选择、任用、辞退、调换等环节，扭转了民办教师队伍建设的无序局面；另一方面积极推动民办教师向公办教师转型，对现有民办教师队伍进行了有效的筛选，使其优秀代表得以扩充到公办教师队伍之中，同时，不断缩小民办教师与公办教师之间的差异，切实提升民办教师的工作待遇。1984 年，国务院发布的《国务院关于筹措农村学校办学经费的通知》提出，"农村中小学民办教师全部实行工资制，逐步做到不再分公办、民办"，从而加大了对民办教师的保障力度，这对民办教师的优化和转型产生了有利影响。在不断推进民办教师的转岗和保障工作的同时，国家对民办教师这一传统的教师补充渠道开始逐步收紧，这标志着自 1949 年以来的民办教师发展政策出现了重大转向，即农村教师补充的民办教师渠道自这一时期开始由不断扩张走向全面收缩，直至最后关闭。1978 年以后，全国各地开始相继收紧民办教师的入口关，决定中小学今后不再招收民办教师,并以文件形式明确规定民办教师招录的截止期限,民办教师开始"只出不进",其比例也逐渐缩小。1981年,民办教师总数为396.7万人(其中,小学民办教师有325.2万人,中学民办教师有71.5万人),占中小学教师总数的47.7%,降到了一半以下。1986年,《中华人民共和国义务教育法》颁布时,我国仍有316.7万名民办教师(其中,小学民办教师有273.9万人,中学民办教师有42.8万人),占中小学教师总数的38.8%(魏峰,2009)。

进入20世纪90年代,国家开始着力解决民办教师问题。1991年,全国民办教师经验交流会提出了解决民办教师问题的指导思想和方针,通过有计划地将民办教师转为公办教师和定向招收师范生,并对经培训后仍不合格的民办教师实行淘汰制等措施,民办教师数量不断减少。但是,1992年,《国家教委、国家计委、人事部、财政部关于进一步改善和加强民办教师工作若干问题的意见》提出了"减少数量,提高质量,改善待遇,加强管理,统筹解决"的民办教师问题解决思路,并正式提出了"关、招、转、辞、退"的民办教师工作五字方针。在国家各项方针政策的推动下,民办教师队伍得到了有效的消化和分流,民办教师规模不断缩小,民办教师数量占中小学教师总数的比例也显著下降。通过整顿措施的持续推行,农村民办教师呈持续减少趋势,从1985年的275.9万人减少到1992年的204.4万人。1987年,民办教师数量占教师总数的比例为46.7%,首次低于公办教师,自此之后,农村教师开始以公办教师为主(李琼,丁梅娟,2017)。1997年,全国教育工作会议提出,到20世纪末或稍长一段时间内基本解决民办教师问题的目标和方针,明确了民办教师问题解决的时间表,也宣告了民办教师政策将在20世纪末走向历史性终结。2000年底,小学民办教师数量占小学教师总数的4.73%,基本实现了在20世纪末解决我国民办教师问题的政策目标(王献玲,2009)。

三、代课教师群体的出现

几乎伴随着民办教师清退工作的开展,另一种形式的民办教师——代课教师[①]群体也开始出现并不断壮大。自20世纪80年代起,民办教师被大幅清退,公办教师又补充不足,在这种情况下,广大基层学校不得不通过聘用代课教师来弥补

[①] 代课教师和民办教师不同。代课教师与民办教师虽然都是民办性质,但是二者的身份、待遇和前途是不一样的。民办教师虽然身份是农民,但是职业是教师,而且是长期的,他们属于教师编制内的,享受集体支付工资、国家财政补贴。而代课教师是临时性的,比如,别的教师生病了代其临时上课,不是职业化的教师,不在编制内,因此,其待遇是"谁聘谁出酬金",国家无财政补贴。

师资缺口,代课教师群体开始走上历史舞台。长期以来,我国农村地区尤其是西部偏远地区,特殊自然环境严重制约着经济发展水平,贫困地区落后的经济状况是代课教师存在的根本原因。西部农村由于贫困落后,县级财政连维持义务教育运转的基本费用都力不从心,所以多数贫困县只能通过中央和省级财政转移支付来发放教师的基本工资。财政的拮据使得当地政府没有能力聘任正规师范院校的毕业生到农村任教。同时由于中西部农村大多自然环境恶劣,正规院校毕业生就业后的生活安置也是一大困难,所以很少有大学毕业生愿意去中西部农村学校任教。中西部农村中小学分布广、生源分散而且教学点多,对师资的需求量很大,供给和需求的矛盾使得中西部农村学校不得不聘任成本更低的代课教师来补充。代课教师的出现,是民办教师以另一种形式的重现和延续,也是这一时期民办教师工作所面临的"新"情况,其产生和发展有着深厚的制度与现实基础。

1993年,中共中央、国务院在其印发的《中国教育改革和发展纲要》中提出,到20世纪末基本普及九年义务教育的目标。为了完成这一目标,教师缺编的地区大量聘请代课教师,以充实农村义务教育教师队伍,因此造成代课教师数量猛增的情况。另外,普及九年制义务教育也使得适龄儿童上学数量增加,而在编教师有限,为了保证合理的生师比,代课教师增多也就成为必然现象。还有,20世纪90年代,我国中高等院校毕业生分配制度被打破,受价值取向的影响,各级各类师范院校大部分本、专科毕业生都将工作地点定在城市,很少有人愿意到农村学校尤其是中西部农村学校任教。一方面很少有大学毕业生到校任教;另一方面又必须维持义务教育活动的正常开展,代课教师增加也就成为必然现象。据《中国教育事业统计年鉴1994》的统计数据,全国有代课教师76.67万人,是1986年的1.2倍,特别是乡聘、村聘的代课教师人数,从1986年的5.8万人增加到1993年的33.4万人,增加了近4.8倍(孟旭,马书义,1999)。

自1985年开始,教育部在全国范围内对民办教师做出了禁止性规定,但在政策执行过程中,民办教师因其经济性、便捷性和更好的本土适应性等独特优势而仍具有强大的生命力,以及民办教师政策在农村基层实践中拥有强大的政策惯性,从而很难在短期内被彻底终结。1993年,农村的中小学代课教师数达到近63万人;1997年,农村代课教师数达到历史最高点——83万人,占代课教师总数的比例超过80%。代课教师主要分布在小学阶段,在代课教师发展最高峰的1997年,农村小学代课教师有73万人,中学代课教师有10万人。1998年后农村代课教师数量有所下降并趋于平稳(李琼,丁梅娟,2017)。

第三节 市场经济深化阶段：
农村义务教育教师补充的探索与革新

进入 21 世纪以后，我国农村义务教育教师补充政策的基本格局发生了深刻的变化，一些在历史上曾长期发挥主导作用的教师补充方式及相关政策逐渐走向了终结，面对社会主义市场经济深化发展阶段的新挑战和新任务，新的农村义务教育教师补充方式开始相继出现，并随着时代发展的要求而不断深化，围绕其出台的相关政策构成了我国农村义务教育教师补充政策的新格局。农村教师传统补充方式的日渐终结和新方式的深入发展，成为这一阶段农村义务教育教师补充政策演变的主要特征。

国家整体经济实力的显著增强，使国家对教育事业发展的供给能力日益增强。国家越来越重视教师补充的质量，教育发展整体格局正由"大国办大教育"转变为"大国办强教育"，农村教育逐渐由"人民教育人民办"转变为"人民教育政府办"，教育发展所面临的需求结构呈现出差异化和分层化的时代特征。针对不同教师需求的有效补充也呈现出多样化的发展态势，从补充类型上看，既包括教师引进，也包括教师交流，从而兼顾了增量补充与存量调整；从补充方式上看，既有注重规模的"特岗计划"，也有侧重"教育家培养"的免费师范生政策，还有促进现有教师队伍质量提升的"农村学校教育硕士师资培养计划"（以下简称"硕师计划"），近年来还增加了具有临时置换特征的顶岗实习计划。从而形成了多层次、立体化，兼顾不同导向与需求的教师补充新格局。

进入 21 世纪以后，传统教师补充方式的日渐式微，社会经济形势的变化使得原有的教师供求体系出现了体制性断层，从而造成了教师补充，特别是农村义务教育教师补充的现实困境。为弥补传统教师补充方式缺位后所造成的师资缺口，国家也采取了一些措施来维系师资队伍的稳定补充，如扩大师范教育办学主体，积极探索教师补充新方式等。也正是在这一时期，"教师补充"开始作为一个具体的问题出现在政策视野之中。

2003 年，《国务院关于进一步加强农村教育工作的决定》对农村义务教育教师补充进行了规定，其中第二十五条强调，"国家继续组织实施大学毕业生支援农村教育志愿者计划"，"积极引导鼓励教师和其他具备教师资格的人员到乡村中小学任教"。2004 年发布的《2003—2007 年教育振兴行动计划》提到，积极引导和鼓励教师及其他具备教师资格的人员到乡村中小学任教，建立城镇中小学教师到乡村任教服务期制度。2005年，中共中央办公厅、国务院办公厅在《关于引导和鼓励高校毕业生面向基层就业的意见》中提到，各地区各部门要站在党和国家事业发展全局的高度，实施高校毕业生到农村服务计划。

同时，面对以提升教师质量为中心的时代发展新要求，传统的农村义务教育教师补充政策格局已经难以适应教师补充工作的现实需要，新的教师补充方式及政策格局开始在探索中不断成型，其中，以政府出资购买教师岗位、依靠政府财政确保农村义务教育教师补充为特征的"特岗模式"成为这一时期农村义务教育教师补充政策探索的最主要成果。

"特岗模式"的最早雏形是云南省红河哈尼族彝族自治州政府设定编制与资金招聘教师的政策，这也是我国农村义务教育教师补充新政策的最早探索之一（罗霞，2006）。"红河模式"的成功证明了市场经济条件下政府有效作为的重要意义，也使政府购买公共服务的政策探索在农村义务教育教师补充工作中得到充分的检验，这对于开拓农村义务教育教师补充的新局面具有标志性的意义。"2003年以来，红河县的成功经验引起了广泛关注，教育部副部长陈小娅对此给予了高度关注，并认为其经验值得推广，与此同时，此做法也得到国务院及教育部的充分认可，并在推进西部'两基'攻坚进程中采纳借鉴。教育部师范司根据已有经验的内容和模式并结合农村地区的实际需求，通过实地考察收集资料，在反复研究、深入论证、多方征求意见的基础上制定了'特岗计划'政策。"（郑新蓉等，2012）"红河模式"成为"特岗模式"的成功典型，并为以后的"特岗计划"提供了最初的蓝本。

2004年，湖北省教育厅印发《湖北省"农村教师资助行动计划"实施方案》的通知，正式启动"农村教师资助行动计划"（以下简称"资教生计划"）。从而开创了省级政府出资购买教师岗位，统筹解决农村义务教育教师补充问题的先河。通过实施"资教生计划"，湖北省探索出了一条符合湖北省省情的农村义务教育教师补充新路，形成了多元化的激励机制、高水平的选拔机制、人性化的岗前培训机制和完善的跟踪培养机制。相关研究表明，"资教生计划"的实施取得了优化农村义务教育教师结构，更新农村地区教学理念及方法，以及加强教师队伍后备力量建设，充实基层人才储备等的良好效果（李素矿等，2009）。

除了地方政府在不断探索外，中央政府也在积极探索并实施改进农村义务教育教师补充工作的新政策，在这一时期，最具代表性的新措施便是自2004年开始实施的"硕师计划"，该计划以补充中学教师为主。从2004年开始，国家采取推荐免试攻读教育硕士学位研究生的方式，吸引国家和省属重点大学优秀应届本科毕业生到贫困地区农村学校任教。教育硕士生先到农村学校任教3年，第4年到培养学校脱产集中学习专业课程，第5年在任教学校工作岗位通过现代远程教育等方式完成课程学习，并撰写学位论文。实施"硕师计划"3年共招收2325名优秀本科生到东中西部23个省（自治区、直辖市）的291个县的农村学校任教。此项措施不仅激励了优秀大学毕业生到艰苦地区为农村教育事业服务，同时还探索出了一种为农村学校培养补充能力强、学历高的高素质骨干教师的有效机制。并且，"硕师计划""特岗计划"相结合，2011年首次招收1000名留任农村义务教育学校特设岗位教师（以下简称"特岗教师"）攻读教育硕士。2011年，"硕师计划"实施范围拓展到全国31个省（自治区、直辖市）（未包括台湾省、香港和澳门特别行政区），参加推荐免试攻读教育硕士的高等学校由58所增加至86所，培养院校由30所增加至73所，8年累计招收6945人；同年，"硕师计划"还招收了1077名应届毕业生到农村学校任教（单志艳等，2013）。

为了提高农村义务教育教师队伍整体素质，促进城乡义务教育均衡发展，国家开始尝试以提供推免研究生资格为激励手段，鼓励高水平的大学毕业生从事农村教师工作，这是国家首次尝试以非物质激励手段来推动农村义务教育教师补充工作，其目的在于鼓励更多的优秀大学毕业生投身农村义务教育事业，其重点在于为农村学校培养一批高素质的骨干教师队伍，从而带动整个农村义务教育教师队伍的素质提高，进而全面推动农村地区，尤其是推动贫困地区的农村义务教育事业发展。实施"硕师计划"是我国政府在探索农村义务教育教师补充新政策方面的一次有益探索，它对后来的相关政策的产生起到了有益的开拓作用。但从当时的现实着眼，"硕师计划"的实施范围和执行力度都十分有限，对于改善农村义务教育教师队伍整体面貌而言无疑是远远不够的，农村义务教育教师补充的相关政策还需进一步深入探索。

随着国家经济实力的增强和政府财力的增长，政府开始在农村义务教育发展中发挥越来越重要的作用，特别是中央政府开始在统筹全国教育均衡发展方面承担越来越重要的责任。随着2005年《国务院关于深化农村义务教育经费保障新机制改革的通知》以及2006年新修订的《中华人民共和国义务教育法》的相继颁布，农村义务教育全面纳入公共财政的保障范围并以法律的形式得以确认（张智敏，汪曦，2010）。特别是农村义务教育经费保障新机制的确立，标志着我国在公共教育投入机制上的重大变革，基于公共财政框架下的公共教育财政体制开始逐步形成。虽然农村义务教育经费保障新机制中并没有涉及教师补充和师资队伍建设，但国家强化农村义务教育财政保障的发展趋势深刻地影响了农村义务教育教师补充工作，并为相关政策的制定和实施提供了良好的政策环境和制度氛围。为了更好、更公平地推进农村义务教育教师补充工作，中央和省级政府开始在此项工作中扮演更积极、更重要的角色。公共教育财政体制的形成和不断完善为农村义务教育教师补充新政策的全面实施提供了有利的制度背景。

2006—2008年的3年是我国农村义务教育教师补充政策新格局的形成时期。2006年，教育部、财政部、人事部、中央编办在联合印发的《农村义务教育阶段学校教师特设岗位计划实施方案》中指出，各级有关部门要高度重视，加强领导，结合本地实际，研究制定具体实施办法。2007年，《国务院办公厅转发教育部等部门关于教育部直属师范大学师范生免费教育实施办法（试行）的通知》颁布，该实施办法规定：地方政府和农村学校要为免费师范毕业生到农村任教服务提供必要的工作生活条件和周转住房。2006年5月15日，随着《教育部 财政部 人事部 中央编办关于实施农村义务教育阶段学校教师特设岗位计划的通知》的发布，"特岗计划"开始在全国范围内推广，通过公开招募高校毕业生到西部"两基"（基本普及九年义务教育，基本扫除青壮年文盲）攻坚县以下农村义务教育阶段学校任教。从2006年起，用5年的时间实施"特岗计划"，特岗教师聘期为3年。这是我国农村义务教育教师补充工作在这一时期的最主要成果，该政策主要针对我国西部地区一些"两基"攻坚县教师紧缺的现状，为了充实农村义务教育师资力量，由中央财政支持，公开招募高校毕业生到"两基"攻坚县的农村义务教育阶段学校任教。财政部数据显示，2006—2012年，中央财政已累计安排拨付农村义务教育阶段学校特岗教师工资补助经费153亿元。[①]由于实施各项优惠政策，服务期满超过85%的特岗教师选择留任，扎根中西部，服务农村教育。"特岗计划"采取省级统筹、公开招聘的办法，录用了一大批高素质的高校毕业生到农村义务教育阶段学校任教，有力地缓解了农村地区教师紧缺和存在结构性矛盾的状况，改善了农村学校教师队伍的年龄、学历和学科结构，提高了农村教师队伍整体素质，为农村教育发展注入了新鲜的血液，促进了农村学校的变化。[②]它创新了农村义务教育教师补充机制，一定程度上解决了中西部农村教师素质不高、数量不足的问题。

---

① 中国新闻网. 2013-01-05. 中央财政7年补助逾52万名农村特岗教师. http://www.chinanews.com/edu/2013/01-05/4460440.shtml

② 中华人民共和国教育部. 2009-03-18. "农村义务教育阶段学校教师特设岗位计划"背景资料. http://www.moe.gov.cn/jyb_xwfb/xw_fbh/moe_2069/moe_2590/moe_2660/moe_2661/tnull_45228.html

国家免费师范生政策也是中央政府着眼于提高教师素质特别是农村中小学教师素质而采取的一项重大政策。2007年，温家宝总理在第十届全国人大五次会议上的政府工作报告中郑重宣布："在教育部直属师范大学实行师范生免费教育，建立相应的制度。"①这项政策主要通过设立师范专业国家全额奖学金，吸引优秀高中毕业生选读师范专业，从而培养造就大批优秀教师，鼓励优秀大学毕业生长期从教。免除师范生在校学习期间的学费、住宿费，并对其给予生活费的补助，其需经费由中央财政负责。同时，要求免费师范毕业生毕业后从事中小学教育十年以上，到城镇学校工作的，应先到农村学校任教两年。2007年5月9日，国务院办公厅颁布《国务院办公厅转发教育部等部门关于教育部直属师范大学师范生免费教育实施办法（试行）的通知》，标志着免费师范生政策开始实施，意味着将有大量优秀的师资力量到国家级贫困县和省级贫困县的农村学校服务十年，给予农村地区教师数量上的补充，对于加强农村义务教育教师队伍建设起到了积极而深远的推动作用，该政策与"特岗计划"形成了有力的制度互补，从而在不同的培养层次和制度安排上形成了对农村义务教育教师补充工作的立体化保障。截至2010年5月，全国有六所师范大学共录取了3万多名免费师范生，其中，中西部地区20个省（自治区、直辖市）的免费师范生占90%以上。同时，除了在教师引进政策上的革新和探索外，国家在教师交流机制上的探索和改革也在同步推进，在以往推进城乡教师交流的探索基础上，这一时期的教师交流工作实施进展也提升到了一个新的高度，并通过相应的政策安排推动了教师交流方面的制度建设。新政策的全面推广和新格局的初步奠定是这一时期农村义务教育教师补充政策调整过程的主要特征。在国家统一部署的引导下，这一时期的农村义务教育教师补充政策的改革力度空前加大，补充方式也更趋多元化，既实现了教师引进政策上的重大革新，兼顾了不同层次的教师引进需求，又在教师交流政策上有所突破，从而实现了农村义务教育教师补充政策的全方位进展，也为这一时期的农村义务教育教师补充工作带来了焕然一新的局面。

2009年以后，义务教育均衡发展成为我国教育事业发展的重大发展战略。2010年1月4日，《教育部关于贯彻落实科学发展观　进一步推进义务教育均衡发展的意见》的颁布，开启了我国义务教育均衡发展事业发展的新局面。2011年3月，教育部与首批15个省（自治区、直辖市）签署义务教育均衡发展备忘录，从而推动了义务教育均衡发展由政策到实践的全面进展。

---

① 温家宝. 2007-03-05. 政府工作报告——2007年3月5日在第十届全国人民代表大会第五次会议上. http://www.gov.cn/gongbao/content/2007/content_595132.htm

"深化、发展、创新"是这一时期的农村义务教育教师补充政策调整的重要特征。这一时期的农村义务教育教师补充政策的实施力度进一步加大,相关政策以"组合拳"的形式推动政策实施效果,制度创新不断推进,配套措施也逐步完善。2009年,《教育部 财政部 人力资源社会保障部 中央编办关于继续组织实施"农村义务教育阶段学校教师特设岗位计划"的通知》决定继续实施并进一步扩大"特岗计划"的实施范围,并加大了对特岗教师的工资保障力度,同时,2010年教育部发布的"硕师计划"提到,"从具有推荐免试硕士研究生资格的高校中,选拔部分优秀应届普通本科毕业生,录取为'硕师计划'研究生"[1],"特岗计划"与"硕师计划"结合实施,从而形成了更紧密的政策互补,也强化了这两项政策的实施效果。随后,2011年和2012年国家相继扩大了这两项政策的实施范围并增加了设岗数量,其保障力度也在持续加大。2010年,国家中长期教育改革和发展规划纲要工作小组办公室发布《国家中长期教育改革和发展规划纲要(2010—2020年)》,其中第五十三条指出:创新农村教师补充机制,完善制度政策,吸引更多优秀人才从教。[2]免费师范生政策不断积极调整并扩大了实施力度,在不断扩大招生规模并增设试点专业的基础上,自2010起,免费师范生的试点范围开始逐步扩大,从原六所部属师范大学拓展到相应省区的所有师范大学(北京、上海、西藏为第一批试点),试点省区范围也在不断拓展。教育部、财政部同时从2010年起开始实施"中小学教师国家级培训计划"(以下简称"国培计划"),"国培计划"是以国家为主实施的培训计划,试图提高中西部农村学校教师的质量,给予农村地区教师质量上的补充。温家宝同志于2011年8月28日在河北省张北县农村教师大会上的讲话指出:要健全农村教师正常补充机制,在完善"特岗计划"的同时,采取多种措施,为农村学校补充大批的高校毕业生。[3]2013年,江西师范大学被纳入免费师范生试点高校,这进一步扩大了免费师范生政策的实施范围。随着相关政策实施力度的逐步加强,农村义务教育教师补充政策的覆盖范围和保障力度也不断扩大和加大。随着政策调整的不断推进,一些新思路、新提议开始不断出现,并相继转化为现实的政策,包括顶岗实习制度、集中连片特困地区乡村教师生活补助

---

[1] 中华人民共和国教育部.2009-09-25. 教育部关于做好2010年"农村学校教育硕士师资培养计划"实施工作的通知. http://old.moe.gov.cn//publicfiles/business/htmlfiles/moe/s7011/201212/xxgk_145946.html

[2] 国家中长期教育改革和发展规划纲要工作小组办公室. 2010-07-29. 国家中长期教育改革和发展规划纲要(2010—2020年). http://old.moe.gov.cn/publicfiles/business/htmlfiles/moe/info_list/201407/xxgk_171904.html

[3] 温家宝.2011-08-28.一定要把农村教育办得更好——在农村教师大会上的讲话. http://www.moe.gov.cn/jyb_xwfb/moe_176/201109/t20110908_124042.html

政策等在内的一系列政策措施相继出台并付诸实施。这些政策措施为我国农村义务教育教师补充政策新格局的完善提供了更健全的配套机制保障。

随着实践的发展，相应的制度创新和政策调整也在探索中不断前进。建设高素质的农村义务教育教师队伍成为各地教育改革和发展的首要任务，而补充新教师，引进人才到农村从教的政策与机制还不尽完善，如建立特岗教师的长效补充机制、改善农村义务教育教师生活条件及给予农村教师津贴补贴等。因此，尽快建立农村义务教育教师补充机制也是国家和地方教育行政部门面临的迫切需求。回顾自中华人民共和国成立以后我国农村义务教育教师补充政策的调整历程，其在形式、内容以及发展重心方面都经历了一个深刻的变化过程。农村义务教育教师补充政策基本格局在每一个历史时期都有其特定的表现，不同教师补充方式所扮演的角色，其重要程度都随着时代的发展而不断演变。每一项农村义务教育教师补充政策的取舍和演变都有其历史的必然性，探究这些变化背后的影响因素，有助于我们更好地把握农村义务教育教师补充政策的发展脉络，从而对农村义务教育教师补充政策的历史和未来有一个更清晰的认识。

第四节　农村义务教育教师补充政策的反思

通过系统地回顾中华人民共和国成立以后不同历史时期我国农村义务教育教师补充政策的演变历程，探究我国农村义务教育教师补充政策的发展脉络，把握农村义务教育教师补充政策演变的基本规律，我们需要对我国农村义务教育教师补充政策进行冷静地反思。

一、市场机制对农村义务教育教师有效配置的影响

教育是公益性事业。按照经济学原理，为保证教育运行达到帕累托最优状态，必须同时满足以下条件：①教育消费者信息灵通；②教育的生产消费没有外部效应；③教育不属于公共产品；④教育生产没有内部规模。然而，当不对教育系统实施外部干预而任由市场机制发挥作用时，上述条件得不到满足。首先，教育消费者的信息还不太灵通，对教育效益的衡量大多是功利性的。政府如果不提供必要的外部干预，部分学生乃至社会就会蒙受损失（钟启泉，李其龙，1993）。其次，

教育存在外部效应，教育活动的成本和效益并不局限于受教育者本人。最后，教育活动的外部效应值介于0—1，因此有学者将其定性为准公共产品。但事实上，义务教育应当作为公共产品，因为其以满足社会共同需要为宗旨。义务教育属于社会公共事业，应由政府投资兴办（黄恒学，2000）。

义务教育是强迫教育。义务教育因其消费上的非排他性、供给上的不易排除性，以及广泛的社会效益，属于典型的公共产品。为了保证义务教育的公平性和均衡发展，义务教育的资源应当由国家提供，而不宜由市场提供。保证义务教育资源尤其是人力资源的充足，是国家的职责，是政府行为。

市场机制的作用无疑为教育运行注入了新的活力，但利润的追求与教育公益目的之间，市场的驱动力与学术目标之间，教育公平与满足大众教育需求之间，存在明显的冲突。这种冲突必然反映在教师资源的配置上。解决冲突的主要途径是通过政府行为达到市场力量与政府行为的平衡。一方面市场发展固然有增加教育的外部经济的可能；另一方面也存在增加教育的外部不经济的可能。按照市场法则，投资者必然趋向于营利领域和高效益部门。而教育领域作为公益事业，社会效益大于个人效益，不可能成为一个营利性部门，教育部门是一个外部不经济的典型部门。企业在竞争中求生存，遵循优胜劣汰、适者生存的法则。学校则需要相对稳定或有序调整，尤其是义务教育阶段的每所学校都要办好，孩子"一个也不能少"。在市场竞争中，效率相对较低的公共产品性质的教育服务在竞争中始终处于不利地位。因此，政府对于教育负有义不容辞的责任（管培俊，2012）。

教师队伍建设是国家的事业和政府的责任。在市场经济条件下，教育资源配置必然通过劳动力市场，受市场的影响，不可能通过纯粹的行政指令得到有效配置（管培俊，2012）。教师资源的配置需要借助于市场机制，但不能放任市场发挥作用（管培俊，2012）。教师资源的有效配置应借助于市场机制，更应借助于政府行为与市场的有机结合。农村义务教育教师补充也要由政府行为转为政府、市场学校和教师个体相结合行为，打破封闭，排除障碍，鼓励竞争，提高农村义务教育教师质量水平，并有效配置教师资源。市场不是万能的。市场不完全适合教育尤其是义务教育这样的公共产品和服务领域，因此，农村义务教育教师资源配置更不能市场化。在保障农村义务教育人力资源配置方面，政府应该是主渠道，政府发挥着中心作用，但这并不表明政府必须是唯一的提供者，还应有辅助渠道。即使是政府提供，政府行为也不再是纯粹的行政手段，而必须遵循市场规律，借助市场机制。

二、农村义务教育教师有效补充

由于种种原因，农村义务教育教师资源区域分布、学科分布不均衡，结构性超编、缺编的矛盾非常突出，而且现阶段城乡间的差距和劳动力市场的二元结构，造成教师流动困难、农村义务教育教师严重短缺等问题。实现城乡义务教育均衡发展，绕不过结构性矛盾形成的师资"瓶颈"。师资"瓶颈"主要体现在以下四个方面。①城乡师资分布不均衡，城市超编、农村师资紧缺的问题普遍存在。由于劳动力市场的二元结构长期存在，目前区域之间、城乡之间教师超、缺编问题还难以通过立竿见影的有效手段实现调节和互补。②学段之间不平衡。学前教育迅速发展，幼儿园教师普遍紧缺的问题逐渐凸显。③学科分布不均衡。有些学校因学科教师严重短缺不得不聘用代课教师，即使是在一些城市学校此现象也相当普遍。④年龄结构。一些地方的农村学校特别是村小和教学点的教师老龄化情况非常严重，形成这个问题的直接原因是经济学上的"有效需求不足"。

众所周知，政府和教育部门的调控力量是有限的。虽然政府力量是强大的，但经济规律更强大。政府调控也必须适应经济规律，不能仅仅依靠行政命令和指令性计划。在农村义务教育教师待遇还不是很高、城乡教育二元结构格局存在的情况下，农村义务教育教师队伍结构性矛盾还将长期存在。我们必须把农村义务教育教师队伍建设作为关系国计民生、国家前途和民族未来的重大战略问题，综合运用经济的、行政的、法律的手段，标本兼治，才能有效解决农村义务教育教师队伍中存在的结构性矛盾。另外，地方管理体制不顺，部门之间存在扯皮现象，教育部门对农村教师管理、入门把关、调控激励等方面缺乏足够的行政手段，权利和义务不对等造成了义务教育教师在城乡、地区之间配置不均衡。因此，在用人机制上，主要是"进出口"的问题，如何严把教师入口关，确保合格教师、优秀教师愿意进入？如何畅通出口关，优胜劣汰，使不合格的教师及时退出农村义务教育教师队伍？这需要在农村义务教育教师补充政策上进行科学的顶层设计。还有，目前尽管农村义务教育教师的地位和待遇得到了明显的改善，但总体水平仍然偏低，还缺乏足够的吸引力，因此，农村义务教育教师的医疗、住房等社会保障问题还有待进一步落实。事实上，农村义务教育教师的职业吸引力和竞争力说到底还是取决于他们的地位和待遇，所以，要保证农村义务教育教师的有效补充，如何提高他们的地位和待遇也是当前农村义务教育教师补充政策必须重点考虑的问题之一。

第二章 国家免费师范生政策研究

为了进一步在全社会形成尊师重教的氛围，让教师成为最受人尊敬的职业，吸引更多的有志青年报考师范专业，为中西部基层学校培养更多的优秀教育人才，促进我国义务教育均衡发展，我国从 2007 年秋季入学的新生起，在六所部属师范大学实行国家免费师范生政策。免费师范生在学校学习期间免除学费、免缴住宿费，并补助生活费，所需经费由中央财政负责。免费师范生入学前与学校和生源所在地省级教育行政部门签订协议，承诺毕业后从事中小学教学十年以上，到城镇学校工作的免费师范生，应先到农村义务教育学校任教两年。截至 2012 年 6 月，首届免费师范毕业生已经走上工作岗位。分析国家免费师范生政策实施的背景，首届免费师范毕业生的就业意向，就业情况，工作、生活、读研中的困难以及对该政策的认同度等，对于完善国家免费师范生政策，鼓励更多的优秀人才成为教育工作者具有非常重要的现实意义。

第一节　国家免费师范生政策实施背景

要全面了解国家免费师范生政策，就必须对该政策实施的背景进行详细考察。因此，了解国家免费师范生政策实施的背景对于了解农村义务教育教师补充政策尤为重要。

一、教育均衡发展视角下农村中小学师资配置严重不均衡

义务教育均衡发展的最基本要求是教育机构和教育群体之间达到教育供给和教育需求的相对均衡。在教育资源中，师资又是最重要的资源。国内外的经验反

复证明,"教育的发展和质量的提高,是和一支稳定的、训练有素的、积极性高又可靠的教师队伍分不开的"(雅克·哈拉克,1993)。然而,目前农村教师资源配置严重不均衡,严重影响到城乡义务教育的均衡发展,主要表现在四个方面。①农村边远地区义务教育教师数量不足,难以满足当地义务教育的实际需要。据中西部9个省(自治区、直辖市)的学校数据统计,2006年,3万多所农村小学的班师比平均仅为1∶1.3,4万多个教学点的班师比平均仅为1∶1,均远低于全国小学班师比1∶1.9的平均配置水平。2007年,全国仍有代课教师37.9万人,其中,小学代课教师有27.2万人,87.8%以上分布在农村地区。②教师学科结构性矛盾突出,中西部农村学校部分学科教师严重短缺:英语及音乐、体育、美术(以下简称"音体美")等学科教师严重不足,相关课程难以开齐。据统计,2006年,全国有508个县平均每所学校不足一名英语教师;中西部贫困地区、少数民族地区农村初中音乐、美术、信息技术三门学科平均每校都不足一名相应的教师,致使部分学校无法开设规定课程。③边远地区教师待遇低、生活条件差、工作条件艰苦,个人发展机会少,骨干教师流失严重。对艰苦学校的抽样调查表明,38.7%校长反映2006—2008年中有教师流失情况,其中74.6%的校长反映主要流失的是骨干教师,92.5%的校长反映主要流失的是35岁及以下的青年教师。[①]另据调查,当前有30.8%的西部贫困地区的中小学教师想换职业(常宝宁,2006)。④教师所学专业和所教课程不对口现象较为突出,在初始学历合格的初中语文、数学、英语和音体美教师中,其中超过40%的农村教师教非所学。以上所述表明,我国农村中小学教育资源配置严重不均衡,并已直接影响到了我国城乡义务教育均衡发展。

二、收费背景下师范生生源质量严重下滑

自20世纪80年代末开始,我国包括师范院校在内的普通高等学校开始实行大学生收费政策,这样,长期以来实行的师范生免费教育的传统被打破,师范院校的学费优势锐减,报考师范院校的优秀生生源大大减少,其中,部属师范大学虽然生源质量有保障,但这些学校的师范生毕业后从事教学工作尤其是中小学教学工作的寥寥无几,而占师范生招生计划80%的地方普通师范院校生源数量严重下滑,甚至有部分师范专科学校和中等师范院校到了无人报考的境地。例如,山东省淄博师范高等专科学校,1993年,该校招收五年一贯制"小教大专班"新生

---

① 国家教育督导团. 2008-12-03. 国家教育督导团关于印发《国家教育督导报告2008(摘要)》的通知.
http://www.moe.gov.cn/srcsite/A11/s7057/200812/ t20081203_81660.html

60人，入学学生几乎囊括了该市中考前60名考生；2000年，该校新生入学成绩同淄博普通高中新生的入学成绩相近；2003年，报考该校的新生基本上是成绩较差的学生；而2006年，该校一贯制"小教大专班"几乎招不到合适的学生了（秦克铸，2007）。全国人大代表、江苏省启东中学校长在参加两会前准备的议案中直言："2000年起，全国师范生教育取消免费，4年后影响出来了，2004年、2005年以后招到的教师素质直线下滑，最关键的原因正是因为取消了免费，导致好学生不愿报考师范。"[①]可见，在实行收费背景下的师范院校师范生生源质量严重下滑，直接影响到师范生培养的质量乃至我国基础教育的质量。

三、鼓励优秀人才投身教育事业的迫切要求

现代社会的竞争说到底是人才的竞争，人才的培养靠教育。没有一支数量充足、业务过硬的教师队伍，要办好教育事业只是一句空话。在当前，我国解决教师问题特别是义务教育阶段的农村教师问题，主要是质而不是量。解决中西部县市的状况不仅需要吸引更多的人来当教师，更需要吸引更多的真心热爱教育、真心懂得教育，把教育不只是当作一个职业，而是一项事业，愿意毕生奉献于教育事业的人来当教师。[②]因此，师范生免费教育培养的根本初衷在吸引大批优秀人才投身教育事业，强化基层教师队伍的培养，提倡教育家办学。正如袁贵仁指出的：我们国家不缺教育学家，缺的是教育家，从某种意义上说，教育家可能比科学家更重要，一个好教师，可以影响一批人、一代人的进步，影响一个地方、一个地区教育事业的发展。[②]可见，实施师范生免费教育政策，目的是引导大量志存高远的优秀人才热爱并献身教育事业，让全社会进一步形成尊师重教的氛围，让教师成为全社会最受尊重的职业，提倡教育家办学，鼓励更多优秀青年终身做教育工作。

第二节　首届免费师范毕业生就业意向

了解首届免费师范毕业生的就业意向，并剖析他们就业意向的影响因素，对

[①] 于英杰. 2007-03-07. 江苏拟选省内30院校免费师范生. http://unn.people.com.cn/GB/14781/21702/5446968.html

[②] 袁贵仁. 2010-07-22. 完善免费政策　创新教师教育. http://www.moe.gov.cn/s78/A10/moe_601/201008/t20100831_97283.html

于做好首届免费师范毕业生就业工作具有重要意义。能否确保他们顺利到中小学任教，直接关系到部属师范大学师范生免费教育试点工作的成败。

一、调查对象及研究方法

2011年3月，我们以全国六所部属师范高校的首届免费师范毕业生为研究对象，共发放调查问卷 1200 份，回收有效问卷 972 份，有效问卷回收率为 81%。调查样本的具体信息主要有四项。性别：男生占 34.4%，女生占 65.6%。专业：文科占 48.3%，理科占 42.8%，艺术体育类占 8.9%。家庭所在区域：东部区域占 17.5%，中部区域占 31.9%，西部区域占 50.6%。家庭户籍所在地：农村占 53.5%，城镇占 26%，中小城市占 12.7%，大城市占 7.8%。本书采取随机的方式在我国六所部属师范大学抽取样本，运用 SPSS11.5 软件进行数据统计分析。

二、首届免费师范毕业生就业意向分析

（一）就业现状

这次问卷调查是 2011 年 3 月进行的，3 月正是大学毕业生奔赴各个招聘会现场寻找工作的时候。我们对首届免费师范毕业生当时的就业状况进行了调查。调查结果显示，64.6%的学生"工作还无着落，正在积极寻找中"，25.4%的学生"已经签约""即将签约"，5.8%的学生"暂时不想找工作"，4.2%的学生表示"不清楚"。

一方面，在"据您自己或身边同学找工作的经验，您觉得免费师范生找工作的难度如何"这一问题的调查中，17.5%的学生认为难度"非常大"，74%的学生认为难度"比较大"或难度"一般"，只有 8.5%的学生认为难度"比较小""非常小"。可见免费师范毕业生找工作的现实状况和心理状态都不是非常理想。

另一方面，按照协议，免费师范生毕业后应从事教育行业，如果他们没有意愿或者不适合从事教育行业，那么对免费师范生自身的发展和国家教育事业的发展都是不利的。此次对首届免费师范毕业生违约意向的调查结果显示，只有 31.5%的学生"从未想过"违约，56.4%的学生"想过，但是可能性不大"，9%的学生"正在考虑，且可能性比较大"，3.1%的学生"已经决定违约"。另外，对"违约"所持态度的调查结果显示，37.5%的学生认为违约是"合理的"，36.4%的学生认为

违约是"不诚信的",4.3%的学生认为违约是"不道德的",17.9%的学生则持"无所谓"的态度,3.9%的学生表示"不清楚"。首届免费师范生即将走上工作岗位,他们的工作意向必须谨慎对待。

(二)就业意向

就业意向就是个体在职业选择中表现出来的比较模糊的、浅层次的需要,具有一定的不稳定性和不确定性,受到动机强度的影响,有可能发展成为实际的就业行为,也可能不会发展成为实际的就业行为(朱启臻,1996)。一般研究将就业意向的内涵分为职业性质、地区环境、社会支持以及薪酬等方面,也有研究将就业意向的内涵分为工作价值观、职业兴趣、社会支持及择业取向等。本书主要从职业类型、职业性质、就业地点、就业区域和从事基层教育意向等方面对首届免费师范毕业生的就业意向进行分析。

1. 职业类型意向

我们以斯特朗职业兴趣量表中对职业的分类作为参考,对首届免费师范毕业生职业类型意向进行了考察。调查结果显示,居于首位的是"教学类",其次分别是"办公室工作""科学研究类""艺术类""企业类"。

2. 职业性质意向

我们对职业性质意向的调查是在毕业计划调查中进行的。调查结果显示,73.4%的学生选择了"就业",26.6%的学生选择了"考研""出国""自由职业者""其他"。在选择"就业"的首届免费师范毕业生中,居于首位的是"事业单位"。选择在"事业单位"就业的学生占70%的比例,选择在"企业""政府部门"就业的学生均占15%的比例。

3. 就业地点意向

就免费师范毕业生就业地点意向而言,选择大城市的学生占42.7%,选择中小城市的学生占46.6%,选择城镇的学生占8.7%,选择农村的学生只有2%。由此可见,接近90%的首届免费师范毕业生选择在中小城市和大城市就业,只有少数人选择在城镇和农村就业。

4. 就业区域意向

从首届免费师范毕业生就业区域意向来看,41.9%的学生选择东部地区,26.7%的学生选择中部地区,31.4%的学生则选择西部地区。由此可以看出,首届免费师范毕业生的就业区域意向总体上分布比较均衡。

5. 从事基层教育意向

在对"我非常愿意成为一名基层教育工作者"这一问题的意向调查中，51.9%的首届免费师范毕业生选择"很符合""较符合"，选择"不太符合""很不符合"的比例为24%，还有24.1%的学生则持"不确定"的态度。

三、首届免费师范生就业意向的影响因素分析

（一）个人层面的影响因素

1. 性别和专业对职业意向的影响

（1）性别和专业对职业类型意向的影响

我们将性别与职业类型进行交叉列联表分析，并进行显著性检验，$p=0.00<0.05$，差异显著，即男生和女生在职业类型意向上存在显著性差异。由图2-1可以看出，男生比女生更倾向于选择科学研究类，企业类和农业、机械类职业；而女生则更倾向于选择教学类、办公室类和艺术类职业。男生和女生在职业类型意向方面的差异可见一斑。而且，不同专业之间的学生在职业类型意向上同样存在显著性差异。文科专业学生倾向于选择教学类、办公室类和企业类职业；理科专业学生倾向于选择教学类，办公室类，科学研究类和农业、机械类职业；艺术体育类专业学生则主要热衷于艺术类职业。

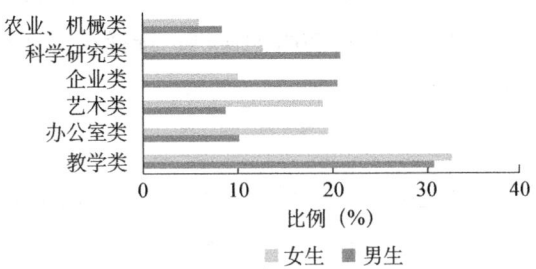

图2-1 不同性别之间职业类型意向差异

（2）性别和专业对职业性质意向的影响

我们将性别与职业性质进行交叉列联表分析，并进行显著性检验，$p=0.089>0.05$，差异不显著，即男生和女生在职业性质意向上不存在显著性差异。然而，

将专业与职业性质进行交叉列联表分析,并进行显著性检验,$p=0.017<0.05$,差异显著,即不同专业之间的学生在职业性质意向上存在显著性差异。文科学生更多地选择在企业就业,或者倾向于考研、出国、成为自由职业者;理科学生主要选择在事业单位、企业单位和政府部门就业;艺术体育类学生倾向于选择事业单位和政府部门就业,或者倾向于成为自由职业者。

(3)性别和专业对就业地点和就业区域意向的影响

我们将性别与就业地点和就业区域分别进行交叉列联表分析,并进行显著性检验,结果显示,男生和女生在就业区域选择上不存在显著性差异,而在就业地点选择上则存在显著性差异。男生主要倾向于选择大城市就业,女生则主要倾向于选择中小城市就业。而不同专业之间的学生在就业地点选择上不存在显著性差异,在就业区域选择上则存在显著性差异。文科学生和艺术体育类专业学生主要倾向于在中部和东部区域就业,理科学生则主要倾向于在东部和西部区域就业。

(4)性别和专业对从事基层教育意向的影响

我们将性别和专业分别与从事基层教育意向进行交叉列联表分析,并进行显著性检验,结果显示,不同专业学生之间不存在显著性差异,而不同性别学生之间在从事基层教育意向上则存在显著性差异,$p=0.004<0.05$,差异显著。对比频数和期望频数可以看出,总体上男生从事基层教育的意向比女生强。

2. 思想状态对就业意向的影响

(1)生活满意度对就业意向的影响

在"我对我的大学生活各方面都很满意"这一问题的调查结果中,12.3%的学生回答"很符合",47.1%的学生回答"较符合",20.8%的学生回答"不确定",17.4%的学生回答"不太符合",2.4%的学生回答"很不符合"。我们将"我对我的大学生活各方面都很满意"与职业类型、职业性质、就业地点、就业区域和从事基层教育意向分别进行交叉列联表分析,并进行显著性检验,结果显示,大学生活满意度不同的学生之间在就业地点意向和从事基层教育意向上存在显著性差异,其中,与就业地点进行交叉列联表分析,卡方检验$p=0.013<0.05$,差异显著;与从事基层教育意向进行交叉列联表分析,卡方检验$p=0.000<0.05$,同样存在显著性差异。结果表明,生活满意度越高,则大学生从事基层教育的意向就越强。

(2)社会公平感对就业意向的影响

在"我觉得我们的社会是公平的"这一问题的调查结果中,8.5%的学生回答"很符合",27.4%的学生回答"较符合",28.7%的学生回答"不确定",23.4%的学生回答"不太符合",12.0%的学生回答"很不符合"。我们将"我觉得我们的社会是公平的"与职业类型、职业性质、就业地点、就业区域和从事基层教育意向分别进行交叉列联表分析,并进行显著性检验,结果显示,社会公平感不同的学生之间在从事基层教育意向上存在显著性差异。社会公平感越强,则大学生从事基层教育工作的意向就越强。

(3)自信心对就业意向的影响

在"我对自己的未来充满信心"这一问题的调查结果中,18.7%的学生回答"很符合",43.4%的学生回答"较符合",23.1%的学生回答"不确定",10.9%的学生回答"不太符合",3.9%的学生回答"很不符合"。我们将"我对自己的未来充满信心"与职业类型、职业性质、就业地点、就业区域和从事基层教育意向分别进行交叉列联表分析,并进行显著性检验。结果显示,自信心不同的学生之间在职业类型、职业性质、就业区域和从事基层教育意向上存在显著性差异,在就业地点上则不存在显著性差异。

(二)家庭层面的影响因素分析

1. 独生子女因素

调查数据显示,69.4%的学生来自非独生子女家庭,30.6%的学生属于独生子女。我们将"您是否为独生子女"与职业类型、职业性质、就业地点、就业区域和从事基层教育意向分别进行交叉列联表分析,并进行显著性检验,结果显示,独生子女与非独生子女之间在职业类型、职业性质、就业地点意向上存在显著性差异,在就业区域和从事基层教育意向上则差异不显著。在职业类型意向上,独生子女对企业类和艺术类职业比较青睐,非独生子女则比较倾向于选择教学类、办公室类、科学研究类和农业、机械类职业;在职业性质意向上,与非独生子女相比较,独生子女就业时更多考虑政府部门,而非独生子女就业时更多考虑事业单位和企业;在就业地点意向上,独生子女主要选择在大城市就业,而非独生子女主要选择在中小城市就业。

2. 家庭所在区域因素

由样本基本信息可以看出,大部分学生来自中西部地区家庭,我们将"您的家庭所在区域"与职业类型、职业性质、就业地点、就业区域和从事基层教育意向分别进行交叉列联表分析,并进行显著性检验,结果显示,家庭所在区域不同的学生之间在就业区域意向上存在显著性差异。近90%的东部区域家庭的学生选择在东部区域就业，中部区域学生主要选择在中部和东部区域就业，西部区域学生则主要选择在西部区域就业。我们认为这一现象与免费师范生政策中"毕业后一般回生源所在地省份从事中小学教育工作不少于十年"这一规定不无关系，与此同时，非东部区域学生选择在东部区域就业的意愿较为强烈（付义朝，付卫东，2011）。

3. 家庭户籍因素

通过样本基本信息可以得知，大部分学生来自农村和城镇，我们将"您的家庭户籍"与职业类型、职业性质、就业地点、就业区域和从事基层教育意向分别进行交叉列联表分析，并进行显著性检验，结果显示，不同家庭户籍学生之间在职业类型、职业性质、就业地点和就业区域意向上存在显著性差异。农村户籍学生更多倾向于选择教学类，办公室类和农业、机械类职业；较多选择在事业单位和政府部门工作；就业地点多选择中小城市和城镇；就业区域主要为中部和西部。城镇户籍学生更多青睐于企业类、科学研究类和艺术类职业；相比较而言较多选择企业性质的职业；就业地点多为城镇和中小城市；就业区域主要倾向于选择东部和西部。中小城市户籍学生相比较而言更多地倾向于选择艺术类和企业类职业；较多选择在企业和政府部门工作；就业地点更倾向于中小城市；就业区域主要倾向于选择东部和中部。大城市户籍学生倾向于选择艺术类和办公室类职业；较多选择在企业和政府部门工作；就业地点绝大多数选择大城市；就业区域主要倾向于选择东部和中部。

4. 家庭经济因素

家庭经济状况主要通过家庭人均月收入、对家庭经济状况的主观感知和家庭每月供给生活费用这三项指标进行考察。在这三项中，家庭每月供给生活费用相对于家庭人均月收入和对家庭经济状况的主观感知而言，具有较强的客观性和可测量性，因此，我们将家庭人均月收入和对家庭经济状况的主观感知作为补充指标进行综合考察。将此三项指标与职业类型、职业性质、就业地点、就业区域和从事基层教育意向分别进行交叉列联表分析，并进行显著性检验。

调查发现，家庭人均月收入为"1000元"以下的占42.8%，人均月收入为"1000—1500元"的占23.3%，人均月收入为"1500—2000元"的占16%，人均月收入为"2000元及以上"的占17.9%。由此可见，近一半的学生家庭人均月收入低于1000元。家庭人均月收入不同的学生之间在职业类型和职业性质意向上存在显著性差异。家庭人均月收入为1000元以下的学生主要青睐于教学类、企业类和农业、机械类职业，较多选择在企业就业；家庭人均月收入为"1000—1500元"的学生主要青睐于科学研究类和办公室类职业，较多选择在事业单位和企业就业；家庭人均月收入为"1500—2000元"的学生主要青睐于艺术类和企业类职业，较多选择在政府部门就业；家庭人均月收入为"2000元及以上"的学生主要青睐于艺术类和办公室类职业，相比较而言，更倾向于在政府部门就业。另外，谈及除去就业以外的毕业计划时，相比较而言，家庭人均月收入为"1000元以下"的学生较多考虑"考研""自由职业者"；家庭人均月收入为"2000元及以上"的学生则更多考虑"出国""自由职业者"。

调查结果显示，8.5%的学生认为其家庭经济状况"特别困难"，33.6%的学生认为其家庭经济状况"比较困难"，50.6%的学生认为其家庭经济状况"一般"，认为家庭经济状况"比较宽裕""非常宽裕"的只占7.3%。统计结果表明，对家庭经济状况的主观感知不同的学生之间在职业类型和就业地点意向上存在显著性差异。认为家庭经济状况"特别困难"的学生较倾向于教学类，企业类和农业、机械类职业，更多选择在大城市就业；认为家庭经济状况"比较困难"的学生较倾向于教学类，科学研究类和农业、机械类职业，较多选择在中小城市、城镇和农村就业；认为家庭经济状况"一般"的学生较倾向于办公室类、艺术类和农业、机械类职业，更多选择在大城市和中小城市就业；认为家庭经济状况"比较宽裕"的学生较倾向于企业类、艺术类和科学研究类职业，主要选择在大城市就业；认为家庭经济状况"非常宽裕"的学生在样本仅1位，代表性不足，故不做分析。

调查还发现，70.2%的学生家庭每月供给生活费用为500元以下，其中32.1%的学生家庭每月供给生活费用为200元以下；另外，19.9%的学生家庭每月供给生活费用为500—800元；9.9%的学生每月供给生活费用为800元及以上。统计结果显示，家庭每月供给的生活费用不同的学生之间在职业类型、职业性质、就业地点和就业区域意向上均存在显著性差异。家庭每月供给生活费用为"无"的学生青睐于教学类、办公室类和科学研究类职业，倾向于选择在事业单位就业，工作地点较多选择大城市，就业区域倾向于选择东部；家庭每月供给生活费用为"200元以下"的学生青睐于教学类和农业、机械类职业，倾向于选择在事业单位和政府部门就业，工作地点较多选择中小城市、城镇和农村，就业区域倾向于选择中部；家庭每月供给生活费用为"200—500元"的学生青睐于办公室类，科学研究类和农业、机械类职业，倾向于选择在事业单位和政府部门就业，工作地点较多选择中小城市、城镇和农村，就业区域倾向于选择西部；家庭每月供给生活费用为"500—800元"的学生青睐于企业类和艺术类职业，倾向于选择在企业就业，工作地点较多选择大城市和城镇，就业区域倾向于选择中部；家庭每月供给生活费用为"800—1200元"的学生青睐于艺术类职业，倾向于选择在企业就业，工作地点较多选择大城市，就业区域倾向于选择东部和中部；家庭每月供给生活费用为"1200元及以上"的学生在样本中仅18位，考虑代表性问题，在此不做分析。

（三）政策层面的影响因素分析

1. 对政策的了解程度

在"我对免费师范生政策非常了解"这一问题的调查结果中，14.0%的学生回答"很符合"，48.0%的学生回答"较符合"，21.4%的学生回答"不确定"，12.2%的学生回答"不太符合"，4.4%的学生回答"很不符合"。

我们将"我对免费师范生政策非常了解"与职业类型、职业性质、就业地点、就业区域和从事基层教育意向分别进行交叉列联表分析，并进行显著性检验，结果显示，对政策了解程度不同的学生之间在职业类型、职业性质、就业地点、就业区域和从事基层教育意向上均存在显著性差异。选择"很符合"的学生更青睐于教学类和农业、机械类职业，倾向于选择在事业单位和企业就业，就业地点倾向于选择城镇和农村，就业区域倾向于选择东部和中部，对"我非常愿意成为一名基层教育工作者"问题的回答更倾向于选择"很符合"；选择"较符合"的学生更青睐于教学类、艺术类和科学研究类职业，倾向于选择在事业单位和政府部门就业，就业地点倾向于选择大城市和中小城市，就业区域倾向于选择东部和西部，对"我非常愿意成为一名基层教育工作者"问题的回答更倾向于选择"较符合"；选择"不确定"的学生更青睐于艺术类，办公室类，企业类和农业、机械类职业，倾向于选择在企业和政府部门就业，就业地点倾向于选择中小城市和城镇，就业区域倾向于选择中部和西部，对"我非常愿意成为一名基层教育工作者"问题的回答更倾向于选择"较符合""不确定""不太符合"；选择"不太符合"的学生更青睐于办公室类和企业类职业，倾向于选择在企业就业；就业地点倾向于选择大城市，就业区域倾向于选择东部区域，对"我非常愿意成为一名基层教育工作者"问题的回答更倾向于选择"不确定""不太符合"；选择"很不符合"的学生更青睐于科学研究类，办公室类和农业、机械类职业，倾向于选择在政府部门就业；就业地点倾向于选择大城市，就业区域倾向于选择东部，对"我非常愿意成为一名基层教育工作者"问题的回答更倾向于选择"很不符合"。谈及除去就业以外的毕业计划时，相比较而言，选择"很符合"的学生较多考虑考研；选择"较符合"的学生较多考虑考研和其他；选择"不确定"的学生较多考虑出国和成为自由职业者；选择"不太符合"的学生则较多考虑考研和成为自由职业者；选择"很不符合"的学生较多考虑考研和出国。

2. 对政策的满意程度

在"我对免费师范生政策非常满意"这一问题的调查结果中，6.3%的学生回答"很符合"，26.6%的学生回答"较符合"，28.0%的学生回答"不确定"，26.4%的学生回答"不太符合"，12.7%的学生回答"很不符合"。

我们将"我对免费师范生政策非常满意"与职业类型、职业性质、就业地点、就业区域和从事基层教育意向分别进行交叉列联表分析，并进行显著性检验，结果显示，对政策满意程度不同的学生之间在职业类型、职业性质、就业地点、就业区域和从事基层教育意向上均存在显著性差异。选择"很符合"的学生更青睐于教学类、科学研究类和农业、机械类职业，倾向于选择在事业单位就业，就业地点倾向于选择中小城市、城镇和农村，就业区域倾向于选择西部区域，对"我非常愿意成为一名基层教育工作者"问题的回答更倾向于选择"很符合"；选择"较符合"的学生更青睐于教学类和科学研究类职业，倾向于选择在事业单位就业，就业地点倾向于选择中小城市、城镇和农村，就业区域倾向于选择西部和中部区域，在对"我非常愿意成为一名基层教育工作者"问题的回答中更倾向于选择"很符合""较符合"；选择"不确定"的学生更青睐于教学类、艺术类和企业类职业，倾向于选择在事业单位和企业就业，就业地点倾向于选择中小城市和城镇，就业区域倾向于选择中部区域，对"我非常愿意成为一名基层教育工作者"问题的回答更倾向于选择"较符合""不确定"；选择"不太符合"的学生更青睐于办公室类、艺术类和农业、机械类职业，倾向于选择在政府部门和企业就业，就业地点倾向于选择大城市，就业区域倾向于选择东部区域，对"我非常愿意成为一名基层教育工作者"问题的回答更倾向于选择"不确定""不太符合"；选择"很不符合"的学生更青睐于办公室类、企业类和农业、机械类职业，倾向于选择在政府部门和企业就业，就业地点倾向于选择大城市，就业区域倾向于选择东部区域，对"我非常愿意成为一名基层教育工作者"问题的回答更倾向于选择"很不符合""不太符合"。谈及除去就业以外的毕业计划时，相比较而言，选择"很符合"的学生较多考虑考研；选择"较符合"的学生较多考虑出国；选择"不确定"的学生较多考虑出国；选择"不太符合"

的学生则较多考虑考研和成为自由职业者；选择"很不符合"的学生较多考虑考研、出国和成为自由职业者。

3. 对政策前景的信心程度

在"我对免费师范生政策的前景充满信心"这一问题的调查结果中，9.0%的学生回答"很符合"，23.3%的学生回答"较符合"，32.0%的学生回答"不确定"，21.9%的学生回答"不太符合"，13.8%的学生回答"很不符合"。

我们将"我对免费师范生政策的前景充满信心"与职业类型、职业性质、就业地点、就业区域和从事基层教育意向分别进行交叉列联表分析，并进行显著性检验，结果显示，对政策信心程度不同的学生之间在职业类型、职业性质、就业地点、就业区域和从事基层教育意向上均存在显著性差异。选择"很符合"的学生更青睐于教学类、企业类、科学研究类和农业、机械类职业，倾向于选择在事业单位就业，就业地点倾向于选择城镇和农村，就业区域倾向于选择西部，对"我非常愿意成为一名基层教育工作者"问题的回答更倾向于选择"很符合"；选择"较符合"的学生更青睐于教学类、科学研究类、艺术类和企业类职业，倾向于选择在事业单位和企业就业，就业地点倾向于选择中小城市、城镇和农村，就业区域倾向于选择西部和中部，对"我非常愿意成为一名基层教育工作者"问题的回答更倾向于选择"较符合""很符合"；选择"不确定"的学生更青睐于办公室类、艺术类和科学研究类职业，倾向于选择政府部门就业，就业地点倾向于选择中小城市和大城市，就业区域倾向于选择东部，对"我非常愿意成为一名基层教育工作者"问题的回答更倾向于选择"较符合""不确定"；选择"不太符合"的学生更青睐于办公室类和农业、机械类职业，倾向于选择在政府部门和企业就业，就业地点倾向于选择大城市和中小城市，就业区域倾向于选择东部，对"我非常愿意成为一名基层教育工作者"问题的回答更倾向于选择"不确定""不太符合"；选择"很不符合"的学生更青睐于办公室类、艺术类、企业类、科学研究类和农业、机械类职业，倾向于选择在政府部门和企业就业，就业地点倾向于选择大城市，就业区域倾向于选择东部，对"我非常愿意成为一名基层教育工作者"问题的回答更倾向于选择"很不符合""不太符合"。谈及除去就业以外的毕业计划时，相比较而言，选择"很符合"的学生较多考虑就业；选择"较符合"的学生较多考虑出国；选择"不确定"的学生较多考虑出国和成为自由职业者；选择"不太符合"的学生则较多考虑考研和成为自由职业者；选择"很不符合"的学生较多考虑考研、出国和成为自由职业者。

四、贯彻国家免费师范生政策的建议

（一）对高中毕业生加大师范生免费教育政策的宣传力度

根据调查结果，学生对师范生免费教育政策越了解，则其从事教育的意愿和服务基层教育的意向也越强。首届免费师范生在报考前，时间比较紧，心态比较急躁，对该政策的了解非常有限，导致部分学生报考免费师范生专业时存在盲目性，因此部分没有较强从教意愿的学生可能也报考了免费师范生专业，这必然导致其入校后产生较大的心理落差，也降低了其对师范生免费教育政策的满意度。除此以外，也有一些具有机会主义倾向的学生，将对自己不利的信息隐藏起来，将对自己有利的信息充分展现出来，最终导致一些综合素质不高的学生也成为免费师范生。根据委托代理理论的观点，在信息不对称的情况下，当代理人不能完全承担或获得其行为的全部结果时，他们便会利用自身的信息优势隐藏信息或隐藏行动，从而出现偷懒、搭便车、机会主义、献媚、耍花招等现象（埃里克·弗鲁博顿，鲁道夫·芮坎特，2006）。由于信息成本和监督成本的存在，国家难以有效地对他们选择师范生免费教育的行为、动机进行甄别、验证和监督，最终导致"劣币驱逐良币"现象的发生。在招生名额有限的情况下，一些本来就不适合或不愿真心从教而别有他图的考生便将另一些适合从教并愿意从教的考生挤出市场（杨公安，张学敏，2010），结果造成部分免费师范毕业生从教意愿不强，对教师职业缺乏热情，服务基层教育的意识不强。各地的高中毕业生是免费师范生的最主要来源，因此，若在高中毕业生中加大师范生免费教育政策的宣传力度，则高中毕业生及其家长就有较充足的时间对师范生免费教育政策有一个比较清晰的认识，从而减少高中毕业生报考免费师范生专业的盲目性，还能使免费师范生入学后对自己有明确的定位和清醒的认识，最终提高部属师范院校培养"准教师"的成功率，从而为教育行业和基层学校输送大量优秀人才。另外，除了继续实行提前招生政策外，还要逐步增加保送名额，增加面试及心理测试等综合考核项目，确保部属师范高校拥有优质的免费师范生生源。

（二）加强对免费师范生的职业生涯规划和思想政治教育

调查结果显示，免费师范生的心理状态对他们的从教意愿有很大的影响。对大学生活的满意度越高，对自己未来的信心越充足，拥有的生活幸福感和社会公平感越高，免费师范生就越容易成为基层教育工作者。因此，高校要努力挖掘在校免费师范生的内心诉求，满足他们的基本需要，提高他们的生活满意度，引导他们树立正确的价值观和人生观，增强他们对未来的信心。同时，要加强对免费师范生的职业规划和思想政治教育。根据职业生涯五阶段理论，大学生正处于第二阶段——职业设计阶段（15—24 岁）。在这一阶段，个人将认真探索各种可能的职业选择，他们试图将自己的职业选择与他们对职业的了解以及通过学校教育、休闲活动和业余工作等途径所获得的个人倾向和能力匹配起来（加里·德斯勒，1999）。大部分免费师范生在入学前对于自己的未来没有清晰的职业生涯规划，因此，高校要积极引导他们尽早进行职业定向，对他们着重进行"进入师范角色，适应大学生活"的方向教育；对大二、大三的学生进行"巩固专业思想，做合格新型教师"的定向教育；对毕业学生进行"积极完善自我，投身基层教育"的志向教育，以使免费师范生不仅有远大的抱负，而且具备脚踏实地的作风（程方平，2008）。同时，对免费师范生还要加强教师职业理想和信念的教育，高校通过教育和引导免费师范生认识基础教育的任务、地位和现状同国家、民族、未来的关系等，提高免费师范生的职业认同感，进而产生教师职业的荣誉感、责任感和使命感，激起他们对教师职业的热爱，引导他们投身国家的教育事业，服务农村基层学校。

（三）实行免费师范生中期筛选机制

制度是人们为防止机会主义而缔结的契约（卢现祥，2004）。"选择性激励"包括"积极的选择性激励""消极的选择性激励"两种不同的形式，前者是通过奖励参与行为示范诱导其他人采取相同的行为；后者是通过惩罚不承担集团行动成本和不行动者，以便对其他人起到警示作用。实施师范生免费教育的高校为六所部属师范大学，其门槛相对较高，这必然会导致部分分数没有上线却对教师职业有强烈意愿的优秀学生无法享受这一优惠政策。与此同时，部分免费师范生入校后经过一段时间的学习发现自己不愿意或者不适合从事教育行业却很难退出，这必然会导致教育资源的巨大浪费。因此，要建立免费师范生的流动和退出机制（方增泉，戚家勇，2011）。人才的合理流动是市场经济的必然现象，合理的流动会为人才的成长与发展提供不竭的动力。国家要进一步完善师范生免费教育政策，创建"选择性激励"制度，实行免费师范生中期筛选机制。对那些在校期间放松学习、综合素质一般、服务基层教育意愿不强的免费师范生要终止协议合同，让他们退还已享受的免费教育费用；对于那些成绩优秀、愿意从事教育行业的非免费师范生，在入学两年内，他们也可以通过自愿申请与择优选拔的程序转为免费师范生，让他们同样享受在校免费师范生的优惠政策。这样，通过优胜劣汰的竞争机制保证了免费师范生的质量,减少了免费师范生的违约率。同时,国家还要实行激励机制,对于学习刻苦、成绩优异的免费师范生要给予奖学金等奖励,并实行教育硕士保送制度,给予成绩突出的免费师范生免费读研的机会。

(四)保障免费师范毕业生顺利就业

强化各级政府责任,是顺利安置免费师范毕业生的关键。中央政府应根据地方师资需求和更新情况,全面协调免费师范毕业生的就业工作。中央政府要根据各地办学实际情况,与地方政府共同协商解决免费师范毕业生的岗位和编制问题,尤其是对西部贫困落后地区,要进一步加大财政转移支付力度,妥善解决西部贫困落后地区新增师资的经费缺口问题。同时,中央政府要认真督促省级政府全面统筹免费师范毕业生的就业工作,2010年,《教育部直属师范大学免费师范毕业生就业实施办法》规定,各地应先用自然减员编制指标或采取先进后出的办法安排免费师范毕业生,必要时接受地省级政府可设立周转编制。[①]省级教育行政部门必须主动做好组织协调工作,加强对县市级教育部门的引导,督促他们认真做好免费师范毕业生的签约工作,确保免费师范毕业生有编有岗。县级政府的教育、人事、编办、财政等有关部门要切实做好免费师范毕业生的接收和调配工作。具体而言,县教育局负责落实免费师范毕业生拟招聘具体工作岗位、申报需求计划、签订聘用合同、申请经费预算;人力资源和社会保障局负责指导免费师范毕业生专项公开招聘工作;编办负责落实编制计划;财政局负责落实相关经费保障。最后,县级政府和农村学校要为免费师范毕业生到农村任教服务提供周转住房等必要的工作生活条件,确保他们安居乐教。

第三节 首届免费师范毕业生就业满意度

2007年首届免费师范生入学,2011年他们的就业已经到了关键期。了解首届免费师范毕业生的就业情况,并认真剖析他们就业情况的影响因素,确保他们到中小学任教,这关系到这件利国利民的好事的办好办实。

2011年5月,我们采取分层抽样与整群抽样相结合的方法,在六所部属师范

---

① 教育部等四部委.2010-05-26.教育部 人力资源和社会保障部 中央编办 财政部关于印发《教育部直属师范大学免费师范毕业生就业实施办法》的通知. http://www.moe.gov.cn/srcsite/A10/s7011/201005/t20100526_145914.html.

大学中选取了 1200 名学生作为研究对象，发放问卷 1200 份，回收并检查全部合格的问卷为 1059 份，有效问卷回收率为 88.25%。调查样本的信息主要有四项。性别：男生占 48.5%，女生占 51.5%。专业：文科占 39.9%，理科占 44.4%，艺术体育占 14.1%；其他占 1.6%。家庭所在区域：东部区域占 14.1%，中部区域占 49.4%，西部区域占 36.5%。家庭户籍所在地：农村占 37.3%，乡镇占 13.8%，县城占 24.4%，中等城市占 18.6%，大城市占 5.9%。

一、首届免费师范毕业生就业基本情况

（一）就业状况

调查结果显示，有 90.8% 的首届免费师范毕业生"已经签约或正在签约"，有 7.5% 的首届免费师范毕业生"工作无着落，正在寻找"，还有 1.7% 的首届免费师范毕业生"暂时不想签约"。由此可以看出，首届免费师范生就业形势比较乐观，绝大部分首届免费师范毕业生已经找到合适的单位。

（二）就业地点

调查结果显示，首届免费师范毕业生就业的地点在大、中城市的分别占样本总量的 13.5% 和 42.2%，在县城就业的占样本总量的 35.5%，在乡镇和农村就业的比例很少，分别仅占样本总量的 6% 和 2.8%。由此可以看出，大部分首届免费师范毕业生在县城或中等城市就业，在大城市、农村或乡镇就业的很少。

（三）就业单位

调查结果显示，有 63% 的首届免费师范毕业生在普通高中任教，在职业学校或中专任教的占 6.5%，在初中和小学任教的分别占 20.6% 和 4.5%，在其他事业单位工作的仅占 5.4%。从就业单位的性质来看，调查结果显示，有 42.7% 的首届免费师范毕业生在重点学校任教，57.3% 的首届免费师范生在普通学校任教。由此可以看出，首届免费师范毕业生大部分在普通高中或初中任教，在小学和其他事业单位工作的很少。

（四）就业途径

调查结果显示，有 66.3% 的首届免费师范毕业生是通过"本人和学校双向选

择",有14.6%的首届免费师范毕业生是通过"自己主动联系的",有14.6%的首届免费师范毕业生是通过"户籍所在地教育行政部门安排的",还有4.5%的首届免费师范毕业生选择其他途径就业。由此可以看出,目前教育部实施的免费师范生就业政策效果较好,大部分免费师范毕业生通过双向选择和安排就业的形式顺利就业。国家将双向选择和就业"保底"政策结合起来,既体现了大学生就业市场化改革的基本原则,同时也体现了国家对免费师范生的特殊政策。

(五)就业满意度

调查结果显示,有6.3%的首届免费师范毕业生认为"非常满意",有35.2%的首届免费师范毕业生感到"比较满意",认为"一般"的占39.1%,而认为"不太满意""很不满意"的分别仅占13.8%和5.6%。由此可以看出,约四成的首届免费师范毕业生对目前的就业现状感觉良好,对目前的就业现状感觉一般的也占近四成,对目前的就业现状不满的只占两成左右。

二、首届免费师范毕业生就业和就业满意度影响因素的回归分析

(一)首届免费师范毕业生就业影响因素的回归分析

1. 变量和回归模型

本书将可能影响首届免费师范毕业生就业的影响因素分为五类。

第一类是首届免费师范生的基本情况:①学校声望,分为"985工程"高校和"211工程"高校;②性别。

第二类是首届免费师范生的学业情况:①学习成绩,分为排名前25%、25%—50%和后50%三种;②是否获得过等级证书,其中,证书分为英语类、计算机类和其他三类;③是否是党员;④是否当过学生干部;⑤是否辅修第二专业或获得双学位;⑥是否转过专业。

第三类是首届免费师范生的家庭情况:①家庭人均月收入,分为家庭人均月收入在1000元以下、1000—1500元、1500—2000元、2000元及以上;②父母受教育年限,根据父母受教育年限之和计算;③父母的工作情况,将问卷中的"行政管理人员""各类经理人员""机关企业事业单位办事人员""专业技术人员"等合并为"管理技术职业",将其他项合并为"非管理技术职业";④家庭社会关系,将问卷中的"非常广泛""广泛"归为一类,将"一般""少""非常少"

归为一类。

第四类是免费师范生教育政策：①"必须回生源所在省中小学任教"政策，将"非常赞同""比较赞同"归为一类，将"一般""不赞同""非常不赞同"归为一类；②"在城镇工作的必须到农村任教两年"政策，将"非常赞同""比较赞同"归为一类，将"一般""不赞同""非常不赞同"归为一类；③"免费师范毕业生在教育行业必须任教十年"政策，将"非常赞同""比较赞同"归为一类，将"一般""不赞同""非常不赞同"归为一类。

第五类是免费师范生就业政策：①就业政策，将"本人和学校双向选择""户籍所在地教育行政部门安排"归为"国家就业政策影响"，将"自己主动联系""其他途径就业"归为"非国家就业政策影响"；②攻读教育硕士政策，将"非常赞同""比较赞同"归为一类，将"一般""不赞同""非常不赞同"归为一类。

被解释变量 Y 的含义为是否找到了工作的二分变量：1 为"已经签约""正在签约"，2 为"工作无着落，正在寻找""暂时不想签约"。解释变量中绝大多数为分类变量，因此不能用普通线性回归模型进行回归分析，而应采用逻辑回归方法进行计量回归检验，回归方程的形式为

$$\text{Logit}(P) = \ln[P/(1-P)] = \alpha + \sum \beta_i X_i + \varepsilon$$

其中，P 表示找到工作的概率，$P/(1-P)$ 是就业的概率与未就业的概率之比。解释变量 X_i 的含义为就业与否的影响因素，系数 β_i 表示解释变量对就业的影响，ε 表示随机扰动项。

对于分类解释变量，我们采用的是虚拟变量的方式，基准变量分别为："211 工程"高校，女性，班级排名后 50%，没有获得过奖学金，没有获得过各类证书，不是党员，没有当过学生干部，没有辅修第二专业或双学位，家庭居住在农村，家庭人均月收入在 1000 元以下，父母为非管理技术职业，家庭社会关系非广泛，对免费师范生教育政策不认同，对免费师范生就业政策不认同。

2. 计量回归结果的说明

回归的卡方检验值很大，其显著性水平达到 0.001，表明模型整体在统计上是显著的。自变量的共线性检验值均小于 10，表明方程自变量之间不存在严重的共线性问题。

首届免费师范毕业生的基本情况对就业的影响：①学校声望对首届免费师范毕业生的就业结果影响有显著的影响，这主要表现为"985 工程"高校的首届免费师范毕业生的就业概率要明显高于"211 工程"高校；②性别对就业的概率并

无显著影响。

首届免费师范毕业生的学业情况对就业的影响：①学习成绩排名前25%、25%—50%的免费师范毕业生的虚拟变量为正，这表明学习成绩较好的首届免费师范毕业生在求职过程中具有一定的优势；②拥有英语等级证书、计算机等级证书或是当过学生干部的首届免费师范毕业生就业的概率要明显高于没有证书和无学生干部经历的首届免费师范毕业生；③是否拥有其他类型证书、是否是党员、是否辅修第二专业或双学位、是否转过专业对求职结果并无显著性影响。

首届免费师范毕业生的家庭情况对就业的影响：①家庭人均月收入各个分类中的系数均显著为正，这表明家庭人均月收入高的首届免费师范毕业生在求职过程中具有一定的优势；②父母的职业对首届免费师范毕业生的就业有显著影响，父母是"管理技术职业"的首届免费师范毕业生的就业状况明显好于父母为"非管理技术职业"的首届免费师范毕业生；③父母的受教育年限对首届免费师范毕业生是否顺利就业并无显著影响；④家庭社会关系较多的首届免费师范毕业生就业的概率明显高于家庭社会关系较少的首届免费师范毕业生。

师范生免费教育政策对首届免费师范毕业生就业的影响：①对"必须回生源所在省中小学任教"政策和"在城镇工作的必须到农村任教两年"政策认同的首届免费师范毕业生就业的概率较高；②对"免费师范毕业生在教育行业必须任教十年"政策的认同度对就业的结果并无显著性影响。

免费师范生就业教育政策对首届免费师范毕业生就业的影响：①受"国家就业政策影响"的首届免费师范毕业生就业的概率显著高于"非国家就业政策影响"的首届免费师范毕业生；②对"免费师范生可以攻读教育硕士"政策认同的首届免费师范毕业生找到工作的概率较高。

（二）首届免费师范毕业生就业满意度影响因素的回归分析

1. 对回归结果和变量的说明

这一部分我们集中讨论对首届免费师范毕业生就业满意度的影响因素，它们为以下六类：学生的基本情况、学业情况、家庭情况、免费师范生教育政策、免费师范生就业政策，以及首届免费师范毕业生的就业情况。其中前五类不再重述。

第六类是首届免费师范毕业生的就业情况：①就业地点，具体包括大城市、中等城市、县城、乡镇和农村；②就业单位，具体包括普通高中、职业学校或中专、初中、小学和其他；③就业单位的性质，具体包括重点学校和非重点学校；④就业的专业对口情况，将问卷调查中的"非常对口""基本对口"归为专业对口较好的一类，将"有一些关联""毫不相关""不清楚"归为专业对口较差的一类。

被解释变量为首届免费师范毕业生的就业满意度，我们将问卷中"满意""基本满意"归为一类，赋值为1，将"一般""不满意""非常不满意"归为一类，赋值为0。本书采用逻辑回归方法进行计量回归检验，回归结果如表2-1所示。

表2-1 影响首届免费师范毕业生就业及就业满意度因素的计量回归分析结果

	就业影响因素回归		就业满意度影响因素回归	
	回归系数	显著性水平	回归系数	显著性水平
"985工程"高校	0.413	0.001	0.518	0.223
男性	0.354	0.542	0.299	0.324
成绩排名前25%	0.296	0.003	0.417	0.003
成绩排名25%—50%	0.187	0.027	0.288	0.000
英语四六级证书	0.308	0.004	0.136	0.004
计算机证书	0.258	0.000	0.149	0.040
其他证书	0.057	0.622	−0.295	0.080
党员	0.066	0.582	0.304	0.827
学生干部	0.086	0.000	0.201	0.008
辅修第二专业	0.059	0.542	0.647	0.746
转过专业	0.204	0.624	−0.295	0.566
家庭人均月收入1000元以下	0.258	0.002	0.374	0.077
家庭人均月收入1000—1500元	0.337	0.000	0.467	0.826
家庭人均月收入1500—2000元	0.423	0.023	0.475	0.535
家庭人均月收入2000元及以上	0.645	0.001	0.525	0.433
父母受教育水平	0.005	0.604	0.032	0.568
父母职业状况	0.547	0.032	0.303	0.000
家庭社会关系	0.204	0.028	0.298	0.020
"回生源所在省中小学任教"政策	0.580	0.000	0.416	0.004
"在城镇工作的必须到农村任教两年"政策	0.363	0.01	0.527	0.023
"免费师范毕业生在教育行业必须任教十年"政策	0.257	0.003	0.324	0.447
定向就业政策	0.265	0.013	0.137	0.067

续表

	就业影响因素回归		就业满意度影响因素回归	
	回归系数	显著性水平	回归系数	显著性水平
攻读教育硕士政策	0.231	0.000	0.283	0.003
在大城市就业			0.243	0.025
在中等城市就业			0.098	0.000
在县城就业			0.059	0.017
在乡镇就业			−0.148	0.001
就业单位是普通高中			0.283	0.000
就业单位是职业学校			0.205	0.001
就业单位是初中			−0.189	0.000
重点学校			0.418	0.001
学校和工作单位对口			0.535	0.002

2. 计量回归结果的说明

回归的卡方检验值很大，其显著性水平达到 0.001，表明模型整体在统计上是显著的。自变量的共线性检验值均小于 10，表明方程自变量之间不存在严重的共线性问题。

首届免费师范毕业生的基本情况对就业满意度的影响：①学校声望对首届免费师范毕业生就业满意度并无显著性影响；②性别对首届免费师范毕业生就业满意度并无显著性影响。

首届免费师范毕业生的学业情况对就业满意度的影响：①学习成绩排名前 25%、25%—50% 的首届免费师范毕业生的虚拟变量为正，这表明学习成绩较好的首届免费师范毕业生的就业满意度较高；②拥有英语等级证书、计算机等级证书或当过学生干部的首届免费师范毕业生找到工作的概率要明显高于没有证书和无学生干部经历的首届免费师范毕业生；③是否拥有其他类型证书、是否是党员、是否辅修第二专业或双学位、是否转过专业对求职结果并无显著性影响。

首届免费师范毕业生的家庭情况对就业满意度的影响：①家庭人均月收入对首届免费师范毕业生的就业满意度并无显著性影响；②父母的职业对首届免费师范毕业生的就业满意度有显著影响，父母是"管理技术职业"的首届免费师范毕业生的就业满意度明显高于父母为"非管理技术职业"的首届免费师范毕业生的就业满意度；③父母的受教育年限对首届免费师范毕业生的就业满意度并无显著性影响；④家庭社会关系较多的首届免费师范毕业生就业满意度明显高于家庭社会关系较少的首届免费师范毕业生。

师范生免费教育政策对首届免费师范毕业生就业满意度的影响：①对"必须回生源所在省中小学任教"政策和"在城镇工作的必须到农村任教两年"政策认同的首届免费师范毕业生的就业满意度较高；②对"免费师范毕业生在教育行业必须任教十年"政策的认同度对就业满意度并无显著性影响。

免费师范生就业教育政策对首届免费师范毕业生就业满意度的影响：①受"国家就业政策影响"的首届免费师范毕业生和"非受国家就业政策影响"的首届免费师范毕业生就业满意度并无显著性差异；②对"免费师范生可以攻读教育硕士"政策认同的首届免费师范毕业生就业满意度较高。

首届免费师范毕业生的就业情况对首届免费师范毕业生就业满意度的影响：①就业地点在大、中城市和县城的首届免费师范毕业生就业满意度明显高于在乡镇和农村就业的首届免费师范毕业生；②就业单位在普通高中、初中的首届免费师范毕业生就业满意度高于在职业学校或中专、小学、其他单位的首届免费师范毕业生；③工作在重点学校的首届免费师范毕业生就业满意度高于在非重点学校的首届免费师范毕业生；④专业对口较好的首届免费师范毕业生就业满意度高于专业对口较差的首届免费师范毕业生。

三、完善国家免费师范生政策的建议

根据对我国六所部属师范大学首届免费师范毕业生问卷调查的数据，采用计量回归和统计描述的方法，从首届免费师范毕业生的就业、就业满意度两个不同的角度对我国首届免费师范毕业生就业影响因素进行实证研究，研究的主要结论有六方面。①学校声望对首届免费师范毕业生就业有一定的影响，但对就业满意度没有显著性影响；首届免费师范毕业生就业不存在性别歧视，且在就业满意度上，男女之间无明显差别。②个人素质是决定首届免费师范毕业生是否顺利就业和就业满意度高低的关键因素之一，成绩优秀、外语较好、担任过学生干部的首届免费师范毕业生的就业和就业满意度较令人满意。③家庭人均月收入较高、家庭社会关系较广的首届免费师范毕业生较容易找到工作，就业满意度相对较高。④对师范生免费教育政策认同的首届免费师范毕业生的就业情况较好，就业满意度较高。⑤受"国家就业政策影响"的首届免费师范毕业生较容易找到工作，但在就业满意度方面并无显著性差异。⑥就业地点在大、中城市及县城，就业单位在普通高中及初中，就业单位为重点学校，专业对口的首届免费师范毕业生就业满意度较高。

据此，本书提出以下三条建议。①加强免费师范生的学习，提高他们的综合素质。目前影响免费师范毕业生顺利就业的关键因素之一就是他们的学业成绩和综合素质，要保证他们顺利走上工作岗位，必须督促他们认真学习，加强实践环节的培养，重视综合能力的养成。②适当调整师范生免费教育政策。例如，首先，适当放宽免费师范毕业生的就业地域限制。目前的就业政策是他们必须回到生源地所在省（自治区、直辖市）中小学任教，这就让他们自由选择就业地域的机会大大减少，也让那些需要跨省就业的免费师范毕业生望而却步。实际上，我国中西部基层学校优质教师资源普遍不足，毕业于部属师范大学的教师更是严重短缺，如果将免费师范毕业生的就业地域扩大到整个中西部地区，这样不但可以扩大他们自由选择地域的权利，同时可以在一定程度上缓解跨省就业的难题，还可以促进优质教师资源合理流动和整个中西部基层学校教师资源的优化配置。其次，适当放宽履约的服务期和去农村学校任教两年的限制。关于服务期的问题，根据中华人民共和国成立前的规定，师范生从教的年限为4—6年也是比较合适的（付义朝，付卫东，2011）。且调查结果表明，大部分免费师范生并不认同毕业后必须从事中小学教学十年以上的政策。因此，建议适当缩短免费师范毕业生的服务年限，让他们真正愿意去基层学校任教。最后，建议让免费师范毕业生工作数年后再通过支教或城乡学校结对的方式到农村学校任教，这样不仅解决了他们经验不足的问题，也可以促进城乡教师交流和城乡义务教育均衡发展。③适当调整免费师范生的课程设置。目前，我国中西部地区基层学校尤其是农村学校的音体美和英语等课程的教师严重短缺。因此，建议六所部属师范大学在进行免费师范生的专业设置时，要侧重于我国中西部基层学校尤其是农村学校严重短缺教师的学科，同时要注重学科内容的交叉与融合，还要根据基层学校反馈的学科需求信息进行适当的调整。

第四节　首届免费师范毕业生在工作、生活、读研中的主要困难

2012年暑假，我们利用首届免费师范毕业生到武汉参加教育硕士学习的机会，通过问卷调查、深度访谈等对他们进行了广泛调查，目的是全面了解首届免

费师范毕业生的工作、生活的现实状况和真实想法,为师范生免费教育政策的进一步完善提供可靠依据。

一、主要困难

(一)部分首届免费师范毕业生专业不对口、教学负担重

调查结果显示,分别有69.3%和23.3%的首届免费师范毕业生反映他们所教的科目和所学的专业"完全对口""基本对口",反映"不太对口""完全不对口"的分别仅占5.8%和1.6%。这表明绝大部分首届免费师范毕业生教有所学,但是仍有部分人专业不对口,教非所学。另外,调查结果同时显示,首届免费师范毕业生平均每人大约要带1.2门课,最多的竟带了6门课;每周的课时量平均为12.99课时,最多的竟达到40多课时。除此以外,首届免费师范毕业生每周平均还需花4.07小时来处理学校教育教学以外的活动,最多的竟花了33小时。总的来看,仍有部分首届免费师范毕业生存在所教科目和所学专业不对口、教学负担重的情况,甚至有相当一部分免费师范毕业生还要进行跨年级教学,这可能是他们产生师范生免费教育政策认同障碍和有违约意向的重要原因之一。

(二)首届免费师范毕业生生活压力大、生活满意度不高

调查结果显示,首届免费师范毕业生的月收入大部分在1500—2000元,1000元以下的仅占总数的3.7%。但和本校其他教师相比,仅1.2%和5.0%的首届免费师范毕业生认为自己的月收入处于"上等""中上等"。就维持本地最低生活需要所需花费而言,认为每月在1200—1500元和1500元以上的首届免费师范毕业生分别占26.1%和49.1%,每月需要800元以内和800—1200元的分别占2.3%和22.5%。由此看来,他们每月至少需要花费1200元用于日常生活开支。这表明,因为工资待遇均不高,他们的生活压力普遍较大。调查结果同时显示,仅23.1%的首届免费师范毕业生有教师周转房,而大部分首届免费师范毕业生的住房尤为紧张。就他们的生活幸福感而言,仅3.7%和19.3%的首届免费师范毕业生认为"非常幸福""比较幸福"。当问到他们对生活现状的基本看法时,分别仅有2.9%和26.1%的首届免费师范毕业生感觉"非常满意""比较满意"。可见,由于首届免费师范毕业生工资待遇低,生活压力大,他们的生活满意度整体不高。

（三）绝大部分首届免费师范毕业生难以承担缴费读研的费用

据统计，2007 年，执行师范生免费教育政策的六大高校计划招收免费师范生 1 万余人，生源大部分来自中西部地区，华东师范大学将九成名额面向中西部，西南大学在重庆、四川、云南、贵州四省（直辖市）的招生人数占免费师范生的 79.6%，东北师范大学和北京师范大学的免费师范生大部分来自中西部地区。[①]其中，中西部地区生源占全部生源的 90.8%，农村生源占全部生源的 60.2%。[②]可以看出，首届免费师范毕业生大部分来自中西部农村地区。同样，有人对 1800 名选择师范生免费教育的学生进行调查发现，把"家庭经济困难"作为因素之一的占 64%（周挥辉，2010）。然而，调查发现，2012 年暑期在武汉华中师范大学攻读教育硕士的首届免费师范毕业生均实行缴费读研，每年的学费至少 8000 元，还不包括生活费及交通费等费用，这对于刚刚参加工作一年的免费师范毕业生来说可不是一个小数目，尤其是对那些来自我国中西部农村家庭或城市贫困家庭的免费师范毕业生。调查结果显示，当问到他们对缴费读研的基本看法时，约 90% 的首届免费师范毕业生认为"不太合理""很不合理"。通过进一步访谈得知，他们均认为，自己刚参加工作，加上工资待遇低，经济来源单一，刚任教一年就拿出这么一大笔钱，自己的经济压力太大，心理承受力也大大超载。

（四）大部分首届免费师范毕业生对在职读研的方式、教学方法及生活条件不满意

根据相关文件的规定，免费师范毕业生到中小学任教满一学期后，均可申请免试在职攻读教育硕士专业学位，经任教学校考核合格，部属师范大学根据工作考核的结果、本科学习成绩和综合表现考核录取。免费师范毕业生采取在职学习方式，学习年限为 2—3 年，实行学分制，课程学习主要通过远程教育和寒暑假集中面授的方式进行。根据我们的调查，华中师范大学采取了集中面授和网络远程教学、自学和指导相结合的教学方式，并实行"双导师制"指导方式。但是，首届免费师范毕业生对在职读研的方式、教学方法和生活条件均不太满意。就在职读研的方式而言，分别仅有 16.5% 和 31.9% 的首届免费师范毕业生认为"非常满意""比较满意"；就教学方法来说，分别仅有 2.9% 和 25.6% 的

[①] 甘丽华. 2007-05-22. 6 所师范大学免费师范生招生培养各有特色. http://zqb.cyol.com/content/2007-05/22/content_1767016.htm

[②] 中国青年报. 2007-08-28. 师范生免费政策效果初显——一万多名免费师范生入学 中西部地区生源占 90.8%. http://news.sina.com.cn/c/2007-08-28/062212460698s.shtml

首届免费师范毕业生认为"非常满意""比较满意";就生活条件来讲,分别仅有 1.0% 和 11.2% 的首届免费师范毕业生认为"非常满意""比较满意"。可见,目前免费师范毕业生的在职读研方式、教学方法和读研生活条件等很多方面都亟待改进。

（五）首届免费师范毕业生对师范生免费教育政策不太满意

调查结果显示,针对"我对师范生免费教育政策很满意"这一问题,分别仅有 4.7% 和 29.7% 的首届免费师范毕业生回答"非常符合""比较符合",回答"一般"的占 46.5%,回答"不符合""非常不符合"的分别占 12.1% 和 7.0%。可见,大部分首届免费师范毕业生对师范生免费教育政策不太满意。同样,就"我对师范生免费教育政策前景充满信心"的这一问题,分别仅有 3.6% 和 16.1% 的首届免费师范毕业生回答"非常符合""比较符合",回答"一般"的占 42.2%,回答"不符合""非常不符合"的分别占 23.0% 和 8.7%。可见,部分首届免费师范毕业生对师范生免费教育政策前景不太看好。总的来看,由于种种原因,首届免费师范毕业生对师范生免费教育政策的认同度并不高。

（六）部分首届免费师范毕业生有违约意向

调查结果显示,当问到"你想违约吗"的问题时,分别有 23.9% 和 62.0% 的首届免费师范毕业生回答"从未想过""想过,但可能性不大",回答"正在考虑,可能性较大""已经决定违约"的首届免费师范毕业生分别占 13.3% 和 0.8%。这表明,绝大部分首届免费师范毕业生能扎根所在学校安心从教。但问到他们"对违约的认识"的基本看法时,情况很不乐观,分别有 57.5% 和 18.8% 的首届免费师范毕业生回答"合理的""无所谓",回答"不诚信的""不道德的"分别仅占 20.6% 和 3.1%。这表明,相关部门在一定程度上忽视了对免费师范毕业生的政策宣传力度,导致部分首届免费师范毕业生对师范生免费教育政策产生认同障碍。当进一步探究首届免费师范毕业生考虑违约的原因时,发现选择较多的是认为教师工资收入低、个人发展受限制和教师社会地位低。可见,现实条件的限制是导致首届免费师范毕业生对师范生免费教育政策前景不太看好的主要原因。

二、解决这些困难的建议

（一）有效促进免费师范毕业生专业成长

如果没有知识广博、人文价值深厚而且具有创新精神和实践能力的教师，就无法培养出社会发展所需要的新型人才（陈时见，2007）。不仅如此，目前中西部基层学校尤其是农村基层学校英语、音体美等学科教师严重短缺，而目前免费师范毕业生还远远不能满足中西部地区基层学校的实际需要，因此，有些免费师范毕业生可能还要承担多门课程的教学任务，甚至需要进行跨年级教学，中西部地区基层学校迫切需要学科知识较为宽广、适应能力强的复合型人才。而且，根据我们掌握的情况，目前大部分首届免费师范毕业生到普通高中任教，也有一部分到初中任教，在小学和幼儿园任教的也占一定的比例。而目前我国部属师范大学基本上是按照普通高中教师的要求来培养免费师范生的。根据目前免费师范毕业生的实际情况，我们建议地方教育主管部门要进一步加大对他们的培训力度，确保他们能尽快适应所在地区基层学校的需要；地方教育主管部门要尽快挑选地方基层学校知识面宽广、教学经验丰富的高级教师甚至特级教师来帮助免费师范毕业生，主要采取面对面的"传—帮—带"的方式，手把手地传授适合基层学校需要的教学经验和教学技能；同时，也挑选一批责任心强、经验丰富的优秀班主任和学校管理干部，让他们和免费师范毕业生面对面地交流，传授班级管理和学校管理的宝贵经验。

（二）努力改善工作环境，让首届免费师范毕业生安居乐教

马斯洛认为，人的行为是受到人的内在需要激励的，人的需要是由最基本的衣食住行需要到高等级的自我实现需要所构成的有序等级链（马斯洛，2011）。人最基本的需要是生理需要，一个人的层次需要满足程度越高，那么他对工作、生活的信心越充足，越能在所在的岗位上安心工作。因此，地方政府、教育主管部门和基层学校要想方设法地改善免费师范毕业生的工作和生活条件，让他们能在基层学校安居乐教。具体而言，地方教育主管部门在安排免费师范毕业生从教的学校时，要充分考虑到基层学校的生活起居条件，对于目前还不具备食宿条件的初小及教学点，尽量先不要安排免费师范毕业生到那些学校任教。基层学校在分配教师住房时，要优先考虑免费师范毕业生；在安排免费师范毕业生的教学和管理岗位时，既要委以重任，又要充分发挥他们的专长；要尽量安排专业对口的课程，跨年级教学的课程也不宜安排过多。同时，学校领导要积极关心免费师范毕业生的冷暖，主动解决他们工作、生活中的困难，帮助他们尽快渡过难关。

（三）采取有力措施解决免费师范毕业生的读研费用等问题

心理承受力是指人的心理对外界刺激所能接受的程度。任何一项政策总是会作用于一定的社会成员，政策执行在某种意义上就是在作为政策目标群体的社会成员之间进行利益分配和行为调整，而每一个作为政策目标群体的社会成员对政策的刺激必然在心理上有所反应，他们对政策在心理上的可接受程度即他们对所实施政策的心理承受力（丁煌，2002）。心理承受力超载会导致政策目标群体产生认同障碍。同样，免费师范毕业生心理承受力超载是导致他们对该政策产生认同障碍的一个重要原因。因此，我们要采取多种措施，来增强他们的心理承受力，例如，国家可以出台一定的优惠政策，对家庭经济困难或成绩优异的免费师范毕业生可以减免攻读教育硕士的费用；地方政府可以拿出部分资金帮助免费师范毕业生垫付攻读教育硕士的学费及其他生活费用，等到他们工作几年后有了积蓄再分批偿还；基层学校对免费师范毕业生进行人性化关怀，如可以报销来往的交通费用、给予一定的外出学习生活补助等，让他们充分体会到工作单位的温暖；普通高校可以给予免费师范毕业生一定的伙食补贴，增强他们的心理愉悦感和满足感。

（四）大力改进免费师范毕业生读研的教学方式和生活条件

1966年，国际劳工组织和联合国教育、科学及文化组织发表了《关于教员地位的建议》，该建议明确规定："教师工作应被视为专门职业（profession）。这种职业是一种要求职员具备经过严格而持续不断的研究才能获得并维持专业知识及专门技能的公共业务；它要求对所辖学生的教育和福利具有个人的及共同的责任感。"（日本筑波大学教育学研究会，1986）1996年，国际教育大会以"加强变化世界中的作用"，建议通过加强个人素质和在职培养提高其专业性（赵中建，1999）。而且，教师职业是一个需要终身学习、在实践中不断发展的职业，教师专业发展是一个不断完善的过程，需要教师终身对专业发展的规划不断学习与探索（陈时见，2007）。因此，部属师范大学要充分利用免费师范毕业生暑期回校攻读教育硕士的学习机会，加大对他们的专业培训力度。要适当增设部分交叉专业，培养复合型全能基础教育教师，以适应中西部基层学校的实际需要。同时，要联系中西部基层教育实际，增强教育硕士课程的针对性和实效性，注重他们对教育科学知识的个性化创新应用,以帮助他们解决在基层教育教学实践中的各种现实问题。不仅如此,还要培养他们具备初步的教育科研能力、对教育教学实践的批判反思能力和可持续性的专业发展能力。同时,舒适的环境和良好的生活条件是免费师范毕业生在暑期安心学习的基本动力,因此,普通高校要努力改善他们的学习环境和生活条件,例如,天气炎热时安装空调、免费提供上网条件、图书馆延时开放、免费提供游泳场所等。要让免费师范毕业生感觉到家庭般的温暖,从而提高他们学习的主动性和积极性。

(五)努力提高免费师范毕业生的政策认同度

一个人只有当他对政府及其某一项政策具有良好的印象时,他才可能会对政府及其该项政策形成积极的情感体验并进而表现出赞同的心理倾向(丁煌,2002)。可见,正确的师范生免费教育政策认知,有助于提高免费师范毕业生对该政策的认同度。因此,要进一步加大师范生免费教育政策宣传力度,让免费师范毕业生充分了解该政策实施的历史背景和现实意义,了解该政策对于培养一批批终身从事教育事业的优秀教师和杰出教育家的必要性,了解该政策对于引导地方师范院校积极推广师范生免费教育政策的导向性,最终让免费师范毕业生所追求的理想和信念同师范生免费教育政策的价值取向高度吻合,让他们对该政策产生一种心理上的满足感,进而从内心深处认同师范生免费教育政策。

第五节 首届免费师范毕业生工作、生活满意度

2007年,华中师范大学共招收首届免费师范生2200多名,2011年,该校首届免费师范生毕业并分赴各地教学一线工作。按照相关文件规定,他们到中小学任教满一学期后,经综合考核符合要求的1706名首届免费师范毕业生,于2012年暑假回校攻读在职教育硕士学位。[①]我们采取分层抽样与整群抽样相结合的方法,对在华中师范大学参加培训的1706名首届免费师范毕业生进行了问卷调查和结构性访谈。我们共发放问卷1706份,回收并检查全部合格的问卷1534份,有效问卷回收率为89.9%。研究采取集体施测的方法,对调查获得的所有数据运用

---

① 华中师范大学. 2012-07-18. 华中师范大学首届免费师范生珍惜返校读研机会. http://www.chinadaily.com.cn/dfpd/2012-07/19/content_15599735.htm.

SPSS13 软件进行数据统计分析。

就首届免费师范毕业生的工作满意度而言，问卷调查结果显示，当问到"您对目前的工作现状满意吗"的问题时，分别有 1.6%和 20.6%的首届免费师范毕业生回答"非常满意""满意"，有 42.2%的免费师范毕业生回答"一般"，回答"不满意""非常不满意"的分别占 26.7%和 8.9%。由此可以看出，首届免费师范毕业生的工作满意度并不高。

就首届免费师范毕业生的生活满意度而言，问卷调查结果显示，当问到"您对目前的生活现状满意吗"的问题时，分别有 2.9%和 26.1%的首届免费师范毕业生回答"非常满意""满意"，有 42.5%的首届免费师范毕业生回答"一般"，回答"不满意""非常不满意"的分别占 22.9%和 5.6%。由此可以看出，首届免费师范毕业生的生活满意度也不高。

一、首届免费师范毕业生工作、生活满意度影响因素分析

（一）工作地点对工作、生活满意度的影响

我们将首届免费师范毕业生的工作地点与他们的工作满意度进行交叉列联表分析，并进行显著性检验，结果表明，差异显著（$\chi^2=54.582$，$p=0.00<0.05$）。通过进一步分析发现，工作在大、中城市的首届免费师范毕业生的工作满意度较高，而工作在县城、乡镇和农村的首届免费师范毕业生的工作满意度较低。同样，我们将首届免费师范毕业生的工作地点与他们的生活满意度进行交叉列联表分析，并进行显著性检验，结果表明，差异不显著（$\chi^2=31.001$，$p=0.55>0.05$）。由此可以看出，工作地点的不同对他们的生活满意度不存在显著差异。也就是说，无论工作是在大、中城市还是在县城、乡镇或是在农村，他们的生活满意度之间不存在显著性差异。

（二）工作地域对工作、生活满意度的影响

我们将首届免费师范毕业生的工作地域与他们的工作满意度进行交叉列联表分析，并进行显著性检验，结果表明，差异显著（$\chi^2=17.966$，$p=0.021<0.05$）。通过进一步分析发现，工作在东部和中部地区的首届免费师范毕业生的工作满意度较高；而工作在西部地区的首届免费师范毕业生的工作满意度较低。同样，我们将首届免费师范毕业生的工作地域与他们的生活满意度进行交叉列联表分

析，并进行显著性检验，结果表明，差异显著（$\chi^2=23.704$，$p=0.008<0.05$）。通过进一步分析得知，工作在东部和中部地区的首届免费师范毕业生的生活满意度较高；而工作在西部地区的首届免费师范毕业生的生活满意度普遍较低。

（三）工作单位对工作、生活满意度的影响

我们将首届免费师范毕业生的工作单位与他们的工作满意度进行交叉列联表分析，并进行显著性检验，结果表明，差异不显著（$\chi^2=10.824$，$p=0.820>0.05$）。这表明，工作单位的不同对他们的工作满意度不存在显著性差异，也就是说，无论他们的工作是在高中、职业学校或是中专、初中、小学或是其他类型学校，他们的工作满意度不存在显著性差异。同样，我们将首届免费师范毕业生的工作单位与他们的生活满意度进行交叉列联表分析，并进行显著性检验，结果表明，差异不显著（$\chi^2=29.273$，$p=0.083>0.05$）。由此可以看出，工作单位的不同对他们的生活满意度不存在显著性差异，也就是说，无论工作在高中、职业学校或中专、初中、小学或其他类型学校，他们的生活满意度不存在显著性差异。

（四）任教学校对工作、生活满意度的影响

我们将首届免费师范毕业生的任教学校与他们的工作满意度进行交叉列联表分析，并进行显著性检验，结果表明，差异非常显著（$\chi^2=29.960$，$p=0.000<0.01$）。通过进一步分析发现，工作在重点学校的首届免费师范毕业生的工作满意度较高，而工作在非重点学校的首届免费师范毕业生的工作满意度较低。同样，我们将首届免费师范毕业生的任教学校与他们的生活满意度进行交叉列联表分析，并进行显著性检验，结果表明，差异非常显著（$\chi^2=15.614$，$p=0.008<0.01$）。通过进一步分析得知，工作在重点学校的首届免费师范毕业生的生活满意度较高，而工作在非重点学校的首届免费师范毕业生的生活满意度普遍较低。

（五）任教科目对工作、生活满意度的影响

我们将首届免费师范毕业生的任教科目与他们的工作满意度进行交叉列联表分析，并进行显著性检验，结果表明，差异非常显著（$\chi^2=48.329$，$p=0.000<0.01$）。通过进一步分析发现，任教科目完全对口或基本对口的首届免费师范毕业生的工作满意度较高，而任教科目不太对口或完全不对口的首届免费师范毕业生的工作满意度较低。同样我们将首届免费师范毕业生的任教科目与他们的生活满意度进行交叉列联表分析，并进行显著性检验，结果表明，差异显著（$\chi^2=162.397$，

$p=0.000＜0.05$）。通过进一步分析得知，任教科目完全对口或基本对口的首届免费师范毕业生的生活满意度较高，而任教科目不太对口或完全不对口的首届免费师范毕业生的生活满意度较低。

（六）和同事的关系对工作、生活满意度的影响

我们将首届免费师范毕业生和同事的关系与他们的工作满意度进行交叉列联表分析，并进行显著性检验，结果表明，差异显著（$\chi^2=195.185$，$p=0.000＜0.05$）。通过进一步分析发现，和同事关系非常融洽或比较融洽的首届免费师范毕业生的工作满意度较高，和同事关系不太融洽或非常不融洽的首届免费师范毕业生的工作满意度较低。同样，我们将首届免费师范毕业生和同事的关系与他们的生活满意度进行交叉列联表分析，并进行显著性检验，结果表明，差异非常显著（$\chi^2=162.397$，$p=0.00＜0.01$）。通过进一步分析得知，和同事关系非常融洽或比较融洽的首届免费师范毕业生的生活满意度较高，和同事关系不太融洽或非常不融洽的首届免费师范毕业生的生活满意度较低。

（七）教学水平对工作、生活满意度的影响

我们将首届免费师范毕业生的教学水平与他们的工作满意度进行交叉列联表分析，并进行显著性检验，结果表明，差异非常显著（$\chi^2=76.029$，$p=0.000＜0.01$）。通过进一步分析发现，教学水平在上等或中上等的首届免费师范毕业生的工作满意度较高，教学水平在中等、中下等或下等的首届免费师范毕业生的工作满意度较低。同样，我们将首届免费师范毕业生的教学水平与他们的生活满意度进行交叉列联表分析，并进行显著性检验，结果表明，差异非常显著（$\chi^2=50.238$，$p=0.00＜0.01$）。通过进一步分析得知，教学水平在上等或中上等的首届免费师范毕业生的生活满意度较高，教学水平在中等、中下等或下等的首届免费师范毕业生的生活满意度较低。

（八）教师住房对工作、生活满意度的影响

我们将首届免费师范毕业生的教师住房与他们的工作满意度进行交叉列联表分析，并进行显著性检验，结果表明，差异不显著（$\chi^2=2.749$，$p=0.602＞0.05$）。这表明，有无教师住房对首届免费师范毕业生的工作满意度不存在显著性影响。同样，我们将首届免费师范毕业生的教师住房与他们的生活满意度进行交叉列联

表分析，并进行显著性检验，结果表明，差异显著（χ^2=17.424，p=0.04＜0.05）。通过进一步分析得知，有教师住房的首届免费师范毕业生的生活满意度较高，暂时没有教师住房的首届免费师范毕业生的生活满意度较低。

（九）教师压力对工作、生活满意度的影响

我们将首届免费师范毕业生的压力与他们的工作满意度进行交叉列联表分析，并进行显著性检验，结果表明，差异显著（χ^2=27.992，p=0.04＜0.05）。通过进一步分析发现，根本没什么压力或压力不大的首届免费师范毕业生的工作满意度较高，而压力非常大、有些压力或一般的首届免费师范毕业生的工作满意度普遍较低。同样，我们将首届免费师范毕业生的压力与他们的生活满意度进行交叉列联表分析，并进行显著性检验，结果表明，差异非常显著（χ^2=85.540，p=0.000＜0.01）。通过进一步分析得知，根本没什么压力或压力不大的首届免费师范毕业生的生活满意度较高，而压力非常大、有些压力或一般的首届免费师范毕业生的生活满意度较低。

（十）个人收入对工作、生活满意度的影响

我们将首届免费师范毕业生的个人收入与他们的工作满意度进行交叉列联表分析，并进行显著性检验，结果表明，差异非常显著（χ^2=126.87，p=0.000＜0.051）。通过进一步分析发现，收入在3000元以上的或收入在2000—3000元的首届免费师范毕业生的工作满意度较高，而收入在1000—2000元或1000元以下的首届免费师范毕业生的工作满意度较低。同样，我们将首届免费师范毕业生的个人收入与他们的生活满意度进行交叉列联表分析，并进行显著性检验，结果表明，差异非常显著（χ^2=140.791，p=0.000＜0.01）。通过进一步分析得知，收入在3000元以上的或收入在2000—3000元的首届免费师范毕业生的生活满意度较高，而收入在1000—2000元或1000元以下的首届免费师范毕业生的生活满意度较低。

二、提高免费师范毕业生工作和生活满意度的建议

（一）努力改善免费师范毕业生工作环境和生活条件

美国著名的教育学家约翰·杜威指出："'环境''生活条件'这些词，不仅表示围绕个体周围的事物，还表示周围事物和个体自己的主动趋势的特殊的连续

性……一个人的活动跟着事物而变异，这些东西便是他的真环境。"（约翰·杜威，2001）可见，工作环境和生活条件是影响一个人成长和发展的重要因素。鉴于此，地方教育主管部门对于那些主动要求去偏僻地区农村学校任教的免费师范毕业生，要事先安排好他们在那里的生活起居。在安排教学计划时，基层学校一定要事先征求免费师范毕业生的意见；在安排任教科目时，基层学校要充分发挥他们的专长，尽量少安排与其所学专业关系不大或毫无关系的学科；在安排教师周转房时，基层学校要考虑到免费师范毕业生的实际困难，尽量优先照顾；同时，对于刚参加工作的免费师范毕业生来说，工作和生活的压力会导致他们工作积极性不高甚至有毁约的可能性，因此，基层学校领导要时刻关注免费师范毕业生的工作和生活，多与他们进行面对面的交流，及时解决他们在工作和生活中的困难，以使他们轻装上阵、安心从教。

（二）加大对免费师范毕业生的培训力度

众所周知，国家和社会赋予了免费师范毕业生更多的责任和权利，提出了更高的要求和期望。免费师范毕业生要胜任这份崇高的工作，就需要有更强的能力，地方教育主管部门要加大对他们的培训力度，让他们尽早适应基层学校的需要。一方面，加强免费师范毕业生与他人交往的能力。我们知道，学校是一个以人-人为主的工作系统，尽管随着教育技术现代化的加速发展，教师的部分工作将被计算机或其他技术手段代替，但是，学校教育作为人-人为主的工作系统的本质不会改变，越是具有人性、丰富性的工作，机器越不能将其代替。技术手段的现代化恰恰更强化了教师作为人的作用，其中最根本的是精神的沟通、情感的交流和个体人格的影响力（叶澜等，2001）。正是从这个意义上，我们更强调免费师范毕业生理解他人和与他人交往的能力。免费师范毕业生要实现有效的教学，离不开与学生的对话和沟通，离不开与其他教师的合作，离不开和家长以及社区的合作和相互支持。因此，培养他们与他人交往的能力尤为重要。另一方面，对于教师来说，他们在学校教育活动中不可推卸地承担着组织者和管理者的责任，管理本身也是一种教育力量。管理能力包括学生管理能力和自我管理能力。培养免费师范毕业生的学生管理能力，可以把学生管理工作变为锻炼学生、培养学生团结合作能力的手段，这样有利于创造一种和谐、民主、进取的环境，从而激发学生学习的主动性和积极性；而自我管理能力是免费师范毕业生成长和发展的重要手段，要培养他们学会管理自己的道德、信念和价值观，养成严于律己和遵守纪律的习惯，树立长期从教、终身从教的理念，从而增强他们自我成长和自我发展的能力。

(三) 继续加强免费师范毕业生的职业理想教育

师范生免费教育政策的根本目标在于强化基础教育教师队伍的培养，提倡教育家办学，在全社会形成尊师重教的氛围，从根本上推动我国教师事业的发展。免费师范毕业生对目前的工作以及生活情况不甚满意，有客观原因也有其主观因素，这就必然要求我们在积极改善免费师范毕业生工作和生活环境的同时，还要自始至终地加强他们的职业理想教育。始终不渝地对免费师范毕业生开展职业理想教育，有助于坚定他们的职业信念，激发他们内在的精神动力，促使他们为了崇高的职业理想而克服眼前的一切困难。可见，加强免费师范毕业生的职业理想教育，对免费师范毕业生的成长和发展会起到至关重要的作用。职业理想教育搞好了，免费师范毕业生就会获得成长和发展的精神动力，他们会从容地面对眼前艰苦的工作和生活环境，从而努力工作。

第六节 首届免费师范毕业生的政策认同

认同，简而言之，是指认识到同一性。说得通俗点儿，认同就是行为主体对某一事物的认可进而赞同。政策认同，是指人们对政策执行主体所推行的政策的认可和赞同。从本质上来看，政策认同是人们在政策执行过程中对所实施政策产生的一种感情和意识的归属感，它是政策执行主体对政策产生的一种态度和反应（王国红，2007）。深入了解首届免费师范毕业生对师范生免费教育政策的认同度，有助于了解他们的政策价值观和真实的想法，可以为进一步完善师范生免费教育政策提供可靠的依据。

一、首届免费师范毕业生的政策认同障碍

所谓认同障碍，是一种与政策认同方向相反的心理反应，是指人们对某一政策所持的一种消极的主观评价和行为意向，在政策执行过程中主要表现为对政策执行主体所推行的政策的拒斥（王国红，2007）。根据政策目标群体对政策的拒斥程度不同，政策认同障碍大致分为心理抗拒和漠然游离两种主要形式。前者是指所推行的政策的价值取向与政策目标群体的价值观念发生强烈的碰撞或所推行的政策引起的社会变化超出了政策目标群体的心理承受力，导致政策目标群体对所

推行的政策的强烈对立情绪所引发的一种心理反应；后者往往表现为政策目标群体对所推行的政策冷淡、不介入、不感兴趣和不理睬，它也是政策目标群体内心深处隐藏的拒斥所推行政策的一种心理倾向。政策认同是政策执行过程中最为关键的关节，一项政策如果不能为政策目标群体真正认同或出现认同障碍的话，那么它就很难被政策目标群体心悦诚服地接受和执行。

2012年暑期，我们对部属师范大学1706名首届免费师范毕业生进行了问卷调查。调查结果显示，就"我对师范生免费教育政策前景充满信心"的这一问题，分别仅有3.6%和16.1%的首届免费师范毕业生回答"非常符合""比较符合"，可见部分免费师范毕业生对师范生免费教育政策前景不太看好。针对"我非常愿意成为一名基层教育工作者"这一问题，分别仅有3.0%和23.1%的首届免费师范毕业生回答"非常符合""比较符合"，回答"一般"的占42.2%，回答"不符合""非常不符合"的分别占23.0%和8.7%，可见部分首届免费师范毕业生不太愿意成为基层教育工作者。总的看来，首届免费师范毕业生对师范生免费教育政策不太认同，出现了政策认同障碍。这种政策认同障碍同样表现为两种形式——心理抗拒和漠然游离。例如，部分首届免费师范毕业生对师范生免费教育政策不认同从而产生了心理抗拒，也有部分首届免费师范毕业生表现出冷淡、不介入、不感兴趣和不理睬。

二、影响首届免费师范毕业生政策认同的因素分析

（一）政策价值观出现认同危机

政策价值观是指政策制定者以及其他涉及决策过程的人共有的偏好、个人愿望和目标。价值观可能包括一个人的政治信条、个人偏好、组织目标以及政策取向，价值观关心的是一个人认为是称心和美好的东西（E. R. 克鲁斯克，B. M. 杰克逊，1992）。价值观和政策价值观是一般和特殊的关系，政策价值观既具有一般价值观的内涵和特点，又具有自身的内在规定性。政策价值观指的是公共政策的价值取向模式，即对社会资源的提取和分配以及对行为管制的选择。从个人角度看，政策价值观是以选择、愿望或兴趣的形式来表现的；从理想的角度看，政策价值观意味着判断，这种判断以论证政策的对或错、好或坏、公正或不公正的评判准绳为依据。政策价值观对社会某一群体的政策行为的影响和对个人的政策行为的影响大致是相同的。群体政策行为是个人政策行为的集合。政策目标群体对

政策与政策系统的态度、感情、认知等要素,既影响其对政策系统和政策过程的要求,也影响政策执行主体执行政策的能力和程度。

就师范生免费教育政策而言,首届免费师范毕业生是政策目标群体。当首届免费师范毕业生到任教学校时,他们发现学校的工作和生活环境和他们的理想状态相差甚远,而自己却暂时无法改变现状;发现自己的同学在大、中城市生活安逸,而自己甚至连财政编制或教师岗位都无法保证;发现自己先进的教育理念和教学方式在基层学校根本无用武之地,而自己却无法改变基层学校的现状。这些无情的工作和生活现实会让首届免费师范毕业生改变自己对师范生免费教育政策前景的看法,进而直接影响到他们的政策价值观。我们知道,就政策认同乃至整个政策执行活动而言,情感支持无疑是一种非常宝贵的资源,情感基础薄弱或情感缺失的政策目标群体往往是不太容易认同该政策的。可见,无情的工作和生活现实最终会影响首届免费师范生对师范生免费教育政策的认同。

(二)政策执行主体和政策目标群体缺乏沟通和协调

沟通和协调是政策执行过程中的两种极为重要的活动。政策沟通是在政策执行过程中,政策执行主体和政策目标群体进行信息交流、传递的过程,是对于政策目标及其相关问题获得统一认识的方法和程序。而政策协调是政策执行主体为了顺利实现政策目标而谋求自身统一和谐,谋求自身各相关要素匹配调剂、协作分工的一种行为方式。众所周知,现代社会的公共事务是纷繁复杂的,用于处理社会公共事务和公共问题的公共政策执行往往会涉及不同的政策执行主体和政策目标群体,因此需要彼此之间协同、配合和合作。而政策执行主体和政策目标群体均是相对独立的利益主体,其都有自己的利益追求,在政策执行过程中,这些不同利益主体不可避免地存在这样或那样的矛盾和冲突,导致政策目标群体产生政策认同障碍。

同样,就师范生免费教育政策而言,政策执行主体包括中央及地方各级政府、部属师范大学、地方教育主管部门和基层学校等,政策目标群体则是免费师范毕业生。在师范生免费教育政策执行过程中,由于不同利益主体,彼此之间难免存在这样或那样的矛盾和冲突,而又与政策目标群体缺乏真诚的沟通和协调,最终导致首届免费师范毕业生出现政策认同障碍。例如,就首届免费师范毕业生跨省就业而言,作为政策执行主体之一的省级政府及相关教育主管部门并没有同免费师范毕业生进行有效的沟通和协调,导致部分有跨省就业需求的免费师范毕业生无法实现自己的愿望;就首届免费师范毕业生任教地点和学校选择来说,有些地方政府或地方教育主管部门没有主动和他们进行面对面的交流，导致部分首届免费师范毕业生对自己任教地点和学校不满意；就首届免费师范毕业生任教科目和课程而言，部分基层学校没有主动和首届免费师范毕业生进行沟通交流，对他们任教课程太多、跨年级教学任务太重、生活环境差、教师周转房紧张，导致工作和生活满意度不高；就部属师范大学来说，部分高校没有就攻读教育硕士的课程设置、毕业论文设计、食宿环境等主动和首届免费师范毕业生进行沟通和交流，导致部分首届免费师范毕业生对在职攻读教育硕士的满意度不高。以上这些矛盾和冲突或多或少地影响到首届免费师范毕业生的情绪，导致他们产生对师范生免费教育政策的认同障碍。

（三）政策执行主体方法欠妥、信任缺失

政策执行主体的行为方式，即指政策执行主体在政策执行过程中所采用的方法、手段和所遵循的程序和步骤的总和。政策执行主体的行为方式是否妥当，决定着政策执行主体所执行政策的行为绩效的高低。同时，美国著名的政治学家亨廷顿认为，社会文化中缺乏信任将给公共制度的建立带来极大的障碍（张国庆，2004）。作为政策执行主体和政策目标群体之间互动性的活动，政策执行工作的有效开展需要各方的相互信任，特别是政策目标群体对政策执行主体的信任。政策目标群体对政策执行主体的方法存在否定性认知或信任缺失，将会导致部分政策目标群体怀疑政策执行主体所传递的政策信息的可信度，进而对所执行的政策产生认同障碍。

具体而言，在师范生免费教育政策执行过程中，作为政策执行主体的部属师范大学、地方各级政府、地方教育主管部门和基层学校等，在执行该政策的过程中，有时方法简单粗暴、武断专行，导致首届免费师范毕业生对该政策缺乏足够的信任，最终使他们对该政策产生了认同障碍。例如，部分省级和县级政府并没有就首届免费师范生的工作去向和他们进行有效的沟通和交流，导致部分首届免费师范毕业生对自己的工作去向不甚满意，进而产生抵触情绪；地方教育主管部门没有就首届免费师范毕业生任教的学校征求他们的意见，导致部分首届免费师范毕业生对自己任教学校不甚满意，进而对部分教育行政官员心存不满；部属师范大学没有就攻读教育硕士教学方式、课程设置和生活安排等方面征求首届免费师范毕业生的意见，导致部分首届免费师范毕业生对部属师范大学有意见。总之，以上种种行为导致首届免费师范毕业生对政策执行主体信任缺失，进而对该政策产生认同障碍。

（四）政策目标群体心理承受力超载

心理承受力是人们在一定的社会刺激和已有的心理基础的交互作用下的心理结构，这里表现为政策目标群体对政策的心理适应和反应能力，亦即政策目标群体对政策所带来的心理压力的承受能力。所谓心理承受力的阈限，即政策目标群体的心理承受力程度。由于个人的意志具有相当强的可塑性，而且不同政策目标群体在人格特征、生活环境、价值观念和健康状况等方面有所差别，所以心理承受力的阈限更多情况下是一个大致的范围。马斯洛认为，人的需要可以分为低级需要和高级需要，前者具有生存性和必需性的特点，后者则反映个人文明的程度。从需要层次理论来看政策目标群体的心理承受力阈限范围，我们可以发现，政策目标群体的心理承受力的上限是其在生活中是否有心理压力，其下限是由政策变革引起的诸如挫折、不满、难受和痛苦等负面心理。在政策执行过程中，当政策目标群体对所实施的政策心理承受力超出阈限，尤其是超出其心理承受力的下限时，便会出现政策目标群体对政策的心理承受力超载的情形。

作为师范生免费教育政策的政策目标群体，首届免费师范毕业生也是"经济人"。所谓"经济人"，是指"关心个人利益的，是理性的，并且是效用最大化的追逐者"（许云霄，2006）。在社会活动中，人都是以追求个人的经济利益为动机，面临选择时总是倾向于选择能给自己带来最大收益的机会，每个人都依据自己的偏好，用最有利于自己的方式活动。作为一名理性的"经济人"，首届免费师范毕业生要考虑留在东部沿海大中城市和去中西部城市中小学或农村中小学的成本收益，要考虑自己的收入同本校其他教职工或社会其他行业人员收入的差距，也要考虑所任教学校的生活环境和工作条件和预想的差距，还要考虑自己的人生理想目标和现实生活的差距。如果他们感觉到自己在中西部基层学校工作的机会成本太大，感觉到自己的收入和本校其他教师或社会其他行业人员相比相差太多，感觉到自己在所任教学校的生活环境和工作条件和自己的预想差异悬殊，感觉到现实生活和自己的理想及人生目标相差很大，就会出现诸如挫折、不满、难受和痛苦等负面心理。当首届免费师范毕业生对所实施的政策的心理承受力超出阈限，尤其是超出心理承受力的底线时，便会出现心理承受力超载的情形。

三、解决免费师范毕业生政策认同障碍的对策建议

（一）提高免费师范毕业生的政策认知

政策认同来源于正确的政策认知，政策认知是对政策现象的主观反映。政策认同是以政策认知为基础的，政策认知是整个政策态度体系的基础。政策认知就是人们对政策系统和政策过程的看法和观念，包括人们对政策系统功能、作用、结构、关系等的认识（陈振明，2003）。因此，要进一步加大师范生免费教育政策宣传力度，让免费师范毕业生了解师范生免费教育政策对于缓解我国中西部地区基层学校高素质复合型教师严重短缺的紧迫性，了解该政策对于鼓励优秀高校毕业生长期扎根基层、立志在农村基层学校建功立业的重要性，最终让其树立终身从事教育事业的志向，为中西部基础教育的发展添砖加瓦。

（二）增进免费师范毕业生对师范生免费教育政策的认同度

政策感情是指人们对政策系统和政策活动的各种不同感情倾向（陈振明，2003）。政策系统的每一个环节的活动和每一层次的关系，都可能激发出一定的感情倾向，如爱或憎、信或疑、认同或逆反、热切或冷漠。这些感情虽然往往是感性的，但对人们的政策价值取向和价值行为选择有着很大的影响。因此，加强政策执行主体和政策目标群体的交流和沟通，可以增进政策目标群体的政策好感，继而提高政策目标群体的政策认同度。同样，加强师范生免费教育政策执行主体和免费师范毕业生的沟通和交流，可以增进免费师范毕业生的政策好感，进而减少他们对师范生免费教育政策的认同障碍。具体而言，部属师范大学要利用免费师范毕业生暑期参加教育硕士学习的机会，听取他们对教育硕士课程设置、教学方式、考核方法、论文设计以及学习食宿条件等方面的意见，努力改进普通高校在这些方面存在的不足。例如，增设部分交叉专业，增减部分研究生课程，满足免费师范毕业生在基层学校工作的需要；改善他们暑期的学习生活条件，如安装空调、改善伙食、延长图书馆开放时间和免费开放网络资源等，保证他们能安心地攻读教育硕士课程。地方政府要和免费师范毕业生保持沟通，想尽一切办法解决他们的财政编制和教师岗位问题，彻底解决他们的后顾之忧。地方教育主管部门要主动和他们进行交流，听取他们对任教学校的地域和学校类型的基本要求，尽量满足他们的合理要求。基层学校更要和免费师范毕业生经常进行沟通和交流，听取他们对课程安排、教育教学和学校管理的中肯意见，尽量解决他们工作中的实际困难。

(三）改进政策执行主体的态度和工作方法

政策态度即人们在政策执行过程中所表现出来的精神状态和反应倾向（陈振明，2003）。例如，参与政策执行过程中的积极或消极态度，对国家政策的服从或反抗的态度。政策态度倾向对人们的价值行为的影响和支配作用是相当显著的。积极的政策态度可以让政策目标群体认同政策价值观，消极的政策态度则让政策目标群体出现政策认同障碍；同样，积极的政策态度可以让免费师范毕业生认同师范生免费教育政策，而消极的政策态度则让免费师范毕业生对该政策产生认同障碍。因此，保证免费师范毕业生积极的政策态度，是增进他们对师范生免费教育政策认同的重要措施之一。

美国著名的政策科学家安德森指出："行政管理机构的实施活动依靠的不仅仅是该机构官员的态度和动机，以及外部的压力，而且取决于该机构所能获取的政策实施技术……为了使某一项政策有效，需要的不仅仅是广泛的权威和用以支付实施代价的拨款，良好的控制和政策实施技术也是必不可少的。"（詹姆斯·E. 安德森，1990）由此可见，正确的态度和方法是增进政策目标群体政策认同的有效措施之一。在执行师范生免费教育政策的过程中，地方政府、部属师范大学、地方教育主管部门和基层学校要主动改进工作态度和工作方法。例如，在免费师范毕业生临近就业时，部属师范大学要主动配合他们，帮助他们解决就业中遇到的各种难题，决不能敷衍了事；地方政府要主动和他们联系，帮助他们选择满意的工作岗位，决不能随便应付；地方教育主管部门要积极配合他们，尽量满足他们的工作地域和任教学校意愿，决不能蛮横粗暴；基层学校要热情地为他们提供周到的服务，安排课程和教学任务时，可以让他们挑重担，但决不能"鞭打快牛"。总之，只有让这些政策执行主体主动改进工作态度和工作方法，才能让免费师范毕业生对师范生免费教育政策有积极的政策态度，进而减少对该政策的认同障碍。

(四）改善免费师范毕业生的工作和生活环境

现代行为科学研究表明，安逸的工作和生活环境能够使人们心情舒畅、努力工作；反之，则会导致人们内心不满，抑制工作积极性的发挥，从而直接影响工作效率。同样，安逸的工作和生活环境会使免费师范毕业生心情舒畅、努力工作，进而提高他们对师范生免费教育政策的认同度；反之，则会导致免费师范毕业生心存怨恨、心理承受力超载，最终导致他们对该政策产生认同障碍。因此，努力改善免费师范毕业生的工作和生活环境,增强他们的心理承受力,是增进他们对师范生免费教育政策认同度的一项重要的措施。

具体而言,地方县(市、区)级政府首先要解决免费师范毕业生的财政编制和教师岗位问题,并让他们的工资待遇按时到位。如果基层地方政府一时难以解决这些问题,省级政府可以采取经费下拨或额外增加财政编制和教师岗位的方式,彻底解决免费师范毕业生的后顾之忧。只有尽力改善免费师范毕业生的工作和生活环境,缓解他们的压力,增强他们的心理承受力,才能减少他们对师范生免费教育政策的认同障碍,增加他们对该政策的认同度。

第三章　地方免费师范生政策研究

2007年,国家决定启动师范生免费教育政策,在六所部属师范大学实施师范生免费教育政策。国家免费师范生政策产生了明显的示范引领作用。据统计,2012年,全国已有16个省(自治区、直辖市)开展了地方免费师范生教育。[①]研究地方免费师范生政策实施的现实背景、取得的初步成效及存在的主要问题,探讨存在问题背后的深层次原因,对于完善地方免费师范生政策,促进我国农村义务教育教师队伍建设,具有重要的现实意义。

第一节　地方免费师范生政策实施的现实背景

本节主要对农村中小学师资现状和地方院校师范类学生享受师范生免费教育意愿进行调查,旨在了解当前我国农村中小学教师队伍现状及现实需求,以及地方院校师范类学生享受师范生免费教育的真实意愿,为进一步鼓励和支持地方实施师范生免费教育政策提供决策依据。

我们的调研主要包括两部分。一是关于我国农村中小学教师队伍现状的调查。2011—2012年,我们对湖北、河南、江西、湖南、广东、广西、四川、重庆等8个省(自治区、直辖市)的35个县(区)的农村中小学教师队伍现状进行了实地调查。二是关于地方院校师范类学生享受师范生免费教育意愿的调查。2013年4—6月,我们在我国东、中、西部的天津、广东、浙江、湖北、湖南、江西、山西、四川、云南、广西等10个省(自治区、直辖市)的30所地方院校师范类专业的学生中选取了4500名学生作为研究对象,其中,在每个省(自治区)的省会城市

---

① 教育部. 2007-05-18. 教育部新闻发布会介绍实施师范生免费教育工作. http://www.gov.cn/govweb/wszb/zhibo66/content_618532.htm

和直辖市分别选取 1 所省级师范院校和地方综合性大学，同时还选择 1 所地级市的地方师范院校或地方综合性大学，每所学校至少选择两个专业，并发放问卷 150 份。这次调查共发放问卷 4500 份，回收并检查全部合格的问卷为 4009 份，有效问卷回收率为 88.09%。

一、当前我国农村中小学教师队伍现状和现实需求

（一）当前我国农村中小学教师队伍的现状

义务教育均衡发展最基本的要求是在教育机构和教育群体之间公平地配置教育资源。而师资是教育中最重要的资源。义务教育能否均衡发展的关键是看教师队伍是否均衡。但长期以来，我国农村学校，特别是偏远地区的农村学校，由于办学条件差，往往吸引不到优秀教师，农村中小学教师队伍现状令人担忧。

1. 优秀教师的大量流失和减少

我国农村地区的教师待遇普遍偏低，生活环境艰苦，个人发展机会少，严重影响了农村教师队伍的稳定性与工作积极性。以湖北省黄冈市英山县为例，1992 年以前，该县教师中有 3 名武汉大学的毕业生和 15 名华中师范大学的毕业生；1992 年以后，仅有一名华中师范大学的毕业生因某种原因回到该县一中。1992 年前，之所以有名牌大学的毕业生到英山县当教师，是由于当时大学毕业生分配制度要求来自农村和贫困地区的毕业生回家乡工作。在这种分配制度下，英山县的教师队伍中才得以拥有名校的毕业生。随着高校毕业生就业制度的改革和城乡差别的持续扩大，英山县的教师再也没有来自重点高校的毕业生。照此下去，如不采取措施，类似英山县这样一些偏僻落后的地区很难再有名牌学校的毕业生从教了。同样，2012—2013 年，我们对江西省宜春市铜鼓县、抚州市崇仁县和上饶县的调查也证实了这一点。这三个县均是江西省贫困县，经济较落后，难以吸引优秀名牌大学毕业生回家乡任教。崇仁县教育局负责人告诉我们，自 2000 年以来，该县再也没有一名"211 工程"高校毕业生回家乡任教，更不用说"985 工程"高校毕业生了。铜鼓县教育局局长苦恼地说：自 1980 年起都没有优秀名牌大学毕业生来我们这里任教了，贫困地区农村义务教育学校是优质资源长期缺乏的地方。不仅如此，当地培养的优秀教师不断流失。农村教师的大量流失加剧了农村中小学教师短缺，尤其流失的大多是优秀年轻教师、骨干教师，造成了农村义务教育阶段师资配置严重不均衡，这无疑给义务教育均衡发展带来了十分不利的影响。例如，

2018 年，湖北省荆门市沙洋县是一个有 60 多万人口的农业县，有中小学生 7 万多人，近些年该县每年流失的骨干教师都在 100 人以上。因此，现在一些农村地区学校都不敢让教师去参加学科竞赛，教师只要获了奖，出了名，要么被城里的学校挖走，要么找门路调走。这种反向流动几乎成为农村中小学的一种普遍现象，造成城乡教师分布失衡，农村中小学教师越来越紧张，城镇教师越来越富余。近年来，尽管国家和一些省启动了"特岗计划""资教生计划"（参与"资教生计划"的学生，以下简称"资教生"），高校毕业生以"资教生"的身份补充到农村中小学教师队伍中，从而在一定程度上改善了农村教师队伍结构，提高了农村教育质量。但是，一些"资教生"对农村教师的艰苦生活缺乏足够的了解和心理准备，有的任教不到一个月就离开了，在一些偏远地区甚至出现"上午来，下午走"的情况，未满三年便离开的"资教生"不在少数。由于缺乏应有的政策约束，以及"资教生"的特殊身份和他们资教结束后的去向问题，地方政府和所资教的学校对"资教生"的离去无可奈何。所以，"特岗计划""资教生计划"并没有从根本上提高农村中小学教师队伍质量，也难以弥补农村中小学教师大量流失带来的缺位。

2. 教师老龄化现象严重

教师队伍年龄结构合理是建设一支高素质教师队伍的必要前提。年轻教师充满活力，敢于大胆创新；中年教师年富力强，是学校的"中流砥柱"；老教师经验丰富，更能起到"传—帮—带"的作用。这三类教师如果按一定合理的比例组成，达到老中青教师有效组合，对提高农村教育质量，推进农村教育发展有很大的作用。但调查发现，农村中小学教师队伍严重老龄化是一种非常普遍的现象，并且学段越低，学校越偏远，老龄化的程度越严重。从年龄结构看，50 岁以上的老教师居多，30 岁以下的年轻教师很少，一些农村偏远、薄弱学校教师的平均年龄达到 50 岁以上。"爷爷奶奶教小学，叔叔阿姨教初中，哥哥姐姐教高中"正是当前一些农村中小学教师年龄结构的真实写照，例如，2013 年我们调研时了解到，江西省新余市分宜县 88 个教学点的绝大部分教师在 50 岁以上，该县双林小学有 13 位教师，平均年龄超过 55 岁；在我们调查的 3 个教学点中，有 2 个教学点都只有 3 名教师，教师的平均年龄都在 55 岁以上，其中，双林镇下院教学点有 2 个班、39 名学生、3 名教师。一位教师开玩笑说："我是我们这里年龄最小的，58 岁，他俩都是 59 岁。"江西省吉安市泰和县石山乡小学教师平均年龄为 45 岁，而该乡教学点教师平均年龄则达到 55 岁以上。江西省崇仁县河上镇中心学校大部分正式教师是"民转公"教师,他们都接近退休年龄。2011年,该中心学校有9名教师退休,2012年又有8名教师退休,今后5年将有35名教师退休。农村初小或教学点的师资问题是目前该县义务教育均衡发展的头等难题。2012年,我们调查的湖北省有不少地方都普遍存在农村中小学教师老龄化的问题。例如,湖北省恩施市每个乡镇有10—12所小学,每所小学有100—250名学生,小学尤其是教学点教师严重老龄化,平均年龄也大都在55岁以上。该市龙凤镇青保小学下辖的龙马小学,共有40多名学生,3名教师,年龄最大的为58岁,最小的也过了50岁。因为路途遥远,交通不便,很多教师不愿到那里任教,"资教生"也不愿去那里任教。地处湘、鄂、赣三省交界的崇阳县,县域面积为1968平方千米,2012年,该县辖8镇、4乡、325个行政村。2010年末,该县总人口有471 320人,义务教育阶段中小学有91所,学生有62 077人,教师有3035人,其中,小学教师有1701人,全县教师平均年龄为47.2岁,其中,乡镇小学教师平均年龄为45.2岁。全县小学45岁以上教师占小学教师总数的53%,其中,乡镇小学45岁以上教师占57.3%,村教学点和教学部占64.9%。虽然近年来签约"资教生""特岗生"公开招聘了不少中小学教师,但由于教师基数较大,补充教师总量较少,全县教师老龄化问题仍比较突出。如2012年该县桂花镇官庄小学共有教师4人,平均年龄为52岁,最大的为55岁,最小的为49岁;该县路口镇梅花小学共有教师11人,平均年龄为50岁,51岁以上的有8人,其中,56岁的教师有3人。农村教学点位置偏僻,文化娱乐设备缺乏,绝大部分教师不愿去那里任教。再过3—5年,一些县的大部分农村教学点教师面临退休,而年轻教师都不愿去农村偏远地区教学点任教。因此,农村教学点师资老龄化问题令人担忧。

3. 英语及音体美等学科教师严重不足

英语及音体美课程的开设,对学生全面发展具有非常重要的意义。但是,由于教师资源匮乏,一些农村中小学开设的课程远远不能满足学生需求,这些课程形同虚设,例如,2010年前,江西省分宜县共有123所中小学,而全县所有英语教师加起来不足100名,其中,正规英语专业毕业的教师还不足50名,英语教师严重不足,一些农村小学的英语课根本无法开齐,严重影响到学校正常的教育教学。同样,农村偏远学校音体美教师也严重缺乏,特别是一些农村初小和教学点基本上没有专职的音体美教师,学校体育娱乐活动根本无法开展。2010年,湖北省崇阳县白霓镇共有9所小学、5个教学点、1所初中,小学生有3568人,初中生有2032人,全镇有中小学教师350人,其中,音体美教师分别只有13人,平均 430 个学生才配一位音体美教师，而真正科班出身的音体美教师分别只有 5 人、5 人和 6 人。根据山西省侯马市教育局提供的数据显示，2011 年，该市城镇有 13 所小学、8 所初中，农村有 37 所小学、5 所初中，合计在校生 21 899 人，但全市的音体美教师分别只有 40 人、50 人和 53 人。然而，这有限的音体美教师，在城乡的配置上也极不均衡。其中，21 所城市学校占据了音体美教师资源的一大半，42 所农村学校音体美教师的拥有量分别为 17 人、20 人和 24 人，基本上每两所学校才配备一名音体美教师。该省隰县教育局提供的资料也证实了这一点，2010 年，该县义务教育阶段中小学教师共有 1451 人，但英语及音体美教师分别只有 62 人、34 人、15 人和 32 人，而其中分别有 32 位、23 位、8 位和 18 位英语及音体美教师在县城 6 所中小学任教，农村中小学的英语及音体美教师资源异常紧缺。该县有 57 所农村小学，其中，48 所学校没有专职的音乐教师，52 所学校没有专职的体育教师，47 所学校没有专职的美术教师。很多学校的音体美课程名存实亡。在 57 所农村小学中，仅有 28 所学校配备专职的英语教师，其他很多学校的英语课大都由一些非专业的教师兼任，教学质量和效果可想而知。相比之下，县城学校的音体美及英语课程开设效果远远优于农村学校，不论小学还是初中，音体美及英语教师课程都按照国家要求开足开全，有些学校还利用自身的师资优势办出了特色，如该县二中，该所学校就有音乐教师 9 名，不但保证了正常的教学需求，而且还利用自己独有的音乐师资优势，组织教师和学生参加山西省和临汾市的各种文艺活动或演出，并取得了优异的成绩。基层农村小学的一些负责人反映，农村与县城在音体美和英语学科上的师资差距，不但影响了义务教育均衡发展，而且制约了农村学生的发展空间。

4. 接受正规教师教育的教师少

尽管目前一些农村中小学教师的学历已基本达标，但大多是通过函授、自学考试、"民转正"等途径获得的，其所学专业与所教的学科往往不一致，即所教非所学。以江西省铜鼓县三都中心小学为例，该中心小学下辖 6 个村小，共有 61 名教师，学历达标率为 100%，但只有 17 位教师是师范学校的毕业生，39 人是民办教师转正和原机械厂工人转岗过来的，还有 5 人是顶班参加工作的。广西南宁市武鸣县是一个教育较发达的县，2007 年，该县通过国家"两基"复查验收并获得自治区"两基"工作先进县；2009 年，该县被评为全国推进义务教育均衡发展先进地区。2013 年，该县有专任教师 5093 人，其中 1000 多人是 2006 年不经选拔由代课教师、民办教师转正的。由于大量教师是由代课教师、民办教师转正过来的，教师整体素质不高。不仅如此，一些农村中小学至今仍存在大量的代课教师，如江西省崇仁县许纺乡石背小学，该小学位于该乡的偏远地带，距离中心学校20多千米，交通尤为不便，年轻教师不愿待在那里，优秀教师留不住。2013年，该小学共有68名学生，共开设5个班级；教师共有6人，其中，3名为正式教师，3名为代课教师。6名教师年龄均在55周岁以上，其中有3名教师再过2年就到了退休的年龄。代课教师的工资为670元/月，且他们是本村或邻村的代课教师，年龄较大。湖北省黄冈市浠水县大吉岭教学点属于巴驿中心小学管辖，2013年，该教学点有学生180名，由于地理位置偏僻，条件艰苦，加上该县师资一直紧张，该教学点一直没有正式教师到那里任教，只好聘请5名代课教师，实行包班上课。该县汪岗镇所属的几个教学点也存在类似的情况。据该镇中心学校负责人介绍，该镇目前有1所初中、5所完小、5个教学点；2013年，该镇有中小学生5186人、在编教师206人、代课教师48人，代课教师人数占在编教师人数的比例接近1/4，其中，5个教学点全部是代课教师。据不完全统计，2013年，山西省古交市政府认可的代课教师有400多名，学校自雇的代课教师共有80多名。由于这些代课教师的收入远远低于在编教师的收入，许多代课教师并不真心从教，只是"当一天和尚撞一天钟"，其工作绩效可想而知。

（二）我国农村中小学教师队伍的现实需求

1. 我国中西部农村基层学校需要大量综合素质较高的师范毕业生

从教师数量来看，2007年，我国普通中小学在职教师有1043.8万人，按照一般自然减员率3%来计算，每年需要补充30万名左右的教师[①]，并且其中绝大部分需求来自农村基层学校，加上农村基础教育教师大量流失，因此，仅靠六所部属师范大学每年培养的1万多名免费师范生来填补基础教育教师需求的空缺肯定是杯水车薪。况且，根据我们2011年对六所部属师范大学的调查结果，首届免费师范毕业生在县城及大中城市任教的占91.2%，在乡镇和农村任教的分别仅占总数的6.0%和2.8%。可见，六所部属师范大学培养出来的毕业生绝大部分在县城及以上行政级别的学校就业，去乡镇及以下的农村中小学的很少。2013年4月，我们在江西省崇仁县的调查和上饶县的调查也证实了这一点。崇仁县是江西省典型山区县，经济发展比较落后，教师收入均不高。自2011年至今还没有一名部属

---

① 教育部. 2007-05-18. 教育部新闻发布会介绍实施师范生免费教育工作. http://www.gov.cn/govweb/wszb/zhibo66/content_618532.htm

师范大学免费师范毕业生去那里任教，2012年，西南大学美术专业的一名免费师范毕业生来崇仁师范学校就职，最终在那里转了一圈还是去别的地方了。而江西省上饶县交通比较便利，经济较发达。2012年，上饶县引进了6名部属师范大学免费师范毕业生，全部安排在县一中任教；2013年，该县又引进了8名部属师范大学免费师范毕业生，同样留在县一中任教。为此，我们对上饶县教育局负责人进行访谈，他认为，部属师范大学师范毕业生去农村中小学不现实，一是因为目前县城中学急需素质较高的部属师范大学毕业生；二是部属师范大学毕业生去农村中小学任教的意愿不强，他们普遍不愿去乡镇及以下的农村中小学尤其是地理位置偏僻的农村学校任教。

　　由于我国中西部农村基层学校教师匮乏问题长期存在，为保证学校正常教学工作的运行，学校在教学安排上优先安排语文、数学、英语等主干课程的教师供给。在主干课程教师供给有限的情况下，学校就会通过压缩其他非主干课程的方式解决师资匮乏的问题。我们在中西部农村中小学调查发现，由于我国中西部基层学校师资数量不足，刚参加工作的大学毕业生可能还要承担多门课程的教学任务。例如，根据2010年我们对湖北省"资教生"进行的调查，他们大部分在乡镇普通初中任教，也有不少"资教生"在农村初小或教学点任教，他们平均每人要带3门课，最多的竟带了5门课。可见，大部分"资教生"至少要教2门不熟悉的课程。不仅如此，"资教生"每周最少要带10节课，最多达33节，平均上课18节（图3-1）。除上课外，"资教生"平均每周还需花3.5小时用于学校其他教育教学活动。

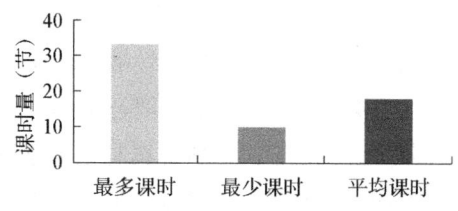

图3-1　"资教生"每周所带课时的调查结果

　　2013年4月，我们在江西省崇仁县和上饶县进行调查，发现这里刚从崇仁师范学校毕业的定向免费师范毕业生都兼任2门及以上的课程，在初小和教学点任教的基本都包班上课，语文、英语、数学、音乐和美术等科目全部都要教，甚至有些年轻的女教师还要带体育课，原因是初小及教学点的教师大部分是接近退休的"民转公"教师，身体素质较差。崇仁县教育局负责人告诉我们，在农村基层学校,尤其是农村偏远地区的初小和教学点,需要的不是本科院校的大学毕业生,而是综合素质高、知识较为全面的专科毕业生,以往的中师毕业生就能满足农村初小和教学点的现实需要。农村基层学校尤其是初小和教学点迫切需要"全科型"教师,他们不仅能教语文、数学、英语等主干课程,音体美等非主干课程也能拿得起。同样,湖北省恩施市基础教育科科长认为,农村基层学校尤其是农村村小和教学点迫切需要"全能型"教师。因此,农村基层学校迫切需要学科知识较为宽广、适应能力强的复合型人才。目前,我国中西部农村基层学校需要大量的师范毕业生,尤其需要综合素质较高、适应能力强的"全能型"人才。

2. 地方师范院校和综合性大学培养出来的优秀毕业生更适合农村基层学校的需要

当前我国中西部地区学校教师严重短缺的是普通初中和小学教师,而普通高中教师和初中、小学教师的培养目标和方式是不同的,普通高中教师的培养,侧重于学科知识教育;初中、小学教师的培养,侧重于教育教学能力和技能的培养(方增泉,孟大虎,2007)。目前,六所部属师范大学普遍将培养普通高中教师作为自己主要办学目标之一,这显然和我国中西部农村基层学校的需求背道而驰,中西部地区的中小学更需要责任心强、有爱心、有耐心且具有崇高师德的教师。根据我们对大量的免费师范生和普通中小学校长的访谈,部属师范大学培养的毕业生更适合在大中城市普通高中任教,他们自己在潜意识里也认同自己是精英人才,不适合在中西部基层学校尤其是农村偏远学校任教。例如,2012年6月,我们对首届免费师范毕业生的调查发现,他们对师范生免费教育政策认同度普遍较低。调查结果显示,针对"我愿意长期在基层学校任教"这一问题,分别仅有3.5%和18.9%的首届免费师范毕业生回答"非常符合""比较符合",回答"一般"的占32.9%,回答"不符合""非常不符合"的分别占32.8%和11.9%(图3-2)。可见,大部分首届免费师范毕业生对师范生免费教育政策不太满意。

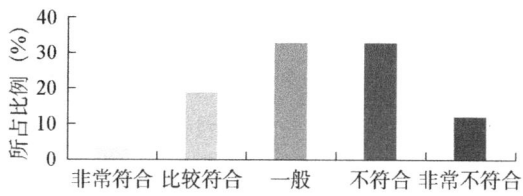

图3-2 首届免费师范生是否愿意长期在基层学校任教的问题的调查结果

就师范教育来说，地方院校在招生规模、专业设置、就业服务等方面都具有得天独厚的优势。①地方师范院校和综合性大学培养出来的大学毕业生，更能认同自己一辈子在农村基层工作，更能扎根中西部农村基层学校，勤勤恳恳工作，任劳任怨，更能为我国中西部基层教育发展贡献力量。例如，2013年4月，我们在江西省崇仁县崇仁师范学校调研，这是抚州市唯一的一所培养小学和幼儿园的中等师范学校，学校占地面积为328亩②，建筑面积为6万余平方米。2013年，该校有教职工200余人、在校学生4697人。2005年，经江西省教育厅批准，该校通过挂靠东华理工大学成立东华理工大学行知分院，开设初等教育、学前教育、语文教育、英语教育、数学教育、现代教育技术等六个专业，培养大专层次的小学和幼儿园教师。自2007年江西省出台定向培养农村中小学教师政策以及2011年出台定向培养农村幼儿园教师政策以来，该校共完成定向培养农村小学、幼儿园教师招生计划2992名，其中，小学教师有2460名，学前教育师资有532名。2012年，该校有342名首届（2007级）定向免费师范毕业生（以下简称"定向生"）顺利毕业，并按定向就业协议落实到位，这批学生经过在校四年多的系统学习和一年的顶岗实习，都成为当地小学的顶梁柱和主力军。在市、县、乡镇教育主管部门组织的各级各类教学比赛中，定向生崭露头角，取得了好的名次，例如，在乐安县湖溪小学任教的聂慧、罗娟娟，她们在乡镇中心学校组织的全乡小学青年教师教学技能比赛中，包揽了全镇前两名，其任教的五年级语文课程的考试成绩，在全乡某学期期中统考中名列全乡第一、第二；在黎川县熊村镇小学任教的连小燕、洪丽、蔡诗涵，她们在熊村镇组织的全镇小学青年教师教学技能比赛中，一举囊括了前三名。这些定向生专业知识扎实，教学技能过硬，多次赢得上级领导的好评。据校领导介绍，定向生思想很单纯，上学前就立志要在农村基层学校当一名合格的教师，愿意把一辈子奉献给农村基层教育。同样，我们对湖北省第二师范学院负责人进行访谈，他认为，地方师范院校和综合性大学培养出来的毕业生更能适应农村基层学校的需要，因为他们并没有像部属师范大学毕业生那样不愿去农村基层学校工作，不愿长期在基层学校任教，而是更注重工作的稳定性，只要条件适中，他们还是愿意在农村基层学校长期任教的。江西省上饶县教育局负责人告诉我们，和"特岗生""资教生"等相比，地方师范院校和综合性大学培养的毕业生更能适应农村基层学校的需要，原因在于，"特岗生""资教生"等是自

---

① 庄严，常汉东. 2012-01-21. 地方院校应推行免费师范生模式 充实农村师资. http://www.jyb.cn/basc/xw/200901/t20090121_236507.html

② 1亩≈666.67平方米

愿提供教育服务的志愿者，根据自愿行为理论，自愿提供公共产品的人一定是由从公共产品中收益最大的人提供的（阿耶·L. 希尔曼，2006）。从"特岗生""资教生"等所提供的教育服务来看，可将他们视为自愿提供公共产品者。从现实情况来看，这些"特岗生""资教生"等大部分来自农村家庭，因此，在大学毕业生激烈的劳动力市场竞争中，一些在教育筛选和代际传递中处于劣势的农村大学毕业生被"排挤"到"特岗计划""资教生计划"上来，因此，这类人群通过"特岗""资教"等形式实现自身利益最大化。然而，他们往往不安心教学，想尽千方百计考研、考公务员或调往城里学校；而定向师范生起点较低，思想较单纯，责任心强，工作认真负责，能扎根农村基层学校，安心从教。

3. 我国农村偏远学校急需长期扎根基层的师范毕业生

农村偏远学校是指那些位于农村偏远地区的学校，主要包括农村初小和教学点等学校。总的来看，农村偏远学校办学条件普遍较差。国家教育发展研究中心对农村中小学的抽样调查结果显示，在样本小学、初中，课桌残缺不全的分别占 37.8% 和 45.1%；实验教学仪器不全的分别占 59.5% 和 70.3%；教师或办公室有危房的分别占 23.3% 和 28.8；教具、墨水、纸笔、粉笔不足的分别占 32.5% 和 55%（苗培周，2005）。不仅如此，在农村偏远学校任教的教师一般年龄较大、学历低、知识结构陈旧。目前，我国中西部农村偏远学校工作条件大多艰苦，生活配套设施大多跟不上，大学毕业生大都不愿去那里任教。近年来，国家想尽千方百计解决农村偏远学校师资问题，但效果不理想，江西省上饶县清水乡中心学校校长说，目前该中心学校下辖的几所村小的英语教师严重短缺，基本上没有专职的英语教师。2006—2009 年，政府下派了 4 批刚毕业的大学毕业生去农村偏远地区的村小任教，但是下派的大学毕业生待了不到 3 个月就离开了，有些人宁可辞职外出打工也不愿去那里任教。为了缓解这一严峻的形势，该中心学校只好采取了"走教"的形式。该校共有 5 名英语教师，他们一般每人负责 3 所初小英语教学，其中男生负责位置较为偏远的初小英语教学，女生则负责中心学校附近村小的英语教学。他们一般要负责 5—6 个班级，每周有 3—4 天的时间在附近初小"走教"。该校长认为，这完全是无奈之举，农村偏远学校急需那些愿意长期在那里任教的大学毕业生。同样，湖北省英山县的情况也证实了这一点。该县杨柳镇陈岩村位于鄂皖交界处，海拔为 800 米。陈岩村陈岩小学是该镇河南畈的一个教学点，陈岩小学有 4 个年级段的学生，分别是学前班、一年级、二年级和三年级。由于该小学位置偏远，交通非常不便，先后有 5 名大学毕业生去那里工作过,但不到半年就都先后离开了。

4. 农村初小和教学点偏爱定向师范毕业生

上饶县清水乡中心学校校长认为,同其他社会招聘的大学毕业生相比,农村初小和教学点更喜欢"3+2"形式①的定向生,原因有以下三点。①能安心工作。目前初小和教学点的条件较差,甚至连教师正常的食宿问题都难以解决,这些定向生是本乡本土人,这些困难他们可以克服。②工作责任心强。这些定向毕业生在上学之初就已明确自己将来的职业就是初小或教学点的教师,加上自己就是本地人,天然有一种对家乡负责的责任心。③基本功扎实。这些定向生均接受过5年的师范教育,能说(普通话)会道(讲故事),能写(钢笔字、毛笔字、粉笔字)会画(简笔画、儿童画),能弹(乐器)会唱(儿童歌曲),能做(手工制作)会舞(儿童歌舞),能教(教学设计、说课)会导(幼儿心智辅导),正符合学校所需要的类型。

二、我国地方院校师范类学生享受师范生免费教育政策的意愿

(一)从事基层教育的意愿

2013年4—6月的调查结果(图3-3)显示,当问到"你是否愿意成为一名基层教育工作者"的问题时,分别有8.3%和32.1%的地方院校师范类学生回答"非常愿意""比较愿意",回答"一般"的占44.4%,回答"不愿意""非常不愿意"的分别仅占12.9%和2.3%。这表明,地方院校师范类学生不愿意从事基层教育意愿的比例很小。

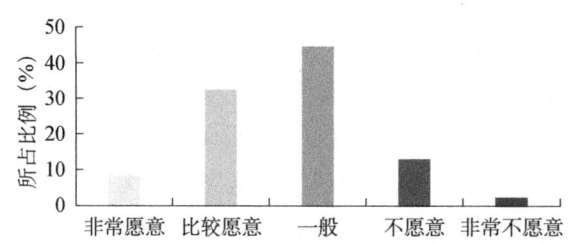

图3-3 地方院校师范类学生是否愿意成为一名基层教育工作者的调查结果

---

① 即3年中等师范和2年大专。

（二）享受师范生免费教育政策的意愿

调查结果（图3-4）显示，当问到"您是否愿意享受师范生免费教育政策"的问题时，分别有32.2%和25%的地方院校师范类学生表示"非常愿意""比较愿意"，回答"一般"的占26.5%，回答"不愿意""非常不愿意"的分别仅占13.1%和3.2%。这表明，被调查的地方院校师范类学生大部分愿意享受师范生免费教育政策。

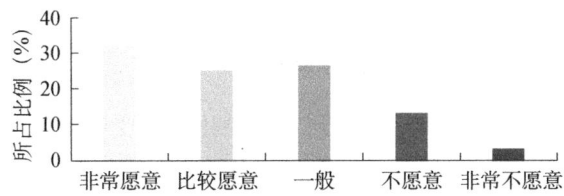

图3-4 地方院校师范类学生享受师范生免费教育政策意愿的调查结果

（三）去农村中小学任教的意愿

调查结果（图3-5）显示，当问到"如果让您享受师范生免费教育政策，您是否愿意去农村中小学任教"的问题时，分别有8.7%和28.4%的地方院校师范类学生表示"非常愿意""比较愿意"，回答"一般"的占36%，回答"不愿意""非常不愿意"的分别仅占22.7%和4.2%。这表明，被调查的地方院校师范类学生中有超1/3的学生愿意去农村中小学任教。

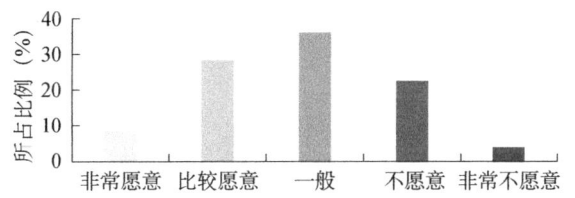

图3-5 地方院校师范类学生去农村中小学任教的意愿的调查结果

（四）长期在农村中小学任教的意愿

调查结果（图3-6）显示，当问到"如果让您享受师范生免费教育政策，您是否愿意长期在农村中小学任教"的问题时，在被调查的地方院校师范类学生中，分别有4.4%和14.5%的学生表示"非常愿意""比较愿意"，回答"一般"的占31.2%，回答"不愿意""非常不愿意"的分别占39.2%和10.7%。这表明，被调查的地方院校师范类学生中愿意长期在农村中小学任教的比例很小，不足20%。

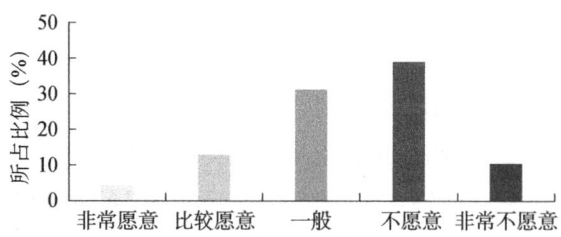

图 3-6 地方院校师范类学生长期在农村中小学任教的意愿的调查结果

（五）享受师范生免费教育类型的意愿

调查结果（图 3-7）显示，当问到"如果让您享受师范生免费教育政策，您最愿意享受的政策类型"的问题时，在被调查的地方院校师范类学生中，回答"毕业后直接去省内中小学任教，无免学费生活费政策"的占 39%，回答"免学费，毕业后去本省县城以下农村中小学任教"的占 22.8%，回答"免生活费，毕业后去本省乡镇中小学任教"的占 18.4%，回答"免学费和生活费，毕业后去本省内乡镇以下农村偏远学校任教"的占 12%，回答"其他"的占 7.8%。这表明，地方院校师范类学生之间享受师范生免费教育政策类型的意愿很不相同。

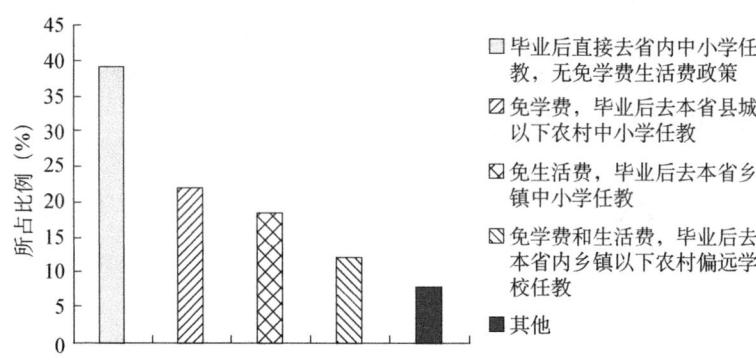

图 3-7 地方院校师范类学生享受师范生免费教育政策类型的意愿的调查结果

第二节 普通高校师范类学生就业需求

2007 年，国家决定重启师范生免费教育政策，那么，部属师范大学师范生和地方院校师范类学生的就业需求有何差异？如何客观评价国家实施的师范生免费教育政策？地方实施的师范生免费教育政策如何合理定位？对上述问题的研究有助于进一步完善部属师范大学师范生免费教育政策，对于鼓励和支持地方积极实施师范生免费教育政策，提高当前基础教育质量，办好人民满意的基础教育具有重要的现实意义。

一、基层学校对普通高校师范类学生就业上的需求

需求，是一个经济学术语，在经济学中，需求反映的是在一定的时期，消费者愿意并能够购买的商品数量。需求显示了在价格升降而其他因素不变的情况下，某个体在某段时间内所愿意购买的某货物的数量（范先佐，1999）。我们这里的需求，指的是包括部属师范大学和地方院校在内的普通高校师范类学生在劳动力市场上的就业需求，一般而言，这种需求可以从两个方面理解：其一，是指基层学校对普通高校师范类学生的文化程度与水平的需要情况，它反映的是普通高校师范类学生就业的一种外部需要；其二，则指普通高校师范类学生自身对就业的需求，这种需求反映的是他们对就业的期望或者具体的目标，体现的是普通高校师范类学生对就业的一种内在需要。

（一）部属师范大学免费师范毕业生难以满足中小学实际需求

从2007年起，六所部属师范大学每年招收免费师范生1万余名。可见，每年仅靠1万余名免费师范生来填补我国中小学教师缺口肯定是杯水车薪。况且，根据我们对六所部属师范大学的调查，首届免费师范毕业生大部分去了普通高中任教，去普通初中及小学任教的很少。而我国中小学教师队伍现状令人担忧，2007年，全国仍有代课教师27.2万人，87.8%以上分布在农村地区。[①]不仅如此，农村教师学历合格率较低。抽样调查表明，小学和初中"民转公"教师的比例为13.2%，在农村，这一比例为20%；初中教师合格率为68.4%，其中农村为58.8%。[①]由此得知，部属师范大学培养出来的免费师范生是难以满足目前我国中小学现实需求的。

（二）农村中小学急需综合素质高、适应能力强的师范毕业生

我国中西部地区农村基层学校师资数量不足，且部分地区的代课教师还占有不小的比例，教师综合素质相对不太高。因此，刚参加工作的大学毕业生可能还

---

① 国家教育督导团. 2008-12-03. 国家教育督导团关于印发《国家教育督导报告2008（摘要）》的通知. http://www.moe.gov.cn/srcsite/A11/s7057/200812/t20081203_81660.html

要承担多门课程的教学任务，有些学校需要进行跨年级教学甚至包班上课。2012年，我们对湖北省211名支教生进行调查，发现同时兼任两门以上课程的教师占80%以上。此外，他们还要承担音乐、美术、科学等非主干科目的教学任务，还需要花费更多的时间来准备教案和批改作业等。况且，在当今社会，从社会发展对人才的整体要求而言，人们越来越强调科学知识宽广、人文价值深厚、创新精神与实践能力强，这一要求同样适合对基础教育教师的要求。可见，当前农村中小学急需一大批综合素质高、适应能力强的师范毕业生。

（三）农村偏远学校急需"待得住，留得下"的师范毕业生

农村偏远学校是指那些位于农村偏远地区的中小学，这些学校地理位置偏僻、自然条件艰苦、办学条件普遍较差。师资水平低是农村偏远学校面临的最紧迫问题之一。正如菲利普·库姆斯所言："发展中国家农村地区常常像半干旱的教育荒漠一样而没有教育质量可言，不但教师通常都是水平最低的，而且贫困儿童的比例也很高，这些儿童真正需要最好的教师，然而他们却是最后才得到。"（菲利普·库姆斯，2001）我国中西部农村偏远学校师资严重短缺，学校基础设施差，有些学校甚至连最基本的教职工食宿问题都难以解决，更不用说文化娱乐活动了，因此，高校师范毕业生大都不愿去那里任教。况且，即使有部分人愿意在农村偏远学校任教，考虑到支教结束后面临二次就业的选择，他们不得不在支教期间花费大量的时间准备考研和报考公务员等，难以安心在农村偏远学校任教。不仅如此，根据我们对中西部农村偏远学校的调查，50%的校长反映近年来有教师流失的情况，并且流失的主要是骨干教师和35岁以下的青年教师，甚至有些学校由于教师大量流失都无法正常开课，有些村小甚至只剩下一个"留守"教师。可见，当前农村偏远学校急需"待得住，留得下"的师范毕业生。

（四）农村初小和教学点偏爱"3+2"形式的"全科型"专科毕业生

农村初小和教学点对教师的综合素质要求较高，不仅要会教语文、数学、英语等主干课程，音体美等课程也要能拿得起。我们在江西省、湖北省等地调研时发现，无论是基层教育主管部门，还是初小和教学点负责人，对"3+2"形式的"全科型"专科毕业生都赞不绝口。他们认为，这些"3+2"形式的"全科型"专科生尽管学历起点不高，但入学前都是优秀初中毕业生，中考分数普遍高于所在一中分数线50分以上，经过5年"全科型"系统学习，能文会理，能歌善舞，适

应能力强，完全能胜任农村初小和教学点多学科教学的现实需要。

二、普通高校师范类学生对基层学校就业的需求

（一）部属师范大学免费师范生的从教意愿低于地方院校师范类学生

我们的调查结果显示，就部属师范大学免费师范生而言，如果没有师范生免费教育政策的限制，有19.9%的毕业生选择去学校任教，26.2%的毕业生选择去政府部门工作，12%的毕业生选择去其他事业单位，17.3%的毕业生选择去国企或外企，2.2%的毕业生选择去民企，11.5%的毕业生选择自主创业，还有2%的毕业生选择去其他单位，8.9%的毕业生选择不清楚。就地方院校师范类学生而言，其就业需求也大不相同，选择考研的占22.3%，选择考公务员的占12.1%，选择去中小学任教的占41.6%，选择去企事业单位工作的占12.9%，选择其他的占11.1%。可以看出，无论是部属师范大学师范生，还是地方院校师范类学生，他们的就业需求均不相同，且从教意愿均不太强烈。相比较而言，如果没有师范生免费教育政策的限制，部属师范大学免费师范生的从教意愿明显低于地方院校师范类学生。

（二）部属师范大学免费师范毕业生更愿意在县城及以上大中城市普通高中等单位工作

2011年5月，我们对六所部属师范大学免费师范毕业生的就业情况进行了跟踪调查，就就业地点而言，首届免费师范毕业生在大中城市任教的分别占13.5%和42.2%，在县城任教的占35.5%，在乡镇和农村任教的比例很小，分别仅占6%和2.8%；就就业单位来说，有63%的首届免费师范毕业生在普通高中任教，在职业学校或中专任教的占6.5%，在初中和小学任教的分别占20.6%和4.5%，在其他学校任教的仅占5.4%。调查结果表明，部属师范大学免费师范毕业生更愿意在县城及以上的大中城市普通高中等单位工作。

（三）部属师范大学免费师范生和地方院校师范类学生愿意去农村中小学任教的不多，愿意长期在农村中小学任教的更少

调查结果显示，就部属师范大学而言，分别仅有2.8%和4.7%的免费师范生表示"非常愿意""比较愿意"去农村中小学任教，而表示"非常愿意""比较愿

意"长期在农村中小学任教的更少,分别仅占0.7%和3.2%。同样,就地方院校而言,分别仅有8.7%和28.4%的师范类学生表示"非常愿意""比较愿意"去农村中小学任教,回答"一般"的占36%,回答"不愿意""非常不愿意"的分别占22.7%和4.2%。同时,分别仅有4.4%和14.5%的地方院校师范类学生表示"非常愿意""比较愿意"长期在农村中小学任教,回答"一般"的占31.2%,回答"不愿意""非常不愿意"的分别占39.2%和10.7%。可以看出,部属师范大学免费师范生愿意去农村中小学任教和长期在农村中小学任教的很少,而地方院校师范类学生中愿意去农村中小学任教的比例也不高,愿意长期在农村中小学任教的更少。

(四)给予一定的优惠政策,地方院校师范类优秀毕业生愿意去农村偏远学校任教

调查结果显示,67.2%的地方院校师范类学生认为,如果给予一定的优惠政策,他们愿意去农村偏远学校任教。调查结果还显示,51.5%的地方院校师范类学生认为,激励优秀师范毕业生去农村偏远学校任教最有效的方法是经济补贴或经济补偿,分别有7.3%、16.5%、19.2%和5.5%的学生则认为是精神奖励、评先评职优先、优先攻读教育硕士和其他奖励措施。而补贴是指由政府或政府主导的机构给个人、公司及其社会团体的财政转移形式,目标是让得到资助者采取政府所希望发生的行为。尽管最后的选择权留给受资助者,但采取所期望发生的行为的可能性因补贴而增加(陈振明,2009)。可见,如果给予诸如经济补贴或经济补偿等一些积极的优惠政策,地方院校优秀师范类毕业生还是愿意去农村偏远学校就业的。

(五)"3+2"形式的专科毕业生乐意去农村初小和教学点任教

目前,我国中西部部分省(自治区、直辖市)开始实行"3+2"形式的专科教育试点工作,主要为农村地区初小和教学点培养"全科型"师资。我们对江西省、湖南省等地的定向师范生进行调研发现,分别有47.2%和38.5%的"3+2"形式专科师范生表示毕业后"非常乐意""比较乐意"去农村初小和教学点任教。其中,在问到愿意去农村初小和教学点任教的原因时,有54.9%的"3+2"形式的专科师范生认为"有稳定的工作编制",回答"教师收入高,待遇好""教师是崇高的职业""其他原因"的分别占21.9%、15.3%和7.9%。这表明,"3+2"形式的专科师范生更看重的是工作的稳定性,如果有稳定的工作编制和合理的工资待遇等,他们还是很乐意去农村初小和教学点任教的。

三、普通高校师范类学生就业需求的影响因素

（一）基层学校对普通高校师范类学生就业需求的影响因素

调查结果显示，学校类型和学校位置等因素是基层学校影响普通高校师范类学生就业需求的主要因素。就学校类型而言，普通高中对部属师范大学免费师范毕业生需求量大；普通初中和小学则需要大量综合素质高、适应能力强的地方院校师范类优秀毕业生；而农村初小和教学点对具有本地户籍的"3+2"形式的定向师范毕业生"情有独钟"。就学校位置而言，位于经济发达且交通便利的大中城市的中小学对部属师范大学免费师范毕业生需求量大；而位于经济落后地区且交通不便的农村偏远学校则需要大量能够"待得住，留得下"的地方院校师范类毕业生。

（二）普通高校师范类学生自身就业需求的影响因素

就部属师范大学的免费师范生而言，性别因素对其就业地点的选择存在显著影响（$p<0.01$），男生倾向于选择大城市就业，更愿意从事基层教育；而女生更愿意去中小城市就业，不太愿意从事基层教育。就思想状态而言，生活满意度越高和社会公平感越强的免费师范生更愿意从事基层教育工作。就家庭因素来说，家庭因素对免费师范生的就业需求同样存在显著影响（$p<0.01$），独生子女更愿意在大城市就业，非独生子女倾向于在中小城市就业；农村户籍的免费师范生更愿意在中小城市就业，更愿意去中西部学校任教，城镇户籍的免费师范生倾向于在大中城市就业，更愿意去东部学校任教；经济特别困难和经济宽裕的免费师范生更多选择在大城市就业，不太愿意从事基层教育，经济比较困难的免费师范生更多选择在中小城市、城镇和农村就业，更愿意从事基层教育。

就地方院校师范类学生来说，性别因素对他们的就业需求存在显著影响（$p<0.01$），女生更愿意从事基层教育，更愿意去农村中小学任教；而男生更愿意长期在农村中小学任教。思想状态对他们的就业需求影响也很大，生活幸福感和自信心更强的地方院校师范类学生更愿意成为基层教育工作者，更愿意享受师范生免费教育政策，更愿意去农村中小学任教，也更愿意长期在农村中小学任教。就家庭背景而言，家庭因素对地方院校师范类学生的就业需求同样存在显著影响（$p<0.01$），非独生子女和农村户籍的学生更愿意享受师范生免费教育政策，更愿意去农村中小学任教，且更愿意长期在农村中小学任教。学习成绩对地方院校师

范类学生的就业需求也存在显著影响（$p<0.01$），成绩排名在"25%—50%"的学生更愿意成为基层教育工作者，更愿意享受师范生免费教育政策，更愿意长期在农村中小学任教。就学校类型而言，地方院校师范类学生更愿意成为基层教育工作者，更愿意去农村中小学任教，并且更愿意长期在农村中小学任教。

四、调整免费师范生政策的建议

著名的政策学家林德布洛姆认为，政策制定是一个没有起始、结束和界限极为模糊的相当复杂的分析性及政治性的过程。随着政策环境的变化，政策调整势在必行。所谓政策调整，是在政策监控和控制所获得的有关政策系统运行（尤其是政策执行的效果）的反馈信息的基础上，对政策方案、方案与目标之间的关系等进行不断的修正、补充和发展，以便达到预期政策效果的一种政策行为（陈振明，2003）。同样，随着政策环境的变化，国家也需要对免费师范生政策进行适当调整。

（一）国家免费师范生政策应该进行灵活调整

目前，国家免费师范生政策在实施过程中出现一些问题，其一就是政策约束大于激励，如服务期过长、就业限制过严和奖励机制过窄等。我们认为，国家免费师范生政策应更多地采用激励性措施。国家可以给予部属师范大学免费师范生一定的经济补偿，通过补贴性激励，补偿他们的收益和付出的代价之间的差额，进而鼓励优秀师范毕业生积极去中小学任教。此外，还可以采取一些其他差异化的激励性措施，例如，在农村中小学任教的部属师范大学免费师范毕业生还可以免费攻读全日制硕士，这不仅可以扩大他们的知识视野，还可以全面提高他们的理论素养和专业知识水平，同时对鼓励其他免费师范毕业生积极投身农村中小学教育有很好的激励作用；在农村偏远学校工作的部属师范大学免费师范毕业生，可以在评先评职上优先，可以享受提前晋级等优惠政策。通过实施差异化的激励措施，鼓励和支持优秀部属师范大学免费师范毕业生积极去农村中小学建功立业。

（二）免费师范生政策类型多样化

免费师范生从签约到履约要经历一个较长的过程，其中面临很多变数，特别是在他们接受高等师范教育过程中，随着身心的成熟及经验的增长，其才智水平与学习动机本身也会发生变化，并表现出不同的需求、感受和态度（刘福才，周磊，2011）。因此，要允许部属师范大学免费师范生和地方院校师范类学生根据自身情况的变化对享受的师范生免费教育政策类型进行动态选择，目的是让他们享受到最理想的师范生免费教育政策。

（三）农村偏远初中定向招聘地方院校师范类毕业生

农村偏远初中一般位于农村边远地区，地理位置偏僻，自然条件恶劣，有些学校食宿问题都难以解决，更不用说文化娱乐活动了。如何保证师范毕业生在农村偏远初中"待得住，留得下"是解决这些学校师资严重短缺问题的关键。我们建议，在地方院校招聘具有本科文凭且有本地户籍的优秀师范毕业生，地方教育主管部门和优秀师范毕业生签订合同，采取上岗退学费的形式（上岗一年退还一年学费，直至学费全部退完），他们至少要在农村偏远初中工作5年，5年后可留在原校，也可调往他县。在农村偏远学校初中任教期间，地方院校师范类毕业生可以享受一定的农村偏僻地区教师津贴。事实上，世界上不少国家如美国、韩国、印度和泰国等也是采取类似的方式解决欠发达地区偏僻学校师资短缺问题的。目前，湖北省恩施市和江西省分宜县、铜鼓县等也正在进行农村偏远初中教师定向招聘试点工作，效果较为明显。

（四）农村初小和教学点定向免费培养"3+2"形式的师范生

上学期间，师范院校实行"全科型"教学，让他们既能胜任语文、数学、英语的教学，音乐、体育等也能拿得起。他们在工作后可以享受一定的优惠政策，如工资提前定级、评先评职优先和享受农村偏远地区津贴等，工作年限到期后可以在县城以下的学校自由调动。这样做既可以保证初小及教学点有稳定的师资，也可以提高定向免费师范毕业生工作的积极性。

第三节 地方免费师范生政策的基本模式

2012年国务院颁发了《国务院关于加强教师队伍建设的意见》，该意见提出要发挥教育部直属师范大学引领示范作用,鼓励和支持地方结合实际实施师范生免费教育制度。[①]据统计,2012 年,全国已有 16 个省(自治区、直辖市)开展了师范生免费教育。[②]目前,地方政府在实施免费师范生政策时,结合本地情况形成了几种模式,这些基本模式各有特点,对于鼓励和支持地方积极实施免费师范生政策、提高当前基础教育质量、办好人民满意的基础教育具有重要的现实意义。

一、农村从教上岗退费政策

所谓农村从教上岗退费政策,就是到农村基层学校从教一定年限的高校毕业生,可享受省(自治区、直辖市)级财政返还高校就读期间学费的优惠政策,其退费标准根据各省(自治区、直辖市)高校学费标准实际情况而定,本科生连续退费四年,专科生连续退费三年。上岗满一年后逐年退费,所需经费由省(自治区、直辖市)统一提供。实施农村从教上岗退费模式的主要目的是缓解农村基层学校教师严重短缺的局面,创新农村教师补充机制,吸引优秀高校毕业生到农村基层学校任教。目前,实施农村从教上岗退费政策的有海南省、广东省和福建省等。海南省在 2010—2014 年,每年从重点师范院校招聘一批优秀师范毕业生到贫困地区任教,省和市县财政按 7∶3 比例分 4 年每年 5000 元的标准代偿学费。广东省实施农村从教上岗退费政策,工作一年返还一年的学费,吸引优秀高校毕业生到农村从教。福建省启动了"农村紧缺师资代偿学费计划",为省内贫困县(市)农村学校招聘师资(张婷,2012)。

以广东省为例,为建立和完善农村教育师资保障机制,提高农村教师队伍的整体素质和水平,自 2008 年开始,广东省决定实施农村从教上岗退费政策。享受该政策的对象包括:省内全日制普通高校应届及暂缓就业的本、专科毕业生(其中,外省生源毕业生须具有本科及以上学历和学士及以上学位),省外全日制普通高校应届及暂缓就业的广东省生源本、专科毕业生。实施该政策的地域范围包括除广州、深圳、珠海、佛山、东莞、中山、江门 7 个市(不含恩平)以外的乡镇(不含县城所在镇)及乡镇以下农村中小学。退费标准为每人每年 6000 元,在校期间已享受国家助学贷款政策的学生,可用退还的费用偿还国家助学贷款。该政

---

① 国务院. 2012-09-07. 国务院关于加强教师队伍建设的意见. http://www.gov.cn/zhengce/content/2012-09/07/conten_5390.htm

② 教育部. 2007-05-18. 教育部新闻发布会介绍实施师范生免费教育工作. http://www.gov.cn/govweb/wszb/zhibo66/content_618532.htm

策规定，到农村从教的高校毕业生服务期限为五年，这期间可以在农村学校间流动，但不得从事教育行政管理工作，不得报考脱产本科生和研究生；未按协议在农村从教的高校毕业生，停止退费、退还以前年度已领取的补助金额并缴纳违约金。该政策的优惠条件是，高校毕业生五年服务期满后继续留在当地任教的，如符合广东省制定的其他鼓励高校毕业生到农村基层学校工作规定的政策，可以同时享受有关优惠政策（董萍等，2011）。

农村从教上岗退费政策成效显著。例如，2008年，广东省实施的农村从教上岗退费政策已经取得了初步成效。①大大缓解了经济欠发达地区师资严重短缺的局面。由于地区经济差异悬殊，广东省粤北地区农村偏远学校教师待遇差，教学和生活环境不佳，难以留住高学历、高水平的教师，也很难吸引优秀高校毕业生去那里任教。农村从教上岗退费政策实施后，不少家庭经济困难的高校毕业生纷纷去广东省粤北等农村地区基层学校任教，有效地解决了农村基层学校师资严重短缺问题，确保了农村学校教育教学质量的提升。②在一定程度上缓解了高校毕业生的就业压力。受国内外复杂经济和社会环境的影响，高校毕业生就业难已经成为社会聚焦的敏感问题。珠三角地区经济发达、条件优越，每年都会吸引大批省外优秀高校毕业生就业，这势必会影响广东省内普通高校毕业生就业。该政策实施后，广东省每年都有大批的高校毕业生去粤北等农村地区基层学校任教，这就在一定程度上缓解了广东省高校毕业生就业难的问题。③创新了农村教育师资补充机制。农村从教上岗退费政策吸引了大批学业成绩优秀但家庭经济困难的高校毕业生主动到农村地区基层学校任教，改变了传统的教师招聘方式，有利于优秀人才向农村地区基层学校流动，这对于提高当前农村基础教育质量、办好人民满意的农村基础教育具有非常重要的现实意义。

农村从教上岗退费政策的实施也存在不少问题。①对本科及以上的高校毕业生的吸引力不大。广东省农村从教上岗退费政策实施以后，吸引了大批专科及部分普通院校的毕业生主动去农村地区基层学校任教，但对"211工程"高校和"985工程"高校毕业生的吸引力不够，这些高校的毕业生很少去粤北等农村地区基层学校任教，其中一个重要的原因是粤北等农村地区条件艰苦，工资待遇差，而他们是名牌大学的本科生或研究生，就业竞争力强，能轻松地在珠江三角洲等经济发达地区求职。②政策部分条款招致政策对象的不满甚至抵制。例如，广东省农村从教上岗退费政策规定，在农村基层学校从教期间，不得从事教育行政管理工作，不得报考脱产本科和研究生。这就引起了部分政策对象的反感，认为这些政策条款限制了他们的个人发展，不符合教师成长和发展规律。③部分地方退费政策实施不到位。由于种种原因,广东省农村从教上岗退费政策实施后,仍有部分地方以各种理由拖欠甚至克扣去农村地区基层学校任教的高校毕业生的退费,导致部分高校毕业生工作积极性不高,甚至有部分高校毕业生自动离职或主动放弃教师岗位。

我们建议,主要从以下三个方面完善农村从教上岗退费政策。①制定优惠的政策来吸引本科及以上学历的高校毕业生积极去农村地区基层学校任教。由于省内地区经济差异大,工资待遇差别也很大,农村地区基层学校教师的工资待遇和省内其他经济发达地区基层学校教师的工资待遇相差数倍,要吸引本科及以上学历的优秀高校毕业生去农村地区基层学校任教,必须给予他们和经济发达地区相当的待遇。因此,建议省级政府设立农村地区基层学校就业奖励基金,专门用于奖励"211工程"高校和"985工程"高校等本科及以上学历的高校毕业生去农村地区基层学校任教。②修改政策部分条款,增强农村从教上岗退费政策的吸引力。我们建议,对于去农村地区基层学校从教的高校毕业生,不应该有诸多条件的限制,应该对"不得从事教育行政管理工作,不得报考脱产本科和研究生"等政策进行适当修改,建议在农村地区基层学校服务三年之后,就可以从事教育行政管理工作,可以报考脱产本科和研究生。这样,不仅有利于高校毕业生成长,也有利于提高他们工作的积极性。③加大政策监督力度,保证农村从教上岗退费政策顺利实施。我们建议,省级政府要进一步加大督查力度,对于没有落实退费政策的部分县(市),要追究地方政府主管部门的领导责任,严肃纪律,保证高校毕业生到农村从教的退费按时足额到位,从而保证农村从教上岗退费政策的稳定性和延续性。

二、地方免费师范生政策

所谓地方免费师范生政策,是指学生报考地方师范院校且有条件地接受师范生免费教育,上学期间免学费及住宿费,并享受生活补贴,毕业后必须回到生源地所在县(市)从事一定年限的中小学教育的政策。目前,新疆和西藏已经在全自治区范围内实行了师范生免费教育,上海、云南、江苏、河北、湖北等地在部分师范院校开展了师范生免费教育试点工作(张婷,2012)。

地方实施的免费师范生政策,除西藏和新疆以外,其他省(自治区、直辖市)均有试点的项目,目的是解决特定环境和特殊条件下基础教育师资严重短缺问题。以江苏省为例,为了平衡学前教育师资性别失衡并提高学前教育师资综合素质,

2010年，江苏省启动了师范生免费教育试点项目——免费幼师男生项目。该模式的目标是培养男性幼儿教师，促进学前教师事业的蓬勃发展。其学制是初中毕业起点、五年制大专，选拔成绩优异的初中毕业生，通过五年专业培养，切实保证免费幼师男生拥有稳固的专业思想和扎实的教学技能及浓厚的职业情感。其招生规则是统一组织面试，安排提前录取。招生面试由江苏省党委教师工作部统一组织并在中考前在各招生学校同步进行，通过对考生的综合考察，招生院校可以挑选适合学前教育的"候选生"，避免单纯"以分取人"带来的片面性；通过与考官互动，考生可以在概略了解招生学校的就读环境、幼教岗位的特点及要求之后，做出符合自身条件和内心欲求的理性选择，减少因误判、误报产生的"失落"心理和动力不足的现象（孙国春，2013）。其就业原则是市域协议定向，权利义务平衡。免费幼师男生毕业后原则上回省辖市公办（民办）幼儿园就业，未落实就业的由省辖市统一安排到农村幼儿园工作，其服务期均不少于五年。

地方实施的免费师范生政策效果明显，以江苏省为例，于2010年实施的免费幼师男生项目具有鲜明的特色。①将传统的幼儿教师名校作为培养基地，2010年，该省确定3所幼儿高等师范学校，2012年扩展到6所，这些具有丰富教学经验的学校能充分保证免费幼师男生的培养质量。②以培养阳刚之气作为教学重点，"一班两制"（即"男生单独编班""男女生混合编班"）的形式，使班级事务更具活力、更有效率；通过设立男性特色课程，适度增加了体育健康、科学探究和活动策划等男生比较擅长的项目，有利于培养免费幼师男生的阳刚之气和勇猛果敢精神。可见，该项目的实施，对于缓解该省学前教育师资性别失衡和提高师资综合素质具有重要的作用。

同时，地方免费师范生政策也存在不少弊端，以江苏省实施的免费幼师男生项目为例，该项目的主要问题表现在三方面。①学前教育男性师资的需求问题。如何科学地预测江苏省学前教育男性师资的需求，充分保证免费幼师男生能完全满足未来学前教育男性师资供给，这是一项复杂的系统工程，免费幼师男生过多或过少，都不能保证学前教育健康稳定发展。②免费幼师男生就业问题。由于该项目的学制是初中起点五年制大专，这些男生随着年龄的增长以及知识阅历的增加，其人生观和就业观会发生很大的变化，如何保证他们毕业后顺利回到生源地省辖市公办（民办）幼儿园工作，也是一个难以确定的问题。③免费幼师男生农村幼儿园就业问题。江苏省幼儿教育师资性别严重失衡（男女性别比高达1∶99），男性幼儿师资奇缺，目前培养的免费幼师男生难以满足现有的需求，且毕业后他们去农村幼儿园的可能性很小，导致农村幼儿园可能仍然是政策无法关照的

"荒芜之地"。

我们建议，从以下三个方面完善免费幼师男生项目政策。①科学地预测学前教育男性师资的需求。通过运用相关人口模型来预测未来幼儿数量，科学分析未来男性幼儿师资的现实需求，以保证学前教育男性师资的有效供给。②实行二次选择制度。鉴于有少部分免费幼师男生毕业后有毁约甚至辞职的倾向，我们建议，在免费幼师男生三年学习结束后给予其一次重新选择的机会，让那些去幼儿园任教意愿不强的男生退出项目，退还享受的免费资金并转入非免费院系学习，让那些去幼儿园任教意愿强烈的非免费幼师男生转入免费院系学习。③采取激励性措施，鼓励优秀免费幼师男生积极去农村幼儿园任教。通过设立奖励基金、工资提前定级、评奖优先等激励手段，鼓励优秀免费幼师男生毕业后积极扎根农村，为农村幼儿教育事业健康发展贡献自己的青春。

三、免费和定向免费师范生"双轨制"政策①

免费和定向免费师范生"双轨制"政策，就是有关省（自治区、直辖市）根据本地的实际情况，同时实施免费和定向免费师范生两种政策。目前，实施这种"双轨制"政策最典型的是新疆。由于历史原因，新疆经济欠发达，少数民族基础教育比较薄弱，突出表现为中小学少数民族"双语"教学师资数量缺乏、汉语水平低、汉语教学能力低的"一缺二低"的现象（冯跃武，2012）。自 2010 年开始，新疆开始全面推行师范生免费教育：免费师范生招生计划面向全区考生，定向就业的免费师范生计划优先招收定向就业地（州、市）的生源，优先招收"双语"教学重点推进地区的生源，以招收汉语言、"双语"班学生为主。新疆设立免费师范生计划专项资金，全额承担免费师范生在校期间的学费、教材费、住宿费和实习支教等相关费用（张婷，2012）。可见，新疆实施的师范生免费教育"双轨制"政策的主要目的在于解决中小学和民族地区"双语"师资严重短缺问题，其中，定向免费师范生政策的目标是为农村中小学和少数民族"双语"教学提供优质的师资，而免费师范生政策则主要着眼于提高整个新疆中小学师资综合素质。该政策的利弊和上述的免费师范生政策和定向免费师范生政策类似。

纵观当前地方实施的免费师范生政策的三种政策模式，不外乎两种教育政策理念：一种是地方政府通过提前付费，购买优质的教师教育服务；另一种是地方

---

① 地方定向免费师范生政策将在第五章中讲解。

政府通过上岗退费的方式,直接向高等院校购买符合要求的教师教育服务。当前地方实施的免费师范生政策的三种政策模式有利有弊,地方在实施的过程中要注意趋利避害,扬长避短,根据本省(自治区、直辖市)的实际情况,完善好正在实施的免费师范生政策,创新基础教育学校教师补充机制,提高中小学教师综合素质,促进区域内基础教育均衡发展。

第四节 地方免费师范生政策的定位和路径选择

对地方实施的地方免费师范生政策进行合理定位,并采取合适的路径,对鼓励和支持地方积极实施师范生免费教育政策,提高农村义务教育质量、办好人民满意的教育具有重要的现实意义。

一、地方免费师范生政策定位

在对地方免费师范生政策进行合理定位之前,要对目前实施的相关政策进行客观分析。美国学者米切尔·J.怀特认为,政策分析的目的不是产生某种一锤定音的政策建议,而是要帮助人们对现实可能性和期望之间有逐渐一致的认识,产生一种新型的社会相互关系与社会心理模式。这种模式使人们对政府某项职能有了新的共同认识,其结果是使政治集团的活动或行为趋于一致,冲突趋于减少(陈庆云,1996)。

就"特岗计划""资教生计划"等政策而言,它们并不是解决农村偏远地区师资严重短缺的治本之策。在城乡二元经济社会结构的背景下,城乡教育差异主要反映在教师资源配置上。多年来,由于政府对农村教师资源投入相对不足等原因,造成农村基层学校尤其是农村偏远地区初小及教学点教师"进不来,留不住"的师资短缺局面。在国家大力支持下,"特岗生""资教生"等成为农村义务教育教师的重要组成部分,但是"特岗计划""资教生计划"等只能是解决农村教师资源匮乏的"权宜之计",绝非"长久打算"。从长远来看,对于直接通过社会招考的新进大学毕业生而言,"特岗生""资教生"等只是一种次优选择,因为"特岗计划""资教生计划"等属于短期行为。所谓短期行为,是指在一段时间内,当社会发展的长期利益与短期利益冲突时,主动放弃长远利益,从而追求短期利益的行为。那么，无论是"特岗生""资教生"等本人，还是教育主管部门和被支教学校，都无一例外地可能受到短期行为的影响。对"特岗生""资教生"等而言，支教只是暂时的事业，那么就有可能使其在支教过程中的工作积极性得不到充分发挥。被支教学校和教育主管部门可能认为支教是一种短期行为，因而不会对"特岗生""资教生"等给予与学校其他教师同等的待遇。同时，受"特岗生""资教生"等短期行为的影响，地方政府和被支教学校在对他们的培养和任用上均存在一定的歧视，因为对他们进行业务能力的提升需要投入大量资金，从地方政府和被支教学校的角度来看，经济上是不划算的，且他们期满后若离开农村教师工作岗位更是造成教师资源的巨大浪费。总的看来，我们认为，"特岗计划""资教生计划"等政策属于短期行为，在我国国力不断增强的情况下，"特岗计划""资教生计划"等政策也将面临挑战。随着经济社会的发展，人们对优质教育的需求日益增强，政府加大教师资源的投入，正是政府履行教育责任的具体体现。在公共财政体制下，政府应该履行的职责是实现义务教育阶段教师资源均衡发展，通过政策杠杆合理配置农村教师资源，从而促进城乡义务教育均衡发展。

就国家免费师范生政策而言，该政策为进一步形成尊师重教的浓厚氛围，培养大批优秀的教师，提倡教育家办学，鼓励更多的优秀青年终身做教育工作，提高当前基础教育质量、办好人民满意的教育具有重要的现实意义。但该政策不一定能将最优秀的人才长期留在农村基层学校教师岗位上，因为根据文凭筛选理论，如果没有师范生免费教育政策的限制，部属师范大学毕业生凭借其文凭的筛选优势更容易获得理想的岗位或职业。所以，部属师范大学免费师范毕业生去农村基层学校任教在一定程度上带有更多理想化的成分，并没有以实际回报为基础，这种理想成分显然有悖于市场原则。部属师范大学免费师范毕业生短期内可以为任教学校带来更大的外部效益，但作为"理性经济人"，当任教学校的教师收益难以满足部属师范大学免费师范毕业生的预期时，他们往往会产生辞职离岗的想法。当他们发现和自己高考分数相近的同学都留在了大中城市且有优厚的待遇时，心理上的不平衡感会陡然增加，其离岗率会进一步上升。因此，我们认为，应该将为地方尤其是农村地区义务教育培养优质师资的重任交给地方师范院校和地方综合性大学。从"理性经济人"的角度来看，农村偏远落后地区无法通过大学毕业生就业市场满足自身对教师的需求，主要有两个方面的原因：①那些偏远落后地方受自身经济条件的限制，劳动力市场购买能力有限，无法给出具有足够吸引力的教师招聘条件；②对大学毕业生而言，去农村偏远落后地区工作，意味着生活质量将和落后地区社会经济发展水平趋同，并且个人发展机会可能会减少。作为

"理性经济人"的大学毕业生在劳动力市场中一般不会理性地选择到农村偏远落后地区就业生活,除非能获得其他方面的回报。

尽管高等教育是具有私人产品属性的教育,但与其他专业教育相比,师范教育仍具有明显的公共产品属性,这是由义务教育的公共性特征所决定的。在社会主义市场经济条件下,尤其在我国各地区经济和社会发展不平衡状况长期存在,教育发展不均衡、不公平的现象比较突出的情况下,如果把教师教育看作纯粹的市场行为和个人行为,教师队伍的整体优化和全面提升将是一个缓慢的自发过程,其表现出的地区差异、校际差异将会更大。为此,一方面,要充分利用市场竞争机制,调动个体的积极性,建立教师的准入、考核、淘汰机制;另一方面,要强调各级政府的义务和责任。国家通过公共财政干预机制来调控师范教育发展,能够提高教师地位和职业吸引力,能够吸引优秀学生报考免费师范生专业,并到农村中小学尤其是农村偏远学校任教,促进教育均衡发展和教育公平。

因此,根据目前我国农村中小学教师队伍的现状和现实需求,分析"特岗计划""资教生计划"等和部属师范大学免费师范生政策的不足,我们认为,地方实施的师范生免费教育政策定位应该是为农村中小学尤其是农村偏远学校培养"待得下,留得住"的优质师资,主要基于以下四点理由。

(一)激励优秀师范毕业生积极去农村中小学尤其是农村偏远学校就业

激励是行为科学的一个重要概念,其基本含义是激发人的动机。行为科学认为,人的需要产生动机,动机支配人的行为,行为导向目标。人的行为的动因是人的需要,因此,对人的行为的激励就是通过各种诱因来满足人的需要的过程。美国管理学家巴纳德将诱因分为经济诱因和非经济诱因两个方面。因此,一方面对在校优秀师范生给予诸如免学费、生活费,给予补助等经济补偿政策,同时给予树立典型形象、评优评奖优先等精神奖励;另一方面去农村中小学尤其是偏远学校任教的优秀师范毕业生可以享受工资提前定级、优先攻读教育硕士等优惠政策,从而激励优秀师范生毕业后积极去农村基层任教。

(二)招聘"待得住,留得下"的师范毕业生

能够"待得住,留得下"是农村中小学尤其农村偏远学校招聘师范毕业生的关键。如果这些学校招聘非本村或本乡镇户籍的大学毕业生,一方面食宿问题难以解决,尤其是目前参与应聘中小学教师的女孩子居多,她们的人身安全也是令农村中小学尤其是农村偏远学校非常头疼的一件事情;另一方面,由于学校地理

位置偏僻，放学后学生都回家了，晚上孤孤单单的，连个说话的人都没有，这样的环境让年轻的大学毕业生难以长期待下去。文化不适应，也是很多大学毕业生不愿去农村偏远学校任教的重要原因之一，因为包括传统和信仰在内的文化在教育、人的社会化和日常生活中的作用是不可取代的，文化的断裂会给人们造成价值观冲突，使人失去意义皈依，表现出无所适从（秦玉友，2010）。因此，地方免费师范生的生源最好是具有本村或本乡镇户籍的优秀初高中毕业生。由于他们是土生土长的本地人，完全能适应农村基层学校的生活，不存在文化和生活环境不适应的问题；而且，他们下班后可以回家吃饭和休息，较好地解决了农村偏远学校的食宿难题；还有，因为是本乡本土人，他们天然有一种服务家乡教育的责任心和使命感。

（三）保证农村中小学尤其是农村偏远学校优质师资供给

保证优质的师资供给，是农村中小学免费师范生政策实施的初衷。调查发现，部属师范大学免费师范毕业生去农村中小学任教的很少，还不足10%，去农村偏远学校任教的更是少之又少，而且他们普遍认为自己是社会精英，不应该去农村偏远学校任教。即使有少部分人主动去农村偏远学校任教，在一定程度上也带有理想化的成分，作为"理性经济人"，当他们发现实际收益难以达到预期时，他们的离岗率也会明显增加。而特岗生中的学习成绩佼佼者，相当一部分人的中考成绩超过所在县中考分数线50分以上，所以也可能会出现和部属师范大学免费师范毕业生相似的情况。由于定向师范生学习成绩优异，加上经过师范院校5年"全能型"系统训练，尽管学历起点不高但思想单纯，加上是本乡本土人，如果给予其一定的激励性措施，毕业后能安心在农村偏远学校任教，一定程度上可以保证所在学校优质教师供给。

（四）促进区域内义务教育均衡发展

促进义务均衡发展，已经成为党和国家确立的我国在新的历史时期教育发展的战略方针。而实现义务教育均衡发展的根本问题是农村教育问题，农村教育问题的关键是教师问题。没有一支数量充足和素质优良的农村中小学教师队伍，就谈不上义务教育均衡发展。目前，我国中小学尤其是农村初小和教学点的师资配置严重不均衡，存在教师老龄化、优秀教师大量流失、部分学科教师严重短缺等问题。实施地方免费师范生政策，就是通过一定的激励性措施，鼓励优秀初高中毕业生积极报考免费师范生专业，入学前就和地方教育主管部门签订合同，在校期间享受免费教育,毕业后直接去农村中小学尤其是偏远学校任教。该政策是一种补贴性的师资配置政策,通过补贴性激励,鼓励优秀师范毕业生去农村中小学尤其是农村偏远学校,保证这些学校有优质的教师供给,进而促进城乡义务教育师资均衡配置,最终实现区域内义务教育均衡发展。

二、鼓励和支持地方免费师范生政策的路径选择

（一）国家重点支持

就免费师范生政策服务的对象而言,他们主要任教于我国中西部基础教育学校,而基础教育是一种正外溢性很强的地方性公共产品,因为免费师范生通过普通高校进一步深造,毕业后往往会选择留在流入地或其他经济发达地区发展。根据公共财政的基本职能,公共产品一般由政府部门直接提供,"公共经济和政府介入应限制在市场失效的范围内",而"提供公共产品正是政府最主要的活动之一"（宋华,2008）。同时,公共财政对中央政府和地方政府进行财政责任分工时,主要遵循公共产品受益层次论和财政联邦主义理论（杨志勇,2000）。前者决定了受益范围覆盖地方的地方免费师范生教育主要由地方政府来承担;后者决定了中央政府要对中西部贫困地区省（自治区、直辖市）以及少数民族地区给予一定的支持,因为财政联邦主义理论遵循基本公共服务均等化原则,即当某些地方政府由于经济不发达而不能保证本地居民在正常条件下获得和其他地区同等最低公共服务时,上级政府有责任在财政上帮助这些经济不发达地区的政府（张馨,1999）。所以,根据公共财政的基本职能,国家对地方实施师范生免费教育要给予一定的财政支持,但国家不可能采取大包大揽的形式,一来中央财政难以承受巨额的经费投入,二来这样做会给地方政府形成等、靠、要的惰性。国家应有重点地鼓励和支持地方实施师范生免费教育,具体而言,国家支持的重点包括:①先西部地区后中东部地区,即国家先支持我国西部贫困地区培养免费师范生,然后再支持中部贫困地区,最后是东部经济发达地区贫困县（市、区）;②先农村后城镇,即国家先为农村贫困地区培养免费师范生,然后再为城镇和县（市、区）培养免费师范生;③先小学初中后高中,即国家先为普通小学培养免费师范生,然后再为普通初中培养免费师范生,最后是普通高中或中专技校等;④先紧缺学科后非紧缺学科,即先为中西部基层学校紧缺学科如英语、音乐和体育等培养免费师范生。这样国家通过有重点地给予地方政府一定的财政支持,积极鼓励和支持地方实施

免费师范生教育，既可以提高中西部地方政府的积极性，也能优化中西部义务教育师资配置，最终促进我国城乡义务教育均衡发展。

就经费负担的比例而言，由于各省（自治区、直辖市）所属师范院校的师范毕业生大多服务于本地的基础教育，本着谁受益、谁买单的原则，同时考虑到我国地区经济发展不平衡的实际，应实行中央、地方分类承担的政策。对于东部经济发达地区，可以考虑让地方政府拿出专项经费，中央政府对师范生免费教育实施好的地方和高校给予经费奖励；对于中部地区，可以考虑由中央政府通过转移支付提供30%、地方政府承担70%的经费来解决师范生免费教育的经费问题；对于西部欠发达地区，中央政府根据财力，可承担50%—70%的费用。

（二）地方院校平等竞争

我们发现，在实施师范生免费教育政策的实践中，有些部属师范大学尽管有招收免费师范生的机会，但却不好好珍惜，没有把主要的精力放在培养免费师范生上，导致培养的免费师范毕业生综合素质不高，竞争力较差，甚至还不如地方师范院校培养出来的非免费师范毕业生。因此，我们在鼓励和支持地方实施师范生免费教育政策时，可以实行竞争性培养机制。具体来讲，省级教育主管部门可以根据地方基层学校的需求将一些学科、专业和免费师范生名额公示，鼓励地方师范院校和综合性大学根据本院（校）的优势平等地参与申报竞争，省级教育主管部门择优选地方师范院校和综合性大学的学科、专业和免费师范生名额。这样做不仅可以避免指定的地方师范院校或综合性大学培养免费师范生带来的惰性和随意性，还可以选择出最优秀的学科、专业和免费师范生，进而保证地方基础教育质量的提高。同时，省级教育主管部门每年要根据地方基层学校教师需求的变化适当调整免费师范生的学科、专业和免费师范生的名额。这样做既可以在实施师范生免费教育政策过程中保证地方师范院校和综合性大学平等参与竞争，也可以保证培养出来的免费师范毕业生能适应基层学校教师需求的变化。

（三）免费师范生政策类型多样化

无论是部属师范大学学生还是地方院校师范类学生，其享受师范生免费教育政策的类型应实行多样化。例如，收费型，即不享受免费政策，毕业后直接去本省内缺编中小学任教；免学费或生活费型，即享受免学费或生活费政策，毕业后直接去本省内县城以下乡镇中小学任教；免学费、生活费并享受补助型，即享受免学费或生活费政策,并于在校期间享受一定的经济补助,毕业后直接去乡镇以下农村偏远中小学任教。通过实行差异化的师范生免费教育政策,让部属师范大学学生和地方院校师范类学生有多种选择机会,他们会根据自己的学习状况、综合能力、家庭背景、专业及学校进行综合考虑。充分权衡各种师范生免费教育政策类型的利弊,选择出最符合自身情况的师范生免费教育政策。

(四)地方免费师范生动态管理

优质的免费师范生生源是实现师范生免费教育政策初衷的前提条件,也是加强基层基础教育质量的根本保证。从六所部属师范大学培养免费师范生的实践来看,仅仅依靠考试分数和考生提供的报考资料,加上人的动机和行为会随着环境的变化而变化,静态的选拔标准难以保证优质的免费师范生生源。因此,要建立免费师范生的流动和退出机制。地方实施师范生免费教育政策时,要对免费师范生进行动态管理,允许免费师范生和非免费师范生在校期间进行二次选择。具体而言,在第一学年内,免费师范生在师范专业内按照学校的有关程序,可以适当地选择转专业。在实施师范生免费教育的中期阶段,对于那些报考动机不强、在校期间放松学习以及服务基层意识不强的免费师范生,省级教育主管部门要主动终止师范生免费教育协议,要求他们退还在校期间享受的免费教育费用,将他们转入非免费师范生教育专业。那些成绩优秀、综合能力强、有强烈服务基层学校意愿的非免费师范生可以通过自愿申请,经过全面的素质考核而转入免费师范生教育专业。同时,对免费师范生名额也要进行动态管理,如果本校免费师范生和非免费师范生进行二次选择后出现剩余名额时,要允许其他地方院校非免费师范生进行动态选择,从而保证优质的免费师范生生源。

(五)农村初小和教学点师资"全科型"培养

地方实施师范生免费教育政策时,每年可以在免费师范生名额中拿出一定的指标,定向培养一批具有本村或邻村户籍的"3+2"形式的"全科型"免费师范生。这些免费师范生均是有本村或邻村户籍的优秀初中毕业生,中考分数不低于本县一中分数线,入学前与县级教育主管部门签订相关合同,他们在校期间可以享受免费教育,还可以获得一定数额的定向师范生奖学金,毕业后直接回到签约的农村初小及教学点学校任教。

（六）农村偏远学校师资定向培养

目前，我国中西部农村偏远地区初小和教学点师资严重短缺，而且这些地方学校基础设施差，因此，不少大学毕业生在那里待不长久，情有可原。我们在湖北省恩施市、江西省分宜县和铜鼓县等地调研时发现，这些地方采取定向招聘的方式解决农村偏远地区初小和教学点师资严重短缺的问题，效果较好。他们具体的做法是：在地方院校招聘具有本科文凭且有本地户籍的大学毕业生，地方教育主管部门和大学毕业生签订合同，大学毕业生至少在本地初小或教学点工作5年，5年后可以选择继续留在本校任教，也可以选择调往县城以下其他学校任教。这种方式既解决了大学毕业生在初小和教学点工作时的食宿难题，也解决了外地大学毕业生本土文化不适应的问题，加上大学毕业生在其本地学校任教，情况比较熟悉，责任心和使命感也较强烈，有利于农村偏远地区初小和教学点等学校教学质量的提高。目前，国内江西省和湖南省也正在进行农村教师定向培养试点工作，效果较为明显。鉴于此，地方可定向培养一批具有本地户口的免费师范生，入学前与省级教育主管部门签订合同，他们在校期间可以享受免费教育，同时学校设立一定的奖学金；毕业后直接到农村偏远地区初小及教学点任教，并可以在工作期间享受一定的优惠政策，如工资提前定级、评先评职优先和享受偏远地区津贴等。这样做可以保证农村偏远地区初小及教学点有稳定的师资。

（七）地方免费师范毕业生双向选择

免费师范毕业生遵循"双向选择为主，组织安排为辅"的基本原则，省级教育主管部门每年公布各县（市）基层学校教师需求，基层用人学校和免费师范毕业生在岗位范围内进行双向选择，基本上按照"省级教育主管部门公布基层学校岗位—免费师范毕业生志愿申请—学院初审推荐—基层用人单位审核—学院公示—免费师范毕业生派遣"的流程。通过双向选择仍未落实就业单位的免费师范毕业生，由生源地教育主管部门根据县以下基层学校师资需求的状况进行统一安排就业。同时，允许部分免费师范毕业生因家庭原因或择偶的原因跨地区调动，也允许部分免费师范毕业生对就业地点和任教学校在县域内进行微调，这样可以调动广大免费师范毕业生的积极性和主动性，消除他们就业时的种种顾虑。对于那些定向师范毕业生，要想尽千方百计鼓励他们回签约学校任教，地方教育专管部门和签约学校要及时解决定向免费师范毕业生的财政编制、教师岗位和食宿问题等，让他们早日安心在那里从教。

（八）实行奖优罚劣机制

激励根据需要的强化方向可以分为正激励和负激励，即奖励和惩罚。奖励的作用在于通过给予政策目标群体所需的资源，使其需要得到满足，利益得以实现，从而引起其对正确执行行为的复制；而惩罚的作用在于对政策目标群体进行一定资源的剥夺，导致他们利益的丧失，造成或保持他们的资源匮乏状态，促使他们修改其错误的执行行为（丁煌，2002）。因此，地方在实施师范生免费教育政策时，要实行奖优罚劣机制。具体来讲，就地方院校而言，对于那些积极培养免费师范生的普通高校，省级教育主管部门在下一年度分配免费师范生培养学科、专业和名额时给予适当倾斜；对于那些没有将主要精力放在培养免费师范生的普通高校，要削减一定的指标。就基层学校而言，对于那些积极配合并妥善安排免费师范毕业生的学校要给予一定的奖励；对于那些不配合甚至怠慢免费师范毕业生的学校取消其下年度招收免费师范毕业生的资格。针对免费师范毕业生，也可以采取一些积极的措施，例如，主动到中西部农村偏远学校工作的免费师范毕业生的服务年限可以适当缩短，可以在评职和进修等方面享受优惠政策，等等。同时，我们可以借鉴韩国、澳大利亚和尼泊尔等国家的经验，对于愿意长期在我国中西部农村偏远地区学校任教的免费师范毕业生，国家可以给予其一定的"偏远地区津贴"，在条件越艰苦的学校工作的年限越长，他们的"偏远地区津贴"越多。通过以上奖惩机制，积极鼓励地方院校、基层学校和免费师范毕业生认真执行地方师范生免费教育政策，为地方基础教育均衡发展增砖添瓦。

第四章 特岗教师政策研究

百年大计,教育为本;教育大计,教师为本。教师是中国教育的脊梁,是我国教育事业改革发展的重要保障。2006年,《教育部 财政部 人事部 中央编办关于实施农村义务教育阶段学校教师特设岗位计划的通知》发布并开始启动实施"特岗计划"。"特岗计划"实施至今已10年有余,已经公开招募50多万名高校毕业生到我国贫困地区担任特岗教师。回顾"特岗计划"实施的现实背景,总结"特岗计划"实施的初步成效及存在的主要问题,并提出切实可行的对策建议,对提升农村教育水平、加强农村义务教育教师队伍建设、促进城乡义务教育均衡发展具有重要的现实意义。

第一节 特岗教师政策实施的现实背景

特岗教师政策是我国改革农村义务教育教师补充机制、吸引高素质教师从事农村教育的一项创新政策。特岗教师政策的实施有着复杂的历史和现实背景。

一、党和政府对农村教育的高度重视

有优秀的教师,才会有优质的教育。教师队伍建设一直是党和政府关注的重点,然而,教师队伍建设工作一直不尽如人意,中西部农村中小学依然存在着教师数量不足、部分学科教师紧缺以及教师素质偏低等问题。针对这种现状,国家采取了一系列措施来提高农村地区的师资水平。2003年7月,国家实施了"全国大学生志愿服务西部计划"。2004年,国家采用推荐免试入学的办法,为"国家扶贫开发工作重点县"的高中培养了一批农村教育硕士。为贯彻落实2005年中共

中央办公厅、国务院办公厅印发的《关于引导和鼓励高校毕业生面向基层就业的意见》，和十六届五中全会提出的"切实提高师资特别是农村师资水平"[①]，以及2006年《中共中央 国务院关于推进社会主义新农村建设的若干意见》提出的"加强农村教师队伍建设，加大城镇教师支援农村教育的力度，促进城乡义务教育均衡发展"等有关精神，教育部、财政部、人事部、中央编办联合启动了"特岗计划"。

二、推动教育公平、均衡配置教师资源的必经之路

2007年，国务院批转发布的《国家教育事业发展"十一五"规划纲要》提出，坚持教育优先发展、更加关注教育公平，坚持公共教育资源向农村、中西部地区、贫困地区、边疆地区、民族地区倾斜，逐步缩小城乡、区域教育发展差距，推动公共教育协调发展。这是当时强调教育公平思想的一个重要文件。作为一个拥有14亿人口的泱泱大国，我国要实现人力资源大国向人力资源强国的跨越，教育是不可或缺的。根据马斯洛的需要层次理论，人们在基本物质生活得到满足后，会转向高层次的精神需要，保障人民群众享有公平的教育机会、均等的教育资源便成为社会的热点问题。传统的教育资源配置不尽合理，城乡差距显著、区域发展不协调；有限的教育资源大多集中在城市，对于教育发展落后的农村地区无疑是雪上加霜。传统教育资源配置的弊端日益暴露，从而引起了社会的广泛关注。改变当前现状，推动教育公平，均衡配置教育资源显得尤为紧迫。教师是教育事业发展的核心要素，优质的师资是改变农村地区教育落后局面的重要利器。归结起来，办好教育，必须建设一支优良的教师队伍；推动教育公平、实现教育资源均衡配置绕不开教师队伍的建设。

三、乡村学校教师严重短缺，打造一支精良的农村义务教育教师队伍迫在眉睫

统招统分中等师范生曾是农村义务教育教师补充的重要渠道，正是"统招统分"政策和工作包分配、上学免学费等原因，当时考入师范院校的多为优秀的初中或高中毕业生，经过严格的师范教育之后再分配到各地学校从教。1996年后，

[①] 人民网. 2006-05-19. 加强农村教师队伍建设的新举措. http://edu.people.com.cn/GB/4387876.html

"双向选择、自主择业"的高校毕业生就业制度开始推行,我国师范生就业市场走向市场化,定向从教被打破。与此同时,以往师范生享受的免学费加助学金的资助政策也逐步被取消。这一举措不仅导致我国师范专业报考人数与生源质量的下降,同时也导致师范院校毕业生的从教意愿降低。另外,学科教师结构性失衡,中西部农村学校的英语、音体美和信息技术等学科教师严重不足。2006年,全国有508个县,每个县平均每五所小学不足一名外语教师;西部山区农村小学平均每十所才有一名音乐教师;中西部贫困地区、少数民族地区农村初中音乐、美术、信息技术三门学科教师平均每校不足一人,致使部分学校无法正常开设规定课程。[①] 可见,农村教师数量难以满足农村教育的需求,加之农村教师老龄化现象严重,多数教师为中等师范毕业后分配至当地的教师和代课教师,教学方式、方法陈旧落后,难以适应时代需求,不利于农村义务教育的发展。因此,补充高素质教师,让年轻教师"进得来、留得住、教得好"已成为解决农村义务教育落后局面的当务之急。

四、"红河模式"为"特岗计划"的制定提供了现实经验

云南省地处中国西南边陲,北回归线横贯其南部;东与广西壮族自治区和贵州省毗邻;北以金沙江为界,与四川隔江相望。云南省有着悠久的人文历史和自然文化,是我国沿边跨境民族最多的省,也是少数民族最多的省。2013年,云南省有129个县,其中有73个国家级贫困县和7个省级贫困县,贫困人口众多,经济发展落后,地势复杂,高原、山地相间分布,山区比例高达70%以上,直接导致农村缺少合格教师、教师数量短缺以及教师年龄分层严重,制约着农村教育的发展。为了解决上述问题,2003年,云南省红河哈尼族彝族自治州率先实施了义务教育教师招聘创新政策。地方财政拨款2000万元购买教师岗位,招聘大学生到农村中小学任教以缓解教师紧缺、结构不合理的状况(韩琳琳,2016)。2007年初,云南全省所有县乡基本实现九年义务教育目标,九年义务教育的覆盖区域达到了90%。这是从地方起源惠及全国的政策,这种创新的农村教师补充机制作为成功经验获得了教育部的肯定和推广,为后期"特岗计划"的制订树立了成功典范。

---

① 国家教育督导团. 2008-12-03. 国家教育督导团关于印发《国家教育督导报告2008(摘要)》的通知. http://www.moe.gov.cn/srcsite/A11/s7057/200812/t20081203_81660.html

第二节 特岗教师政策的基本内容

进入 21 世纪以后，我国农村学校在校舍建设、教学仪器、图书设备等硬件保障方面已有很大的改善，但大部分农村地区学校教师总量不足、教师第一学历偏低、学科结构不合理、总体年龄偏大、缺乏活力等问题始终未能解决。如何为农村学校补充学历较高、知识结构合理、年轻有活力的各学科教师是特岗教师政策的出发点和落脚点。

一、"特岗计划"基本概念

（一）特岗计划

"特岗计划"是中央对中西部地区农村义务教育的一项特殊政策。通过公开招募高校毕业生到中西部"两基"攻坚县、县以下的农村义务教育阶段学校任教，引导和鼓励高校毕业生从事农村义务教育工作，创新农村学校教师补充机制，逐步解决农村学校师资总量不足和结构不合理的问题，提高农村教师队伍的整体素质，促进城乡教育均衡发展。这项计划从 2006 年起，用 5 年的时间分批实施，所需资金由中央和地方财政分担。

（二）特岗教师

特岗教师是通过"特岗计划"为中西部地区"两基"攻坚县和边远贫困县（市）农村义务教育阶段学校配置的教师。特岗教师实行公开招聘，根据农村中小学的实际需求，有针对性地按照要求面向全国同时招聘，聘期为 3 年，合同管理。

鼓励服务期满的特岗教师继续留校任教，对于自愿留任的特岗教师，由县区负责落实其编制待遇，将其工资纳入当地财政统一发放范围，保证其享受当地公办教师同等待遇；同时，也允许特岗教师在服务期满后自主择业，各地要为其重新选择工作岗位提供方便条件和必要的帮助。特岗教师除享受教育部、财政部等相关部门规定的各项优惠政策外，当城镇、农村学校教师岗位空缺需要补充人员时，特岗教师将被优先聘用。同时，符合相应条件要求的特岗教师，可以按规定推荐其免试攻读教育硕士。可以说，"特岗计划"的核心内容是由中央财政直接购买中西部农村贫困地区的教师岗位，面向全国招聘优秀大学毕业生去任教。

二、特岗教师选拔标准

特岗教师选拔对象以高等师范院校和其他全日制普通高校应届本科毕业生为主，可招少量应届师范类专科毕业生。特岗教师选拔条件包括：①取得相应的教师资格证，具有一定教育教学实践经验，年龄在30岁以下的全日制普通高校本科毕业生；②参加过"大学生志愿服务西部计划"的志愿者、有从教经历和参加过半年以上实习支教的师范院校毕业生同等条件下优先录用；③报名者应同时符合教师资格条件要求和招聘岗位要求。

三、"特岗计划"实施范围

自2006年开始，教育部、财政部、人事部、中央编办在西部14个省（自治区、直辖市）的"两基"攻坚县启动实施了"特岗计划"。根据教育部2009年第5次新闻发布会介绍的情况，在"特岗计划"实施的3年时间里，中央已为西部近500个县、6400多所农村学校招聘了5.92万名教师，缓解了西部农村地区教师需求矛盾，提高了西部农村义务教育质量，得到了西部各省（自治区、直辖市）的普遍认可，起到了良好的示范效应。2009年，教育部等决定扩大"特岗计划"的范围和规模，范围由西部"两基"攻坚县扩大到中西部国家扶贫开发工作重点县。

2013年，鉴于"特岗计划"带给中西部农村教育发展的良好效应，中央再次将"特岗计划"实施范围进行扩展，主要包括下列河北、山西、内蒙古、吉林、黑龙江、安徽、江西、河南、湖北、湖南、广西、海南、重庆、四川、贵州、云南、陕西、甘肃、宁夏、青海、新疆。

四、"特岗计划"实施原则

（一）事权不变，创新机制

"特岗计划"是中央对西部农村贫困和边远地区解决教师问题的支持，不改变事权划分。纳入"特岗计划"的县（市），必须是教师总体缺编、结构性矛盾突出、财政比较困难，但工作基础好、积极性高的县（市）。"特岗计划"实施期内不得再以其他方式补充新教师。各相关省（自治区、直辖市）要在核定的编制总额内招聘特岗教师。

（二）中央统筹，地方实施

教育部、财政部牵头制定总体规划和年度计划，提出关于特岗教师总量的指导性意见。相关省（自治区、直辖市）要研究制订和实施"特岗计划"的具体政策和落实办法，并精心组织实施。受援县（市）负责特岗教师的日常管理和考核，并向省级有关部门报告。

（三）相对集中，成组配置

特岗教师工作岗位的安排应结合当地实际需求，按照学科结构科学搭配。岗位的设置要相对集中，避免过于分散，原则上1个县（市）安排100人左右，1所学校安排3—5人。

（四）侧重初中，兼顾小学

特岗教师主要安排在县城以下的农村乡镇初中，可适当兼顾乡镇中心小学。人口较少的边境县、少数民族自治县和少小民族县可安排在农村生源占60%左右的县城学校。

（五）先行试点，逐步扩大

"特岗计划"的实施采取先试点、后推开的办法。2006年，拟安排2万—3万个特岗教师。相关省（自治区、直辖市）要精心选择部分教师紧缺、工作基础好的"两基"攻坚县作为试点县，并认真抓好试点工作。2007—2010年，在不断总结试点工作的基础上，根据中小学学生数量变动情况，相关部门每年另行确定招聘人数。中央财政视实际招聘人数据实核定经费。

五、"特岗计划"相关事宜

（一）户口档案

聘用期间，特岗教师户口和档案关系的管理由省级人民政府根据当地实际情况确定。档案关系原则上统一转至工作学校所在地的县级政府教师人事档案部门管理。

（二）考核管理

特岗教师聘用后的日常管理与考核主要由设岗学校和设岗县（市）教育行政部门负责。每年度结束后，各设岗位学校要对本校特岗教师的思想政治表现和工作情况进行综合考核，评定考核等次，并报县教育行政部门审核后存入其工作档案。

六、"特岗计划"政策调整

（一）"特岗计划"政策实施覆盖的范围逐步扩大

2006年"特岗计划"出台时，其实施范围以国家西部地区"两基"攻坚县为主，包括纳入国家西部开发计划的部分中部地区的少数民族自治州，适当兼顾西部地区一些有特殊困难的边境县、少数民族自治县和少小民族县。2009年，教育部等四部门出台文件，继续推进实施"特岗计划"，其实施范围由西部扩大到中部，由"两基"攻坚县扩大到国家扶贫开发工作重点县。2012年，"特岗计划"的实施范围再次扩大到《中国农村扶贫开发纲要（2011—2020年）》所确定的11个集中连片特殊困难地区和四省藏区县、中西部地区国家扶贫开发工作重点县、西部地区原"两基"攻坚县、纳入国家西部开发计划的部分中部地区的少数民族自治州，以及西部地区一些有特殊困难的边境县、少数民族自治县和少小民族县。2015年，"特岗计划"的实施范围又进一步扩大到中西部老少边穷岛等贫困地区。

（二）特岗教师的工资补贴标准不断提高

2006年，"特岗计划"规定，所需资金由中央和地方财政共同承担，以中央财政为主；中央财政设立专项资金，用于特岗教师的工资性支出，按照人均每年1.5万元的标准，与地方财政据实结算，其他津贴、补贴由各地根据当地同等条件公办教师年收入水平和中央补助水平综合确定。2007年，中央将特岗教师的工资补贴标准提高到每年18 960元；2009年，提高到每年20 540元；2012年，西部地区提高到每年2.7万元，中部地区提高到每年2.4万元；2014年，西部地区提高到每年 3.1 万元，中部地区提高到每年 2.8 万元（刘佳，2017）。

（三）岗位补充由侧重初中向优先满足村小、教学点转变

2006 年，"特岗计划"明确规定，特岗教师岗位原则上安排在县以下农村初中，适当兼顾乡镇中心学校，之后一直延续该规定。2012 年，"特岗计划"指出，加强初中与小学教师队伍补充协调发展。[①]这一要求改变了以往特岗教师原则性安排在初中的规定。2013 年，"特岗计划"又进一步指出，要努力提高村小、教学点特岗教师招聘比例，推进偏远农村学校教育质量的提高。[②]2014 年，"特岗计划"则提出优先满足村小和教学点的教师补充需求，进一步提高村小和教学点的特岗教师招聘比例，将做好村小、教学点的教师招聘工作作为工作重点。[③]2015 年，"特岗计划"规定，县城学校不再补充新的特岗教师。[④]2016 年，"特岗计划"提出，特岗教师优先满足连片特困地区和国家扶贫开发工作重点县村小和教学点的教师补充需求。[⑤]从规定变化看，"特岗计划"的岗位安排逐步实现了从侧重初中向优先满足村小及教学点的转变。

第三节 特岗教师政策实施的初步成效

特岗教师政策本身具备一定的创新性，不仅为农村中小学开拓了省级统筹的教师补充新机制，而且省级财政部门、教育主管部门、人力资源和社会保障部门、

[①] 教育部办公厅，财政部办公厅.2012-05-14. 教育部办公厅、财政部办公厅关于做好 2012 年农村义务教育阶段学校教师特设岗位计划有关实施工作的通知. http://old.moe.gov.cn//publicfiles/business/htmlfiles/moe/s3312/201205/xxgk_136540.html

[②] 教育部办公厅，财政部办公厅.2013-05-07. 教育部办公厅、财政部办公厅关于做好 2013 年农村义务教育阶段学校教师特设岗位计划有关实施工作的通知. http://www.moe.gov.cn/srcsite/A10/s7151/201305/t20130507_151810.html

[③] 教育部办公厅，财政部办公厅.2014-03-03. 教育部办公厅、财政部办公厅关于做好 2014 年农村义务教育阶段学校教师特设岗位计划有关实施工作的通知. http://old.moe.gov.cn//publicfiles/business/htmlfiles/moe/s5972/201403/165875.html

[④] 教育部办公厅，财政部办公厅. 2015-02-16. 教育部办公厅 财政部办公厅关于做好 2015 年农村义务教育阶段学校教师特设岗位计划有关实施工作的通知. http://www.moe.gov.cn/srcsite/A10/s7151/201502/t20150216_189349.html

[⑤] 教育部办公厅，财政部办公厅. 2016-03-22. 教育部办公厅 财政部办公厅关于做好 2016 年农村义务教育阶段学校教师特设岗位计划实施工作的通知. http://www.moe.gov.cn/srcsite/A10/s7151/201604/t20160401_236228.html

编制部门合力突破了限制农村学校发展的财力瓶颈，解决了多年来农村义务教育教师补充难的问题。

一、创新了农村义务教育教师补充机制

2006年，"特岗计划"实施时，陕西省汉中市宁强县荣程中学（原宁强二中）面临的是师资力量短缺的局面：在校学生有2400余人，其中，高中生有1100人，而在岗教师只有110人，教师中大多是本科毕业，专业知识与技能较强，大部分担任了高中各年级主要学科的教学工作和班主任工作。年轻教师的补充给该校带来了新鲜血液，极大地缓解了教师缺编现象，促进了该校教育事业飞跃发展。三年后，该校的在校学生有2800余人，在岗教师有180人；高中由原来在校学生有1100人、16个教学班发展到现在的在校学生有1900余人、34个教学班；初中教育质量综合考评由2006年全县倒数第一上升到2015年全县正数第二；高考本科上线率连年攀升，2015年已位居汉中市山区县同类学校前列。

宁强县教育局的数据显示，截至2015年，全县实有教师1535名，其中有很大一部分是通过"特岗计划"招聘进来的。从2006年首批被纳入特岗计划县，至2011年一直实施，2012—2014年调整为其他项目，2015年又开始实施"特岗计划"，6年时间共计招聘特岗教师529人。该县招聘的特岗教师都补充到了师资力量薄弱的农村中小学和幼儿园，有效地缓解了农村师资力量不足、结构不合理、教学质量偏低的问题，对促进农村义务教育均衡发展起到了积极作用，得到了农村边远学校的普遍欢迎和好评。①

特岗教师实行公开招聘，根据农村小学的实际需求面向全国公开招聘。根据当地中小学实际需求设置岗位，核定教师招聘数量。特岗教师招聘模式可以总结为"国标、省考、县聘、校用"，即由中央统一制定国家特岗教师招聘的准入标准，各省教育厅统筹笔试与面试的实施，各县负责聘用与具体管理。这样，一方面，教师招聘的权限由县级层面上移到省级层面；另一方面，教师招聘的权限由人事部门牵头向教育部门牵头转变。

"特岗计划"实施以来，每年招聘、选拔一定数量的教师补充到农村中小学中，2006—2015年"特岗计划"共为乡村学校补充了50.2万名特岗教师，2016年又招聘7万名，合计57.2万名。为农村学校补充大批合格师资，对加强农村义务教

---

① 卢云鹏. 2016-09-13. 深化改革是教育的重中之重. http://jyj.gmw.cn/2016-09/13/content_21957443.htm

育教师队伍建设起到了重要推动作用。河北省教育厅副厅长杨勇指出,"特岗计划"的实施加强了农村学校师资力量,缓解了农村教师紧缺局面,选聘的教师中,不仅仅有语文、数学、英语这样的主科教师,还有一定数量的音体美、计算机等专业科目教师,优化了农村教师队伍结构,促进了教育均衡发展,提高了农村中小学的教育教学质量(罗丹,2012)。

二、农村偏远学校可以获得优秀师资

从一定意义上说,师资水平决定教育水平,教师的质量就是教育的质量,教育的差距就是教师的差距。农村教师职位对高校毕业生缺乏吸引力,优秀人才难以进入农村学校,农村义务教育教师队伍补充渠道不畅通。统招统分政策下的中等师范毕业生曾是农村教师补充的重要方式。1980—1999年,中等师范学校共培养了740万名毕业生,为乡村学校补充了一定数量的合格教师(黄友初,2018)。中等师范学校主要招收成绩优异的初中生作为培养对象,免费培养,并且毕业包分配,在当时的条件下,基本上保障了农村义务教育教师队伍建设的需求。从20世纪90年代开始,随着义务教育规模的扩大和社会变革的深入,传统的统招统分政策的弊端日渐显露,我国的师范教育体系和教师招聘方式相继发生了一系列重大变革。高校实行并轨招生,高校学生不仅需要交纳一定数量的学费,并且取消了毕业包分配政策,实行自主择业。农村公办教师招聘必须经过当地人事部门或教育部门组织考试,即现在所谓的"逢进必考"。1999年,教育部下发了《关于师范院校布局结构调整的几点意见》,推动师范教育由三级师范向二级师范过渡,并通过实施教师资格制度实现教师队伍补充与人才市场接轨。这样一来,原有的毕业生分配方式退出历史舞台,以招聘本、专科院校毕业生为主的农村教师来源方式应运而生。由于边远贫困地区的农村学校对重点、名牌高校毕业生缺乏吸引力,教师来源只能以招聘地方院校的毕业生为主。但是,在生源质量上,之前的中等师范学校招收的多为优秀的中学生,而升格后的大专则招收的是高考中的低分段学生,农村义务教育教师质量难以得到保证。

"特岗计划"将生源扩展到其他非师范类全日制普通高校,可以吸收有潜质的优秀教师资源,在一定程度上保障了教师质量。除此之外,"特岗计划"分为国家级特岗和省级特岗,均面向全国招纳符合条件的有志青年教师,打破了原有"公招教师"模式对于户籍要求的限制。以贵州省威宁县为例,威宁县现在有来自外省籍的毕业生,如湖南省、湖北省、甚至黑龙江省籍的毕业生,同样,也有很多本省外县籍的毕业生,外省、外县籍的毕业生占全部特岗教师比例的近 3/4。不同地域的特岗教师有着不同文化背景,他们融入当地教育事业的过程也是不同地区文化交融、学习、借鉴的过程,对于教师而言,这也是一次实践学习、积累经验的宝贵经历,对各自的专业发展产生潜移默化、深远持久的影响(郑新蓉等,2012)。

三、解开农村教师队伍编制问题的"死结"

编制问题是农村义务教育教师补充工作中的最大障碍。2001 年 5 月,《国务院关于基础教育改革与发展的决定》提出"加强中小学教师编制管理"的任务,要求中央编制部门会同教育、财政部门制定科学的中小学教职工编制标准;要求省级政府部门依据国家有关规定和编制标准,结合实情制定本地区的实施办法。同年,中央编办、教育部、财政部联合推出《关于制定中小学教职工编制标准的意见》,该意见确定了教师编制的三分法,即教师编制在乡镇以下的小学按照生师比 23∶1 配备师资,县镇学校按照生师比 21∶1 配备师资,城市学校按照生师比 19∶1 配备师资。不难看出,农村中小学的教师编制标准显然低于城市的教师编制标准,加上农村学校教学点分散、成班率低等特殊问题的存在,就使得农村学校教师数量更少,缺额更大,达不到规定比例。即便是按照县镇比例配备教师编制数量,很多农村学校也无法满足教师需求。同时,不少县都是县级财政部门根据编制核定的中小学教职工编制数核拨经费,农村教师缺额的补充需要县级财政出资。为了不增加财政开支,大多数县级政府不愿意增加编制,即使有空缺编制也不使用,这就出现了"有编不补"或"补充不及时"的现象,导致有些教师因为辛勤付出却得不到应有的教师编制而心灰意冷,放弃现有的工作,另觅出路。部分地区为了避免中小学因缺乏教师而停课或出现超大班现象,聘请了大量"廉价"的代课教师,不仅教学质量得不到保障,而且形成新的"民办教师"问题。

依据"特岗计划"的规定,特岗教师聘期为 3 年,中央财政设立专项资金,用于特设岗位的工资性支持,执行国家统一的事业单位工资制度和标准;津贴、补贴由各地根据当地同等条件公办教师年收入水平和中央补助水平综合确定。在特岗教师工作满 3 年聘期结束后,考核合格并且愿意留任的,全部落实编制和工作岗位。特岗教师的安排注意结合当地实际需求,按照学科结构,科学搭配,一般在 1 个县(市、区)安排 100 人左右,每所学校安排 3—5 人。这样的岗位设立办法克服了农村中小学的编制局限,在不突破原有编制管理格局情况下最大限度地发挥了政策作用。

"特岗计划"以合同管理的方式绕开编制障碍,采取省级统筹、公开招聘的办法,严格用人标准和程序,吸引高学历人才从事农村义务教育,解开了农村义务教育教师补充中的"死结",即"不合格的教师出不去,就空不出来编制;没有编制就没有相应的经费,合格的教师便进不来",实际上也引入了"先进后出"的新机制。同时,特岗教师的服务期为3年,3年的时间既为农村学校空出教师编制提供了"缓冲期",又为培养一名成熟的农村教师争取了"成长期"。3年服务期间,特岗教师可以根据自己的实际情况,权衡自己是否胜任这份工作,并迅速成长起来;同时,国家和各地在招录每一批特岗教师时,根据教师招聘数量,可以事先估算出3年后所需教师编制数量,既可以避免在特岗教师考核合格并且有意愿留任时,却得不到应有的编制待遇的局面,又对教师队伍持续、稳定发展具有深远的意义(高闰青,2013)。国家通过这种特殊的方法,为农村学校补充了一大批急需教师,缓解了农村学校师资紧缺的局面,尤其是补充了大量英语、信息技术、音体美等学科教师,大大解决了学科教师结构不合理的问题,打破了农村学校多年来没有补充新教师的局面,增添了农村学校的活力,改变了农村学校的面貌(蒋丽珠,李玉向,2011)。

四、优化了农村义务教育教师队伍结构

(一)优化了农村义务教育教师队伍的学历结构

农村边远贫困地区学校急需合格教师,但这些地区的经济状况、生活条件等因素影响了高校毕业生到基层学校任教的积极性。农村教师队伍学历层次较低是影响教师队伍建设和教学质量的主要原因。国家实施"特岗计划"后,连续5年由中央财政直接支持,采取优惠的政策吸引高校毕业生去农村任教,有效地提升了农村学校教师的学历层次。按照"特岗计划"实施的有关规定,招聘人员必须具备大专及以上文化程度,以河南省为例,2009—2012年,河南省计划招聘人数为40 800名,其中,中央计划招聘20 800名,地方计划招聘20 000名。截至2012年9月,实际录取特岗教师共计40 508名(不含农村"硕师计划"),其中,中央计划招聘到的人数为20 588名,地方计划招聘到的人数为19 920名;小学教师的人数为18 268名,初中教师的人数为22 240名;具有硕士研究生学历的有248名,本科学历的有31 367名,其他学历的8893名;师范类毕业生26 363名,非师范类毕业生有14 145名(高闰青,2013)。在"特岗计划"政策的引领下,学历层

次在本科及以上的特岗教师占到了招聘总数的一半左右,使得许多农村学校第一次有了全日制本科学历大学生任教,也使许多农村学校第一次有了全日制硕士研究生学历的教师。"特岗计划"的实施,极大地优化了农村学校教师学历结构,提升了农村义务教育教师队伍的整体素质,解决了农村教师学历结构不合理的问题。并且,"特岗计划"明确提出了该计划的实施可与"硕师计划"相结合,即符合相应条件要求的特岗教师,可按规定推荐免试攻读教育硕士。特岗教师3年聘期视同"硕师计划"要求的3年基层教学实践。这一举措,既是对教师自身专业发展的完善,教师可以继续深造学习;同样也是推动乡村教师学历结构不断优化的重要措施。

(二)优化了农村义务教育教师的年龄结构

人们把农村义务教育教师队伍现状戏谑地描述为:"哥哥姐姐教高中,叔叔阿姨教初中,爷爷奶奶教小学。"尽管自国家加强"两基"建设与重视义务教育均衡发展以来这些尴尬的现状得到了明显的改善,但是我国农村义务教育教师队伍落后,教师老龄化、质量不高的现状依旧存在。教师老龄化、第一学历偏低、缺少正规的师范教育是这部分教师群体的重要特征。"特岗计划"的招聘政策规定:招聘对象以本科毕业生为主,可招少量应届师范类专科毕业生。该规定从学历层面确保了特岗教师的招聘质量,而且得到了较好的执行。2014年,在招聘到岗的67 372名特岗教师中,具有本科及以上学历的52 629人,占78.12%,较2013年提高了4个多百分点(柴葳,2015)。"特岗计划"的持续实施让大量第一学历为本科的年轻教师补充到乡村学校,极大地提高了农村义务教育教师队伍的整体素质。这些年轻教师上岗后,不仅打破了农村学校多年来未能补充新教师的沉闷局面,而且为农村义务教育教师队伍注入了新鲜血液,优化了农村教师队伍的素质结构,对农村教育事业发展起到了重要作用。河南省焦作市某山区小学校长在访谈期间说道:特岗教师的补充为学校的教师队伍注入了新鲜血液,他们年轻且极富朝气与活力,大大缩小了教师与学生之间的年龄差距,代沟也越来越小,很受学生喜欢。

(三)优化了农村义务教育师资队伍学科结构

在广袤的农村地区,农村义务教育教师的学科结构比例失调的现象尤为普遍,英语、音体美、计算机等学科的专业教师严重紧缺。有些学校虽然开设了英语、音体美等课程,却由主科教师兼任,教学质量得不到保证;有些学校因为没有这些学科的教师，索性取消了这些课程；更偏远的山区大都"一人一校"，教师要承担学校所有管理和教学任务，根本无法开设这些课程。与县城学校相比，农村地区教师学科结构极不合理，城乡差距过大。

"特岗计划"招聘的教师涵盖了各个学科，所以特岗教师到岗后，为学校补充了急需的专业教师。以河南省焦作市2009—2012年的专业教师补充数量为例，4年共补充农村义务教育阶段英语、计算机、音体美5门学科教师642名，其中，英语教师为331名，计算机教师为23名，体育教师为67名，音乐教师为110名，美术教师为111名。这些教师的补充大大地缓解了农村地区教师学科结构的失衡，帮助农村学校开齐课、开好课，有效地解决了"定岗不顶用"的难题（高闰青，2013）。正如河南省洛阳市洛宁县城郊乡第二初级中学的吴校长所说：以前学校的音乐课和体育课都不能保证正常开设，今年学校来了体育专业毕业的教师，帮助学校组建了篮球队；音乐专业毕业的王微丽老师来到学校后，五线谱、乐理知识第一次真正走进学生生活。[1]

过去农村地区师资匮乏，当地孩子得不到较好的教育，优质生源流向外地的现象比比皆是，加快了当地农村教育的萎缩速度。特岗教师的到来在一定程度上改变了这种状况，特岗教师年轻且富有朝气，容易与孩子打成一片；在衣着打扮方面，特岗教师时尚前卫；在言谈举止方面，特岗教师气质高雅；等等。这些方面对孩子们都容易形成极强的吸引力。另外，特岗教师掌握着先进的科学文化知识，在教与学活动中，可以满足孩子对未知世界的好奇心理，引领孩子探索未知世界的奥秘，孩子更倾向于与特岗教师亲近。同时，特岗教师在孩子面前也容易树立权威，起到示范作用，提升了学校的师资质量，出现部分学生"回流"的现象。特岗教师的加入也激活了暮气沉沉的校园，使学生对新鲜事物产生好奇，开始对学习产生了浓厚的兴趣，提高了当地适龄儿童的入学率，降低了学生的辍学率。以威宁县为例，自2006年实施"特岗计划"以来，全县儿童入学率增加了2%，辍学率降低了2.1%；初中阶段入学率增加了38%，辍学率降低了5.1%（郑新蓉等，2012）。

五、带来了良好的社会效应

"特岗计划"的实施还带来一些其他方面的社会效益，具体体现在三个方面。

---

[1] 程慧娟. 2011-11-25. 洛阳特岗教师流失率全国最低，他们为何选择留下. http://www.hteacher.net/jiaoshi/20111125/18285.html

①特岗教师带动了学校对现代信息技术的需求。特岗教师毕业于高等院校，接受过较好的计算机教育，可以熟练地操作电脑、多媒体等教学设备。在此之前，为发展农村地区义务教育，国家财政出资为农村学校购买了多媒体等教学设备，但一直苦于无人会操作，这些设备无法应用于教学。特岗教师的到来有效地带动了农村学校广大教师对现代教学技术特别是多媒体设施的使用。②有能力的代课教师转任为特岗教师。我国代课教师主要集中于村小和教学点，根据中国教育统计年鉴的数据，自 2006—2014 年我国乡村小学的代课教师数量已经从 25.4 万下降到 7.8 万。随着全国代课教师的逐步减少，特岗教师在中小学教师队伍中的比例越来越高，成为替换代课教师的重要对象。以贵州省为例，通过"特岗计划"吸纳了一部分有能力承担教学任务，且愿意致力于乡村教育事业发展的代课教师转任特岗教师，这样既化解了代课教师的"历史遗留问题"，又补充了农村中小学师资。③培养了一大批学校管理骨干和能手。年轻特岗教师不仅具有教学能力，还具备一定的管理能力。有些县（市、区）农村学校人才极度缺乏，对特岗教师进行全面考察后，让他们转任学校行政职务，如教导主任、校长等。大多数特岗教师具备先进的管理理念、开阔的视野，很快可以成长为学校教育行政管理领域和其他领域的能手。

第四节　特岗教师政策实施过程中存在的主要问题

"特岗计划"不仅是加强农村义务教育教师队伍建设的有效举措，而且在一定程度上缓解了高校毕业生就业难的问题。一大批高素质的特岗教师到农村学校任教，为广大农村义务教育注入了新鲜血液，带来了生机和活力，受到了广大农村学校和高校毕业生的普遍欢迎，并对提高农村义务教育教师队伍建设水平、推动县域义务教育均衡发展、促进教育公平发挥了积极作用。但是，从政策的角度来看，任何一项政策从政策制定到预期目标的实现需要经历一个复杂的过程。由于多方面的原因，特岗教师政策在实施的过程中，存在不少这样或那样的问题，这些问题如果不解决，势必会影响农村义务教育发展。

一、服务周期短，特岗教师对 3 年后的去向感到迷惘

教师的成长需要一定周期，西方学者休伯曼根据教师生命周期的研究指出，

教师入职后的 1—3 年为"求生与发现期"。新教师刚踏入新环境，没有实际的教学经验，往往会感到无所适从，极易因理想与现实的差距而产生失落感，担心自己在陌生的环境中无法生存，需要得到支持、理解和安慰。新教师直到教学的第5年，才能达到对教学活动驾轻就熟，从而进入"专业成熟期"（转引自张济洲，2012）。特岗教师聘期为3年，服务年限较短。一方面，教师在3年内难以迅速成长为熟练且经验丰富的教师；另一方面，教师对于自己3年服务期满后的去留难以确定，特岗教师在成长期内的迷惘可能会为打算报考或者即将入职的特岗教师带来一定影响。

二、地方财政压力大，特岗教师留任与否陷入困局

有学者曾把"特岗计划"中中央的投资行为与地方的承受能力比喻成3年与30年的关系，即中央承担了特岗教师3年的工资，期满留任后，地方需承担教师30年，甚至更长时间的工资及福利待遇，这样会使原本财政困难的贫困县雪上加霜，给其带来更大的经济压力和财政负担（高闰青，2013）。留任的"特岗教师"对当地政府而言，可谓是一块"烫手山芋"。特岗教师的留任，可以带给农村教育质的改变，但是巨大的地方财政压力又是不容忽视的；不留，无疑将会阻碍农村教育事业发展。因此，一些地方对于"特岗教师"的留任转正问题犹豫不定或者不予解决。

三、特岗教师生活、工作待遇不尽如人意，令他们萌生退意

（一）特岗教师待遇低，部分地区工资兑现困难

《教育部 财政部 人事部 中央编办关于实施农村义务教育阶段学校教师特设岗位计划的通知》对特岗教师的工资待遇做如下规定：特设岗位教师在聘任期间，执行国家统一的工资制度和标准；其他津贴、补贴由各地根据当地同等条件公办教师年收入水平和中央补助水平综合确定；特岗教师年收入水平原则上不低于当地同等条件公办教师年收入水平。[1]特岗教师在聘任期间，由中央财政负责其工资性支出，对于高出年收入部分，由地方政府承担。省级财政负责统筹落实资金，用于解决特岗教师的地方性补贴、必要的交通补助、体检费和按规定纳入当地社会

---

[1] 中华人民共和国教育部. 2006-05-15. 教育部 财政部 人事部 中央编办关于实施农村义务教育阶段学校教师特设岗位计划的通知. http://www.moe.gov.cn/jyb_xxgk/gk_gbgg/moe_0/moe_1133/moe_1338/tnull_19556.html

保障体系，享受相应的社会保障待遇（不含商业保险）应缴纳的相关费用，以及特岗教师岗前集中培训和招聘的相关工作等费用。然而，在政策实施过程中，地方政府并没有按照标准执行，一些地方并没有兑现特岗教师的津贴、补贴，特岗教师也未能享受当地公办教师的同等待遇，"三险"（失业保险、医疗保险、养老保险）更是无从谈起，教师的工资只有中央财政拨款的部分得到兑现。此外，《农村义务教育阶段学校教师特设岗位计划实施方案》中还提出："各受援县市和学校，要为特设岗位教师提供相应的周转住房和必要的生活条件。"①实际上，农村地方条件落后，一些学校为特岗教师提供的后勤服务十分有限，周转房条件简陋，蛇蚁蚊虫、房屋漏雨等现象司空见惯，就连日常饮水都十分不方便。问题积少成多，长期得不到有效的解决，直接影响了特岗教师的留任意愿。

（二）特岗教师"专业差距""教非所学"的现象严重，难以胜任教学工作

"特岗计划"允许非师范院校的全日制普通高校本科毕业生报考，这也就意味着特岗教师队伍中会存在一部分非师范院校毕业生。众所周知，教师是一个专业性很强的职业，非师范专业的毕业生缺乏教师职业所必需的教育理论知识与技能的学习与实践，对教师事业崇高的使命感与责任感认识不到位，对教师的职业角色理解不清，即使在准备选拔考试时，对教育学、心理学、新课程理念等内容也经过了认真备考学习，但与师范专业毕业生日积月累的学习相比，在教师的专业性方面还是存在不小的差距。由于缺少专业知识的沉淀和学科背景的支撑，一些非师范院校毕业的特岗教师在从事教学活动上存在一定困难，例如，教学技能运用不灵活，课后与学生、家长沟通不畅，难以应付日常教学工作，教学压力较大，等等。

特岗教师的"教非所学"，主要是由他们的专业匹配程度不高、所任科目繁多造成的。"特岗计划"没有明确说明特岗教师的条件及所需专业，报名考生基本上都是报考与自己在大学所学的专业对口的学科，但分配至农村中小学后，往往是哪个学科缺教师就教哪个学科。特岗教师在教师缺口大的情况下，往往要承担两门及两门以上的课程教学任务，超出了自己的知识范围，这不仅影响了教学质量，也加重了特岗教师的工作负荷，使其身心处于超负荷状态，容易产生对教师职业的厌倦。

---

① 中华人民共和国教育部. 2006-05-15. 教育部 财政部 人事部 中央编办关于实施农村义务教育阶段学校教师特设岗位计划的通知. http://www.moe.gov.cn/jyb_xxgk/gk_gbgg/moe_0/moe_1133/moe_1338/tnull_19556.html

（三）考取了公务员和其他事业单位，寻求更稳定、舒适的工作环境

目前的特岗教师大都出生于 20 世纪 80 年代末 90 年代初，他们既追求物质生活也追求精神生活，农村条件很难使他们的心理、精神需求得到满足。调查结果显示，他们当时报考特岗教师的主要原因分别为：找一份稳定的工作（40.85%）；为了支援农村教育（33.80%）；工作地点离家近（30.05%）；先找工作，再寻找其他就业机会（21.60%）；通过这种方式转为正式教师（20.66%）。不难看出，有一部分毕业生选择报考"特岗计划"，是想以此为跳板，利用这段工作时间、工作经历，重新规划自己的职业生涯，以选择更好的工作岗位和工作环境。另外，中小学教师工作时间固定，课余以及寒暑假时间较长，可以为特岗教师备战其他考试提供充裕的时间。因此，特岗教师工作不失为一个良好的临时性选择（王孜，王现彬，2016）。

四、特岗教师的"先天不足"与培训的"后天畸形"

2006 年，教育部提出，"特岗计划"要"严格掌握用人标准，以应届本科生为主"①。可见，"特岗计划"选拔特岗教师的标准更注重的是学历背景，而不是高校学生的专业背景以及教学实践背景，这便造成了经考试选拔出的特岗教师中，将存在一部分教师教育专业知识与技能"先天不足"的特岗教师。另外，培训的"后天畸形"是指特岗教师在专业发展的道路上得不到专业的指导，培训内容单一、缺乏针对性；培训流于形式、缺乏有效性；培训次数有限、缺乏机会。从而这些"先天不足""后天畸形"容易使特岗教师在教育教学活动中产生挫败感。

第五节 特岗教师政策实施中存在问题的原因分析

"特岗计划"的实施，加强了农村义务教育教师队伍建设，缓解了农村学校教师紧缺局面，为农村教育事业建设输送了高质量人才；同时也为就业困难的大学生提供了就业岗位，缓解了大学生就业压力，为大学生就业和农村教育发展之间架起了一座桥梁。不置可否，"特岗计划"可以称得上是一项利国惠民的政策，但

---

① 教育部. 2006-12-31. 教育部关于做好 2007 年农村义务教育阶段学校教师特设岗位计划工作的通知. http://www.moe.gov.cn/s78/A10/jss_left/moe_975/moe_1803/s3312/201006/t20100601_88569.html

是，在政策实施过程中也不可避免地出现了一些与政策目标相悖的现实问题，问题成因主要有以下四个方面。

一、特岗教师政策宣传及相关保障措施不到位

（一）前期政策解读和宣传工作不到位

做好政策的宣传工作是政策得以顺利实行的前提之一。"特岗计划"前期政策的解读与宣传工作不到位，导致招聘计划公布之初，很多高校毕业生对"特岗计划"这一政策并不是十分了解，也不能及时获得招聘信息，因而忽略或错过了报名时间。在"特岗教师"到任教学校报到后，多数任教学校领导及教师对"特岗计划"不了解，甚至有些学校领导认为特岗教师来到这里只是暂时性的过渡，并不会长期在此执教，会把特岗教师与其他普通教师区别对待，造成特岗教师得不到应有的重视，在生活和工作上缺乏归属感。而社会公众对"特岗计划"也不了解，认为他们前途渺茫。有些高校毕业生即便是考上了特岗教师岗位，在入职前也毅然决然的放弃，而另谋职业出路。

（二）特岗教师政策吸引力不够

"特岗计划"政策中的优惠政策内容对于大多数高校毕业生，尤其是从小生活在城市的80后、90后高校毕业生来说仍然缺乏吸引力。农村学校所在地远离市区，其环境与大城市繁华舒适的环境相比较，特岗教师在农村学校的工作环境艰苦，生活环境也非常简陋，日复一日、年复一年、千篇一律的工作状态和工作内容，让年轻的特岗教师疲于应对，久而久之，失去初来乍到时的新鲜感与好奇心理，再优厚的政策也难以对特岗教师产生吸引力。

（三）保障措施滞后于"特岗计划"的推进

配套措施的不完善是顺利推进"特岗计划"的巨大障碍。《教育部 财政部 人事部 中央编办关于实施农村义务教育阶段学校教师特设岗位计划的通知》规定：对聘期已满、愿意继续留在当地任教的特岗教师，要负责落实其工作岗位，将其工资发放纳入财政统发范围，保障其享受当地教师同等待遇。①调研发现，不少地方

---

① 中华人民共和国教育部. 2006-05-15. 教育部 财政部 人事部 中央编办关于实施农村义务教育阶段学校教师特设岗位计划的通知. http://www.moe.gov.cn/jyb_xxgk/gk_gbgg/moe_0/moe_1133/moe_1338/tnull_19556.html

存在期满留任后未能及时办理入编手续的现象,只是填写了转正审批表,并没有办理正式入编手续,相关待遇也没有落实,工资处于停发状态。期满留任不能及时入编,会严重挫伤服务期满的特岗教师继续在农村从教的积极性。并且,贫困地区财力困难,相关配套政策未能出台。特岗教师3年服务期内的工资主要由中央财政承担,而在特岗教师期满留任后,工资由地方财政承担,但是对财政困难、教师难以补充的贫困县(市、区)来说,3年后留任特岗教师的工资发放对他们将是一个重大的考验。

二、部分大学毕业生动机不正导致特岗教师队伍不稳定

流失率是衡量特岗教师政策的一个重要指标。选择"特岗计划"的大学毕业生想法各异:有的满腔热情,希望凭借一己之力改变农村教育现状;有的迫于就业压力,暂时选择特岗教师岗位;有的寻求安定,相中特岗教师的正式编制。于是,出现了部分特岗教师应聘后,要么不到岗、要么中途离岗、要么在岗消极怠工的现象。统计资料显示,特岗教师每年流失数以百计,特岗教师队伍不稳定。以河南省为例,每年都有一定数量的特岗教师流失,2009年招聘9849人,在岗9289人,流失率为5.69%;2010年招聘9980人,在岗9692人,流失率为2.89%(高闰青,2013)。在特岗教师3年聘期结束后,特岗教师流失现象依旧存在。据《中国教育报》的统计,自2009年以来,我国90%以上的特岗教师在3年服务期满后留任并转为当地在编教师。郑新蓉等(2012)研究也表明,特岗教师3年服务期满留任比率连续3年均达到87%以上。然而虽然3年聘期结束后特岗教师的留任率极高,但是留任后的特岗教师却存在严重的流失问题。有关调查结果就显示,特岗教师对工作和生活条件的满意度低,虽然大部分特岗教师在服务期满后表示会留任,但是有相当一部分人在关注各种招聘考试,流失意向强。

三、农村学校教师编制政策不完善

农村学校教师编制问题可以说是老生常谈的话题,也是影响特岗教师去留的重要因素之一。农村地区学校教师缺编现象普遍存在,主要表现在三个方面。①城乡教师编制标准不统一,影响特岗教师留任意愿。这对在小规模学校任教的特岗教师来说最为不利。编制设置缺乏公平性,造成了城乡之间教师编制分配上的不均衡,城镇教师掌握丰富的教育资源,并且编制数量远远多于农村学校教

师,使得城镇教师岗位更加具有吸引力,严重削弱了特岗教师的留任意愿。②农村学校教师结构性缺编导致特岗教师难以留任。不少农村学校教师总量符合规定的编制数或超过教师编制数,但部分学科编制数不足或实际数量不能满足实际教学需要,进而产生结构性缺编问题。农村中小学音体美、英语、计算机等专任教师严重紧缺,虽然有补充进来的特岗教师,但还是难以满足这些学校的实际需要,很多学校专业课教师不足一人,都是由其他学科的教师兼任。因此,按标准配置编制数量,会发现编制数量大于当前专业教师数量,不存在编制缺额现象。③农村学校"有编不补或有编难补"也影响特岗教师留任。"有编难补、有编不补"问题的源头在于教师编制管理与监督的不健全与滞后。"特岗计划"明确规定,在特岗教师服务期满3年后,在考核合格的基础上,将其纳入当地学校编制,特岗教师的工资将由当地财政负责。对于地方政府来说,每增加一名编制教师,就意味着财政多一份支出,对于大部分财政困难的县(市)而言,承担转为正式编制的特岗教师工资支出是一笔不小的费用,无疑是"雪上加霜"。因此,有些地区的学校,即便在编制数量充裕的情况下,并不急切地为期满留任的特岗教师落实编制,甚至在农村学校教师依旧紧缺的情况下,仍然隐瞒教师需求,拒绝接纳新聘特岗教师而宁可去支付较低的报酬去聘请代课教师。

四、特岗教师培训体系不完善

"特岗计划"的招聘对象以应届毕业生为主,其中包括一些不具有教育学历背景的毕业生以及非师范专业的毕业生。因此,他们的专业发展在很大程度上依赖职前和职后培训。在访谈中,一些特岗教师清楚地认识到培训对于他们自身发展的重要性,承认自己迫切需要课堂教学方面的培训,表达了自己希望参与培训的意愿。实际上,目前很多特岗教师除了参加过几天的岗前培训外,平常主要是通过听学校在任教师上课、同事评课等途径,提升自己的教育教学能力,改善自己的教学方法。这样的方式并不是十分专业,效果不尽理想,难以使其教学水平有质的提高。

调查结果表明,特岗教师的适应性与接受培训的效果呈显著正相关,特岗教师在入职前基本上都接受过岗前培训,但后续培训力度较弱。特岗教师在工作中所需支持反映最多的是优质的教学资源、外出学习、教研人员或专家指导三个方面。特岗教师获得的培训往往都是传统的培训,没有新意且往往不具备专业性和针对性。以威宁县一些规模小的村小、教学点为例,特岗教师比例高,有些学校完全由特岗教师构成，新老教师"传—帮—带"的学习机制都无法建立，再加上国培计划、省级培训等主要是针对在职在编的老教师，特岗教师能参加的高水平的培训机会少之又少，这对新入职的特岗教师的成长极为不利。目前，特岗教师的培训主要由县级教育部门承担，培训人员的素质有限，培训内容程式化，甚至很多时候为了节省成本干脆减少培训次数，这样便难以形成科学、有效的教师培训支持体系。

第六节 完善特岗教师政策的建议

完善"特岗计划"政策，吸引和鼓励更多优秀的大学毕业生能够投身农村教育事业，让农村中小学有更优秀的师资，以促进城乡义务教育均衡发展。

一、加强政策宣传力度，提升特岗教师吸引力

电视媒体、报纸期刊双管齐下，宣传特岗教师政策，弘扬特岗教师精神；在全国各高校对该政策进行宣传，部分地区的特岗教师招考恰逢高校毕业季，地方政府可以与学校合作，在学校召开宣讲会，普及"特岗计划"内容，为有意愿报考的高校毕业生详细解读该计划，使"特岗计划"深入人心，提高特岗教师吸引力。在宣传过程中，可适当在公共场所播放特岗教师的工作与生活的宣传短片，使更多人真正了解特岗教师的生活与工作，了解他们无私奉献、不畏清贫致力于农村教育事业的奉献精神。新时代需要人们讴歌赞颂特岗教师，寻找并树立教师楷模，积极宣传他们的感人事迹，从精神和道德层面充分宣扬这些教师的开拓、奉献与坚守精神。同时，在宣传过程中，也要重视特岗教师的生存与发展需求，利用媒体、舆论等监督机制，督促并保障特岗教师的利益得以落实，让他们的诉求得以表达，保证其利益不受损害。

二、切实保障特岗教师各项权益，解除他们后顾之忧

特岗教师最关心的就是编制和收入、生活方面的稳定性。报考特岗教师的大学毕业生多数来自当地农村家庭，高校毕业后回到家乡，一方面希望回报家乡，

发展家乡教育；另一方面希望提高社会地位且生活相对稳定。因此，要尽快完善特岗教师相关保障制度，解除特岗教师后顾之忧，让特岗教师安心地投入到教学生活中。

（一）提高特岗教师的工资待遇并督促落实

特岗教师在聘任期间，执行国家统一的工资制度和标准，其他津贴、补贴由各地根据当地同等条件公办教师年收入水平和中央补助水平综合确定。为提升特岗教师的吸引力，切实吸引更多优秀高校毕业生从事教育工作，应参照其他行业工资水平，并充分考虑特岗教师工作的特殊性与其所在工作区域的艰难程度，适当提高特岗教师的工资水平。在特岗教师的各项津贴、补贴方面，着重督促当地政府切实执行，及时发放特岗教师的津贴、补贴，不要让政策规定成为"一纸空文"。根据特岗教师的实际情况，可以综合考虑以下五种津贴、补贴：超出工作量的额外报酬、3年时间的机会成本补偿、农村教学点的交通补助、乡村教师生活补助、农村教师津贴。在提高和督促落实特岗教师待遇和津贴、补贴的同时，也要充分考虑到中央财政与地方财政的实际情况，均衡协调各方利益，公开透明。省级政府要认真核实全省贫困地区农村义务教育教师队伍建设的总量和缺口，核定县级财政不足以承担特岗教师的工资差额和社会保障部分的差额，并且在全省范围内进行统筹，保证特岗教师的工资和福利待遇全部按时足额到位。各级政府应采取有效措施，保证特岗教师工资按时发放，如中央政府要预先将特岗教师的工资按所报名额拨付给各省，各省在特岗教师到岗以后，根据各个县的实际特岗教师人数发放工资，之后再由各个省将特岗教师人数上报中央政府。

（二）着力解决特岗教师住宿和交通问题

2015年6月，国务院办公厅颁布的《乡村教师支持计划（2015—2020年）》明确规定：加快实施边远艰苦地区乡村学校教师周转宿舍建设。各地要按规定将符合条件的乡村教师住房纳入当地住房保障范围，予以统筹解决。但这一规定主要是针对在编乡村教师，对于3年之内还没有编制的特岗教师并没有相关说明，"特岗计划"中也没有明确说明如何安置特岗教师的住宿问题。因此，有条件的地区可以为特岗教师提供周转房等条件，满足他们的基本生活需要；在住房资源紧缺的农村学校，可以配备班车或者给予一定的交通补助，为特岗教师的出行提供方便。

（三）完善特岗教师专业与岗位对口政策

"特岗计划"对招聘对象条件、如何设岗、怎样招聘等方面都进行了详细设计，在向教育主管部门申报各学科特岗教师需求时，各县政府应注明具体学科的教师需求情况，省级教育部门将各县申报的学科教师汇总后，严格执行政策，在招聘特岗教师时，应充分考虑应聘高校毕业生所学专业，尽量做到专业与岗位需求对口。同时，针对音体美、计算机技术等专业教师短缺的情况，招聘特岗教师时可以适当降低条件，如配以少量应届师范类专科毕业生，吸纳有专业特长的高校毕业生，以改善特岗教师"教非所学"的现象。

三、制定科学合理的编制标准，解决特岗教师期满留任后编制难的问题

（一）制定科学合理的编制标准

编制标准是决定教师编制数量与配置的核心要素，制定合理的编制标准是统筹城乡教师、推动教育公平的重要体现。2014年，《中央编办 教育部 财政部关于统一城乡中小学教职工编制标准的通知》颁布。我们不难看出国家统筹城乡教师编制的坚定决心。然而，城乡教师编制标准的统一是一个漫长的过程，并不是一蹴而就的。我们可以在保证教育质量的前提下，根据中小学教师工作量，不搞全国"一刀切"，授权各省根据本地情况制定实施标准，依照编制数量，制订招聘计划，保障服务期满且考核合格的特岗教师可以全部如期转正，鼓励特岗教师留校任教。

（二）采用基本编制和附加编制的方法，对中小学教师编制进行动态管理

基本编制是指能基本满足中小学学校教育、教学工作专任教师、职工的需求人数。附加编制是学校因某些特殊情况必须增加的教职工人数。考虑到我国农村人口流动、撤点并校以及学校数目、分布等因素，加上农村地区教师工作辛苦以及由此产生的城乡教师分配不合理问题，国家有必要设立附加教师编制，适当增加教师编制弹性，对教师数量、结构以及分布实行动态化的管理，定期审核，随时调整。

（三）加强管理，健全编制管理和监督机制

建议中央制定和完善中小学教师编制的动态管理制度，并要求有关部门在贯彻落实国家中小学教师编制管理规定的基础上，出台具体管理办法。结合本地教育发展实际情况，以确保中小学教育教学工作正常运转和适度发展为基本要求，严格、及时和足额为农村中小学配备特岗教师。对中小学教师编制实行动态管理，建议规定每两年为一个核定编制周期。同时，建立编制管理有增有减的动态进出制度，规范使用和配置新编制，完善编制的退出机制（韩小雨，庞丽娟，谢云丽，2010）。尽量避免出现在编制数量紧张时超额聘请大量特岗教师，或是在有空余编制时不及时对特岗教师进行转正等现象。建议从中央到地方建立中小学教职工编制专项督查与年度报告制度，由各级编办、教育、财政等部门组成联合督察小组，对中小学教师编制核定与管理的情况进行专项督查，向上一级政府报送并向社会公布编制报告，利用政府和舆论媒体的监督力量，对违反规定的单位和个人严惩不贷，切实保障教师利益。

四、凸显特色、照顾差异，关注特岗教师真正需求与未来的发展

（一）将地方性知识纳入培训内容

地方性知识包括一个地区的生产生活、历史文化、传统民俗、民间艺术、地理景观和思想观念等。大多数特岗教师是从其他地方来到任教学校的，对于当地文化、风土民情、风俗习惯都不甚了解。在岗前培训中，如果适当加入地方性知识，新聘的特岗教师就可以对当地情况有所了解，也可以很快地了解学生，在教学中将教学内容与学生原有知识经验结合起来，使教育教学效果更好；同时也有助于减少特岗教师与学生家长和同事交流与沟通的阻力。

（二）丰富特岗教师的岗前培训模式

除了在培训内容上要兼顾本地特色外，还应不断丰富特岗教师的岗前培训模式，将传统的填鸭式培训与实际教学技能需求等多种培训形式结合起来。特岗教师年轻、有活力、上进心强，对于新知识能快速理解掌握，即使是非师范专业的特岗教师，在理论与实践相结合的培训下，也可以快速掌握教学技能。因此，在培训形式上，建议使用"送教下乡""现场指导"等培训模式，将优秀的国家级、省级、县级名师请到农村学校，通过示范课、同课异构等更具操作性的方式帮助

特岗教师提升教育教学能力。

(三)提供差异化的培训

特岗教师的来源存在差异,使得他们对培训的需要也存在差异。对于非师范专业毕业的特岗教师来说,传统的培训治标不治本,他们缺少的不仅是对教师职责的了解,还有对教学方法的掌握;而对于师范专业毕业的特岗教师来说,讲授式的岗前培训内容和大学没有太大的区别;对于重新加入教师队伍的师范毕业生来说,无论是教育学知识还是教学技能都已略显生疏。因此,我们需要在培训中充分考虑到不同来源的特岗教师之间的差异,制定差异化的培训课程,才会切实帮助特岗教师胜任教学工作。因此,要考虑在培训内容、培训时间、培训形式和培训方式上,尝试探索分学段、分学科、分专业出身的差异化的培训模式,不断增强培训的适切性,尽量满足所有特岗教师的不同培训需求。

(四)帮助特岗教师做好职业生涯规划

特岗教师关于职业的看法、期望和打算,关系到他们的职业发展方向,关系到他们能否长期致力于农村教育事业。因此,学校需要帮助新聘特岗教师做好职业生涯规划,及时解决他们心中的困惑、迷惘,引导特岗教师规划自身的职业生涯,设立短期、中期、长期目标,逐步提升自身能力,达到既定目标,实现工作带给自己的满足感,立足农村基础教育,制定长远的职业规划,一步一个脚印地实现自身的成长。

第五章　案例研究：江西省定向免费师范生政策

农村教育是基础教育的重中之重，而发展农村教育的关键在教师。目前，江西省农村中小学存在教师数量不足，素质偏低，老龄化，优秀教师流失严重，学科结构不合理，英语、信息技术以及音体美等学科教师严重缺乏等问题。这些问题已严重影响学生的健康成长和素质教育的开展。定向培养农村中小学教师，对建设一支数量适当、素质良好、结构合理、相对稳定的农村中小学教师队伍，对巩固提高农村义务教育、促进教育均衡发展、构建社会主义和谐社会，具有重要的意义。

第一节　江西省定向免费师范生政策的主要内容

2007年6月，为了进一步优化农村教师队伍结构，加强农村教师队伍建设，促进教育均衡发展，江西省教育厅、发展和改革委员会、人事厅、财政厅及省编办等共同决定实施"定向培养农村中小学教师工作方案"，由此开始进行定向免费师范生政策试点工作。

江西省"定向培养农村中小学教师工作方案"主要包括四个方面的内容。①招生计划。各县（市、区）教育局在准确统计本地教师需求的基础上，按照"十一五"期间将中小学教师编制缺额补满和代课教师全部清退的总体目标要求，会同发展与改革委员会、人事、财政、编办等部门制订县（市、区）分年度定向培养农村中小学教师的需求计划。市教育局于每年2月底前将各县（市、区）定向培养农村中小学教师的需求计划报省教育厅。全省每年安排专科层次定向招生计划 5000 名左右，用于定向招收初中毕业生"五年一贯制"、高中毕业生三年制师范专业学习，招生计划单列。教育厅、发展与改革委员会将根据各地需求计划将招生计划统一分配落实到培养院校，培养院校根据招生计划对报名参加定向培养的学生进行择优录取。录取名单报当地教育、人事部门备案。正式录取的学生必须与需求县（市、区）教育局、培养院校签订《农村中小学教师定向培养协议书》，该协议书必须明确其定向就业的乡镇及以下农村中小学校。②培养模式。小学教师培养不分专业，采取"全科型"模式，学生毕业后要掌握教育教学知识和技能，具备良好的学科知识和能力结构，能较好地胜任小学所有学科的教学。各培养院校要整合校内资源，成立专门的教学部，按照省教育厅制定的小学教师培养课程方案进行教育教学，确保培养质量。③生源选拔条件。主要包括：参加中考或高考且成绩优秀的应届初中或高中毕业生；热爱祖国，热爱教师职业，品行良好，遵纪守法，志愿从事农村中小学教育事业；身体健康，参照《普通高等学校招生体检工作指导意见》体检合格。④毕业生的使用。定向培养的毕业生按照"直送直派"的原则，由省教育厅根据《农村中小学教师定向培养协议书》一次性将毕业生派遣到指定乡镇学校，不得改派。毕业生回协议县（市、区）乡镇中小学服务不少于 5 年。定向培养的学生学业合格、品学兼优，各门课程成绩 85 分以上的予以办理相应层次的教师资格证，直接回协议县（市、区）乡镇中小学任教。县（市、区）教育局未能落实定向培养毕业生就业的，省教育厅将通报批评并核减该县第二年定向培养计划人数；定向培养毕业生不履行定向培养协议的，要按定向培养协议承担违约责任。①

第二节 江西省试点县定向免费师范生政策实施情况

我们对江西省定向免费师范生政策试点县崇仁县和上饶县进行了调查，这两个县的做法如下。

一、江西省崇仁县

2007 年，江西省崇仁县计划定向培养 40 名，其中，定向招收初中毕业生"五

---

① 江西省机构编制委员会办公室. 2007-06-06. 关于印发《江西省关于定向培养农村中小学教师工作实施方案》的通知. http://www.jxedu.gov.cn/info/1098/38225.htm

年一贯制"35名,定向招收高中毕业生三年制5名,毕业后全部安排到小学任教。2009年,该县计划定向培养100名,其中,定向招收初中毕业生"五年一贯制"77名(其中,统招为17名,小学为60名),定向招收高中毕业生三年制23名(文科生为11名,理科生为12名)。主要培养全科型教师,只分文理科,不分专业。2010年,该县计划定向培养60名,其中,定向招收的初中毕业生"五年一贯制"全部面向缺编小学乡镇招生,定向培养毕业后分配到各乡镇中心学校。2011年,该县计划定向培养农村小学教师五年制46名,幼儿教师三年制15名和五年制15名。结合农村小学、幼儿教师特点以及课程改革的需要,定向培养的农村小学教师按照小学教育(文、理)专业,幼儿园教师按学前教育专业培养全科型教师,所有培养对象除了要进行基础文化科目学习外,还要进行音体美、书法、绘画等学科的学习,这样毕业后分配到农村的村小、乡镇幼儿园能适应多学科教学的需求,有利于解决专业教师不足的问题,有利于全面实施素质教育。同样,2012年和2013年分别计划定向培养农村小学教师46名,幼儿教师三年制15名和五年制15名。

二、江西省上饶县

2008年,江西省上饶县计划定向培养126名,其中,定向招收初中毕业生"五年一贯制"84名,定向招收高中毕业生三年制42名(文科生为21名,理科生为21名),毕业后全部安排到小学任教。2009年,该县计划定向培养100名,其中,定向招收初中毕业生"五年一贯制"77名(其中,统招为17名,小学为60名),定向招收高中毕业生三年制23名(文科生为11名,理科生为12名)。主要培养全科型教师,只分文理科,不分专业。2010年,该县计划定向培养60名,其中,定向招收的初中毕业生"五年一贯制"全部面向缺编小学招生,定向培养毕业后分配到各乡镇中心学校。2011年,该县计划定向培养114名,其中,定向招收的初中毕业生"五年一贯制"全部面向边远乡镇缺编小学乡镇招生,定向培养毕业后分配到各乡镇小学教学点。小学教学点教师的培养不分专业,采取全科型教学模式,学生毕业后要掌握教育教学知识和技能,具备良好的学科知识和结构,能较好地胜任教学点所有学科教学。2012年,该县计划定向培养农村小学教师30名,全部面向缺编小学教学点乡(村)户籍生源招生。录取时,先录取户籍在教学点所在村达到最低录取分数线的考生;多余名额从高分到低分录取在教学点所在乡镇达到最低录取分数线的考生。2013年,该县计划定向培养农村小学教师70

名，全部面向户籍在边远且缺编小学所在乡镇（定向到村教学点的报考对象必须具备该教学点所在行政村户籍）的 2013 年应届初中毕业生招生，定向培养毕业后分配到考生所在教学点任教。若本行政村生源不足，则将计划招收名额转入本乡镇定向统招。

第三节 江西省试点县定向免费师范生政策取得的初步成效

根据我们对江西省试点县定向免费师范生政策实施情况的调查，该政策实施5年来，已经取得了初步成效，在缓解农村基层学校师资严重短缺、促进义务教育均衡发展等方面做出了巨大的贡献。

一、定向师范生的生源质量好

优质的定向师范生生源是保证质量的根本前提。根据我们对江西省崇仁县和上饶县的调查，每年中考报名时，县教育局都组织教育局骨干力量，由各科室领导带队到乡镇各中学，大力宣传江西省定向免费师范生政策，动员学习成绩好、素质全面的学生积极报考。各县（市、区）教育主管部门，对上线考生按政策进行面试，了解考生的基本情况和思想动态，挑选有培养前途、综合素质高、乐于为家乡教育事业服务的考生进入定向生计划。这样则确保了优质的定向师范生生源。据崇仁师范学校校长介绍，定向师范生的生源素质良好，2012 年，定向师范生录取分数线超过了临川教育集团高中录取分数线，最高分达 697 分。江西省崇仁县和上饶县教育局负责人也表示，报考"3+2"形式定向师范生的学生的中考成绩普遍很高，一般要高出县一中录取分数 50—60 分，最高的要高出 100 多分。这些定向师范生平时都是所在学校最优秀的学生，综合素质高。根据我们对这两个县定向师范毕业生的访谈也证实了这一点，他们的中考分数都远远超过县一中的分数线，而且平时也是所在学校学习成绩的佼佼者。之所以选择报考定向师范生，主要是考虑到毕业后有一个稳定的职业，且在本乡或本村工作，离家里近。我们在这两个县一些农村基层学校调研时发现，这些学校的校长对定向师范生政策非常支持，其原因之一就是定向师范生生源质量高，有些定向师范生本身就是所在学校学习成绩的优异者。这些学校的校长均表示，有了优质的生源，定向师范毕业生的质量才有可能得到保证。

二、定向师范生培养质量高

以江西省崇仁师范学校为例，根据调查，定向师范生的培养非常注重培养质量，自2007年以来，他们主要进行了以下三项工作。

其一，以制度为导向，夯实定向师范生的专业知识基础。定向师范生是带着就业协议来读书的，工作有一定的保障，因此，有些定向师范生容易产生一种"船到码头车到站"的思想，在学习上表现为不思进取。为有效遏制这种不良思想，学校制定了《定向生学籍管理条例》《关于加强教学管理的若干规定》，用制度来促使定向师范生努力学习，不断提高自己的专业素养。一是实行升留级、试读、重修制度，化学习压力为动力。对定向师范生实行语文、数学、外语重点科目统考，其他科目抽考的方式。目前，该校2007级和2008级定向师范生中共有6人获留级处分，6人被做劝退处理。二是设立"学生特长奖"，激发学生的学习兴趣。例如，设立"创新奖"，培养学生的创新能力，学生经过训练指导，能够做到"举一反三""触类旁通"。如学生在手工制作训练时，萌发出各种奇思妙想，把废纸化为纸浆，染上各种颜色，创作出独具风格的"纸浆画"，得到了省市教育专家的称赞。通过以上措施，该校学生的计算机等级考试、英语四六级考试通过率在全省同类学校中名列前茅，此外钢琴等级考试、"专升本"考试也是捷报频传、佳音频来。

其二，以能力为重，狠抓教学技能基本功的训练。学校制定了《师范定向生教师职业基本技能训练考核实施办法》，编写出版了《教师职业技能训练系列教程》，并将教师职业技能训练作为定向师范生的必修课排进课程表，规定每天下午第三节课为教学基本技能训练课，并派教师进行指导、检查，保证了学生基本技能训练的时间和效果。同时，严格标准，逐项考核，人人过关，不过关不予毕业，不予办理教师资格证。通过强化技能训练，将学生培养成为高素质、综合性教学人才。学校每年邀请县市有关部门领导和专家到该校现场检查定向师范生的"三字一画"、琴法、舞蹈等基本技能，定向师范生的现场表演及汇报赢得了领导和专家的好评。2012年6月，江西省教师队伍建设工作会议在该校召开，定向师范生的教学实践技能的汇报，博得了与会代表的高度评价。该校推行"知行合一"的教学理念，注重学生实践能力的培养。一是开展周检评活动，提高学生自我管理能力，为他们以后走上工作岗位，适应农村小学的工作和生活环境打下基础。二是重视实践教学，提升学生的教育实践能力。规定学生前两个学年每学年要完成两次见习任务（城镇小学、农村小学各1次），从第三学年开始每学年要设计两个教案（基础学科、素质学科各1个）、两个说课稿（基础学科、专业方向学科各1个）、两个教学片段（基础学科、专业方向学科各1个）、两篇教育教学叙事。通过"学—练—试—行"模式，将定向师范生培养成为"知行合一"的、能够适应农村基础教育发展需要的复合型教师。三是开展社会调查活动，增强学生对社会的了解和体验。每个寒暑假，由校学工处、团委制定社会调查课题下发到每个定向师范生手中。通过调查，让他们感到自己从事小学、幼儿园教育工作是天地宽广、大有作为的，能更坚定他们扎根家乡教育事业的决心和信念。

其三，抓住关键环节，确保培养质量。学校主要抓以下四个环节。①严把入学关。定向师范生一入学，学校便对他们进行为期一周的入学教育和军训，统一他们的思想，磨练他们的意志，规范他们的行为。②为加强定向师范生的感知，学校开展"一日观摩"活动。让新生一进校就走入小学、幼儿园，接触小学生和幼儿，让定向师范生了解未来的工作岗位，感受小学、幼儿教育的职业特点，清晰工作环境和能力要求，对自己所学专业有初步认识。定期播放优质录像课，让学生观摩小学、幼儿园实景教学，并讨论、分析和总结，提高对小学、幼儿园教学的感性知识，及早明确自己的人生定位。③严把考试关。学校实行教考分离，以考风促学风和教风。考试中不及格的科目在下学期开学时需要补考，补考后仍不及格的，学生必须重修该课程。同时，学校严肃考风考纪，对在考试中违纪的定向师范生，相应的考试科目记为零分，不能参加每学期开学组织的正常补考，处理结果书面通知学生本人及生源所在地县教育局，该课程毕业前进行补考，补考不及格缓发毕业证。④严把管理关。学校实行定向师范生返回生源县顶岗支教实习（先集中在各县的城区或条件相对较好的学校进行一段时间的实习，在接受了省级、市级教学名师或学科带头人指导进行规范训练后，再分散到各自的签约定向学校进行实习），实行"双导师制"下的师徒制管理。

三、定向师范毕业生能扎根农村基层学校

农村基层学校生活条件普遍较差，文化娱乐活动几乎无法开展，有些学校甚至连教师最基本的食宿问题都难以解决，其困难可想而知。因此，农村基层学校

需要"待得住，留得下"的教师。研究证明，定向师范生能甘耐寂寞，长期扎根农村基层学校，主动为农村基层教育奉献自己的青春。例如，江西省崇仁县河上镇中心学校甘校长认为，与社会招聘的院校大学毕业生相比，他更喜欢定向师范毕业生。因为他们是本村或本乡人，不用担心他们的食宿问题，而来自其他县（市）的大学毕业生，要留住他们在农村初小或教学点任教，其食宿和安全问题是令学校非常头疼的一件事情，尤其是目前社会招聘的大学毕业生中女孩子居多。

同时，来自本乡本土的定向师范毕业生的责任心似乎更强一些，原因是他们有一种服务家乡农村教育的责任心和使命感，而其他社会招聘大学毕业生的责任心和使命感相比较而言要弱得多。还有，定向师范生起点较低，均为大专生，且在上学之初就将自己定位于农村小学教师，毕业后能安心在学校任教，工作积极性较高；而其他院校的毕业生到初小或教学点任教似乎是无奈之举，他们普遍不太安心在那里任教，总想寻找机会调往城区任教或报考公务员，所以他们的工作积极性也要低一些。上饶县湖村中心学校王校长认为，和"特岗计划"相比，定向师范生政策更符合目前我国农村教育实际。因为定向毕业生均是本乡本土人，他们上学初就明确自己将来是农村小学教师，所以他们都能安心任教，而"特岗生"一般都不安心工作，总想寻找机会报考公务员或考研。据江西省崇仁县教育局陈科长介绍，2012年，34名首届定向师范毕业生去签约学校任教后工作一年了，还没有一名毕业生违约，学校领导和教师都对这些定向师范毕业生评价很高，和"特岗生""资教生"等相比，他们认为定向师范毕业生更能扎根农村，为农村基层教育增砖添瓦。同样，上饶县教育局刘副局长也非常赞同这个观点。她认为，"特岗生""资教生"等工作不安心，原因是多方面的：①他们普遍认为自己是精英，不应该长期在农村基层学校任教，这里的生活和省城大学的生活相比简直是天壤之别；②和自己高考分数相近的同学相比，自己长期在农村基层学校任教不甘心；③农村基层学校条件太差，根本不适应。而定向师范生思想比较单纯，又是本乡或本村人，完全能适应农村基层学校的生活。该县定向培养去农村教学点任教的毕业生目前无一人违约。

同样，我们与江西省上饶县和崇仁县定向师范毕业生的访谈也证实了这一点。例如，上饶县湖村乡中心小学的李老师，2012年毕业于上饶师范学校。对比同龄人，她觉得自己比他们好；对比在外打工的同伴，她觉得自己的工作较为安稳。她认为，"在本地教学比在外打工好多了，打工不稳定，这里的同事都是我当初的老师，很亲切，有归属感"。她一再表示，"我是本村人，我愿意在这里工作一辈子"。崇仁县三河乡塔上村级小学的杨老师和陈老师，2012年毕业于崇仁师范学校。目前她们已在这所村级小学工作近一年了，家住邻村，走路半个小时就可以回家，她们表示已经习惯了农村小学教师的生活方式。当初选择成为定向师范生，主要是家里人的意愿，现在自己也比较满意。她们在这所村级小学和学生相处很愉快，愿意在这里工作一辈子。工资虽然不高，但是有休息日可以做自己的事情，工作压力也不太大。这两位教师均表示认同这份职业，表示"选择了就会干一辈子"。同样，我们对江西省崇仁师范学校和上饶市师范学院的首届定向师范毕业生进行问卷调查，当问到"你是否愿意在农村中小学任教"的问题时（图5-1），回答"非常愿意""愿意"的分别占34.2%和45.7%，回答"一般"的占10.7%，回答"不愿意""非常不愿意"的分别仅占6.4%和3%。可以看出，绝大部分定向师范生愿意毕业后在所在的学校工作一辈子。而2012年，我们对六所部属师范大学的首届免费师范毕业生调查时，就"我愿意长期在基层学校任教"问题而言（图5-2），分别仅3.5%和18.9%的免费师范毕业生回答"非常符合""比较符合"，回答"一般"的占32.9%，回答"不符合""非常不符合"的分别占32.8%和11.9%。这表明，和部属师范大学免费师范生相比，定向师范生更愿意长期在农村基层学校任教。

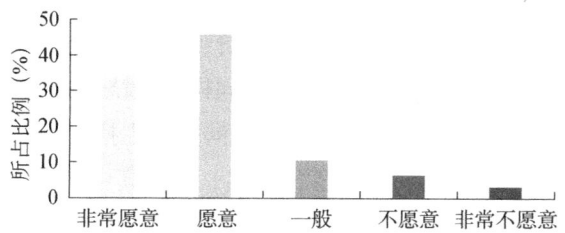

图 5-1　首届定向师范毕业生是否愿意在农村中小学任教的调查结果

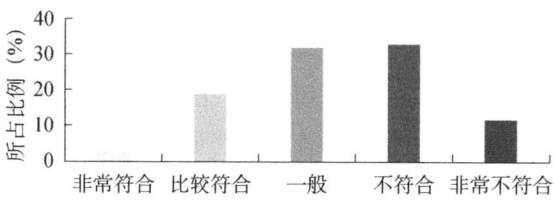

图 5-2　部属师范大学首届免费师范毕业生是否愿意长期在基层学校任教的调查结果

四、有效地缓解了农村偏远学校师资严重短缺的局面

我国地区间的经济社会发展水平存在差距，特别是经济发展落后的农村偏远学校，长期以来在以市场为主导的教师资源配置方式下，农村偏远学校吸引不了优秀人才，导致其教师严重短缺、整体素质偏低，已经严重影响到区域内义务教育均衡发展。事实证明，定向免费师范生政策有效地缓解了农村偏远学校师资严重短缺的局面。以我们调查的江西省崇仁县和上饶县为例，在实施定向免费师范生政策以前，崇仁县农村偏远学校师资短缺问题是令该县教育主管领导最头疼的一件事情。不仅大学毕业生不愿去农村偏远学校任教，一些在那里工作的教师都想尽千方百计调往条件好的学校。每年到了开学前，这些教育主管领导都为农村偏远学校的师资问题伤透了脑筋。2007年定向免费师范生政策实施后，该县根据5年后中小学教师退休人数，按照"退一补一"的原则，实施定向师范生招生计划。2007—2009年，分别招收初中毕业生五年一贯制34名、65名、70名，招收高中毕业生三年制5名、15名、23名。2010年，招收初中毕业生五年一贯制60名。2011—2013年，分别招收初中毕业生五年制46名，初中毕业生三年制15名。自2011年起，每年都有一定数量的定向师范毕业生充实到农村偏远学校，他们全部是本村或本乡人，能长期在那里任教，这就大大缓解了农村偏远学校师资严重短缺的局面。该县教育局负责人认为，定向免费师范生政策坚持5—10年，该县农村偏远学校师资问题就可以基本得到解决。同样，上饶县根据5年后中小学教师退休人数，按照"退一补一"的原则，实施定向师范生招生计划。2008—2009年，分别招收初中毕业生五年一贯制84名、77名，招收高中毕业生三年制42名、23名。2010—2013年，分别招收初中毕业生五年一贯制60名、114名、30名、70名。该县教育局副局长认为，同"特岗生"相比，他们认为农村偏远学校更喜欢定向师范生，原因很简单，"特岗生"是"飞鸽牌"的，3年后有可能会"飞走"，而定向师范生是"永久牌"，很有可能一辈子在那里任教。农村偏远学校地理位置偏僻，条件艰苦，急需大量"待得住，留得下"的大学毕业生。因此，定向免费师范生政策是有效缓解当前农村偏远学校师资严重短缺局面最有效的措施之一。

五、大大提升了农村基层学校教育质量

教育质量是学校生存和发展的生命线。要保证农村基层学校可持续发展，教

育质量尤为重要。事实证明，江西省定向免费师范生政策的实施，显著提升了农村基层学校教育质量，得到了所在学校领导的充分肯定。定向师范生年纪轻、接受新生事物快、态度认真、责任心强，且受现代教育的影响，在尊重学生人格、教师个人素养和工作主动性等方面占有很大的优势。例如，江西省崇仁县河上镇中心学校甘校长指出，河上镇中心学校近两年共引进了9名定向师范毕业生，其中，2012年引进了3名，2013年引进了6名。这9名定向毕业生中，来自县城的有5人，来自本乡的有2人，来自附近乡镇的有2人。目前，有2人在中心小学任教，其余7人在初小任教，他们在崇仁师范学校接受的是全科型教学，语文、数学、英语都要进行系统学习，这就非常符合农村基层学校的实际。当地需要全科型教师，哪门学科缺教师就上哪门课程，哪所学校缺教师就去哪所任教。定向师范毕业生刚来校不久，当地的教学面貌就焕然一新，以往初小没有开设的英语、音体美和科学等学科全部到位，教育质量得到显著提升。上饶县湖村中心学校王校长认为，"特岗生"一般都是大学本科毕业生，有些还没有接受过师范教育，这些"特岗生"和定向师范毕业生相比，其教学效果明显赶不上定向师范毕业生。他认为，农村小学不需要本科毕业生，有大专科班出身的师范毕业生就行了。小学教学更需要教学基本功扎实、工作认真负责、有爱心的教师，有些本科毕业生缺少基本教学技能和工作责任心，难以适应农村小学教育的实际情况。

江西省上饶县清水乡中心学校校长指出，目前，清水乡中心学校下辖初小的英语教师严重短缺，基本上没有专职的英语教师，以往初小英语根本无法开课。为了缓解这一严峻的形势，当地采取了"走教"的形式。中心学校共有5名英语教师，其中3名是定向师范毕业生。这3名定向师范毕业生中，有2名男生和1名女生。据初小的负责人反映，他们均是科班出身，英语基础较好，发音标准，工作认真负责，其英语教学很受学生欢迎。清水乡中心学校下辖初小全都开设了英语课，教学效果还不错，全乡初小教育质量整体提升了。另外，据上饶县和崇仁县教育局负责人介绍，定向师范生的教学基本功扎实，尽管他们去农村基层学校工作才一年，其教学效果普遍得到所在学校领导的充分肯定；在全县各类教学比赛中，这些定向师范毕业生的成绩均遥遥领先。教学比赛是日常教育活动的重要组成部分，省、州、市、县、镇、校等单位定期举行教学比赛，参与比赛的教师均代表本校或本地区某一学科最高水平。定向师范生能在全县教学比赛中脱颖而出，表明他们能力出众。他们在农村偏远学校任教，能显著提升学校教育质量。

第四节　江西省定向免费师范生政策实施过程中存在的主要问题

我们在对江西省试点县定向免费师范生政策的调研过程中发现，虽然该政策在实施过程中取得了成效，但同时由于种种原因，定向免费师范生政策在实施过程中也存在不少问题。如果这些问题得不到及时解决，则会直接影响到该政策的顺利实施。

一、教育经费问题

据崇仁师范学校校长介绍，该校在校生有4600多人，而国家每年下拨经费仅有353万元，而20世纪80年代，初中等师范学校下拨经费为每名学生1200元。也就是说，目前国家对定向师范生的经费支持很少。事实上，定向师范生享受的是中等职业免费教育政策，即每名学生每年享受1500元的补助，为期两年。自2012年开始，该校定向师范生前三年享受免费教育政策（即享受中等职业教育农村生源免费政策），但在第四、五年却不能享受国家免费教育政策，每年还要缴纳5000元的学费，这对于来自农村的孩子来说，是一笔不小的数目。同部属师范大学免费师范生的工作地点相比，该校培养的定向师范毕业生全部去农村初小或教学点工作，他们的生活环境恶劣、工作条件艰苦，却不能和部属师范大学师范生一样享受师范生免费教育政策。因此，彭校长认为，目前国家应该对定向培养农村小学和幼儿园教师的学校在教育经费上给予更多的支持。

二、生源性别问题

据崇仁师范学校校长介绍，目前该校培养的定向师范生中，近95%的学生是女性，这对于我国农村教育非常不利，若干年以后，农村教师女性化倾向会非常严重。造成这种局面的原因是多方面的，其中一个重要的原因是农村教师待遇过低，教师岗位缺乏足够的吸引力。抚州市农村小学教师每年收入大多在25 000—30 000元，远远赶不上外出打工者的收入。这样的收入对于要养家糊口的男教师来说，的确是杯水车薪。因此，彭校长认为，要解决这个问题，除了上级教育主管部门采取一定的措施招收一定比例的男性师范生以外，从根本上还要提高农村中小学教师的待遇，让他们能过上体面的、有尊严的生活。同样，江西省崇仁县教育局副局长也对此表示忧虑，她认为，定向师范生中绝大部分是女生，长此以往的话，对本地农村教育发展很不利，其个人婚姻问题也是一件难事。针对这个问题，除了采取一定的激励措施鼓励男生报考外，可以适当提高农村偏远学校艰苦地区教师的津贴，让他们愿意留在农村基层学校长期任教。

三、定向师范生生活困难问题

根据我们对崇仁师范学校和上饶师范学院的调查，定向师范生绝大部分来自农村，而且大部分家庭比较困难。有些学生正是因为家庭经济困难，难以承受普通高中乃至大学的学习费用，才选择定向师范生。我们通过对这些定向师范生进行访谈得知，他们目前最大的困难就是生活压力大。有些定向师范生告诉我们，他们平时生活很节俭，基本上不敢买零食吃，但每月至少要花500元。有些定向师范生说，自己的父母常年在外地打工，收入也不高，还有弟弟妹妹也要上学，有时真想自己辍学打工赚钱。同样是师范生，定向师范生毕业后要去农村偏远地区初小或教学点工作；而部属师范大学师范生毕业后去农村中小学任教的很少，却也享受免费待遇。

四、师范学校师资问题

目前，崇仁师范学校位于崇仁县，学校位置较为偏僻，且不在大中城市，因此不少研究生不愿来该校任教。另外，学校没有人事权，招聘教师必须经过全市统一的考试，而且考试和定编的时间进度不一样，导致不少优秀的研究生不愿等编，因而师范学校出现了招聘教师难的尴尬局面。

第五节 完善江西省定向免费师范生政策的建议

针对江西省定向免费师范生政策实施过程中存在的主要问题，结合当前我国农村义务教育教师补充的现状，我们提出如下建议。

一、确保定向师范生能完全享受到免费教育政策

从产品的属性角度来看,教师教育产品虽然属于准公共产品,但它本质上却拥有更多的公共产品的特征,其公共产品特性明显多于私人产品的特性,是一种更接近于公共产品的准公共产品(闫建璋,2007)。定向师范生服务的对象是中西部农村偏远学校,而基础教育是一种正外溢性很强的地方性公共产品,因为其服务对象通过高校进一步深造,毕业后往往会选择留在流入地或其他经济发达地区发展。因此,根据公共财政的基本职能,国家必须对定向免费师范生政策给予一定的支持,目前定向免费师范生政策的经费来源主要是省级政府以及中职经费,国家基本上没有进行额外投入。众所周知,定向免费师范生政策主要是为农村偏远学校尤其是农村初小和教学点解决师资问题,定向免费师范生教育是一种典型的正外溢性地方性公共产品,理应得到国家和地方政府的大力支持,因此,建议国家要给予一定的经费支持,其支付的比例可以参照农村义务教育经费保障机制的比例,即中央政府和省级政府按照中部地区6∶4的比例、西部地区8∶2的比例负担。

二、设立定向师范生奖励基金

美国行为科学家唐纳德·怀特曾说:激励是一个人的需求和它所引起的行为以及这种行为希望达到目标之间的相互作用关系(唐纳德·怀特,大卫·B.贝登纳,1989)。为了激励更多的优秀初高中毕业生积极报考定向师范生,师范院校要设立定向师范生奖励基金,对那些立志在中西部农村偏远学校长期任教的优秀定向师范生给予一定的奖励,其奖励资金额度不少于5000元,其奖励比例不低于定向师范生的30%,以激励他们毕业后投身农村教育,为农村教育健康稳定发展贡献自己的青春。

三、加大农村偏远地区教师补贴力度

1996年,国际教育大会指出,"应该给农村边远地区的小学教师提供补偿措施,例如,给予特殊津贴,对边远地区或不利于健康的地区的教师,定期观察,为教师提供住房、娱乐设备以及免费交通工具,对教师的家属给予免费的医疗服务,为其子女提供寄宿和学习便利设备"(赵中建,1997)。目前江西省农村偏远

学校普遍实施农村教师补贴制度，其补贴额度也一直在逐年增长。但和定向师范毕业生以及农村偏远学校教师的基本需求相比，还是远远不够的。因此，建议省级政府继续高度关注农村偏远学校的师资问题，加大农村偏远地区教师的补贴力度，其金额达到农村偏远地区教师基本工资的50%—100%，让这些定向免费师范毕业生通过成本收益的比较，觉得自己长期留在农村偏远学校任教的回报多于付出，他们的工作积极性则会显著提升。

第六章　案例研究：湖北省新机制教师政策

随着城镇化建设的快速推进，优质教育资源日益向城镇聚集，城市生源不断增多，班级规模日益扩大，而人口日渐萎缩的农村却迎来了小规模学校、小班化教学形态的发展，由此引发了县域内城乡学校办学规模、资源配置的两极分化问题。市场资源配置的方式已经难以维系农村偏远学校的生存，为了吸引优质师资流向农村中小学，2012年，湖北省开始建立省级统筹的农村中小学教师补充新机制，即新机制教师政策。研究新机制教师政策实施的现实背景、实施的初步成效、存在的主要问题和问题的归因，并提出切实可行的建议，对于加强湖北省农村义务教育教师队伍建设、促进城乡义务教育均衡发展具有重要的现实意义。

第一节　湖北省新机制教师政策实施的现实背景

湖北省中小学教师队伍的一个突出问题是农村教师队伍专业素质不高。教师年龄偏大、学历层次不高、教学负担偏重、教师补充机制不健全制约着教育质量的有效提高。近年来，湖北省的农村教师队伍建设取得了一些显著成绩，但与发达省（自治区、直辖市）对比，与人们对优质教师资源的迫切需求对比，仍然还存在不小差距，也存在着诸多问题。

一、农村中小学编制紧张

根据中央编办、教育部、财政部《关于制定中小学教职工编制标准的意见》，农村中小学继续沿袭2001年的教职工编制标准（表6-1），该编制标准以压缩编制和效率优先、城市优先为导向，存在编制标准整体偏紧、城市偏向和城乡倒挂的突出缺陷，与我国广大农村地广人稀、生源分散、交通不便、学校规模较小、成班率低、存在大量村小特别是尚存在 10 万个分散教学点的实际情况严重相违（庞丽娟，夏婧，2009）。

表 6-1　2001 年的教职工编制情况

学校类别	地区	教职工与学生比
高中	城市	1∶12.5
	县镇	1∶13
	农村	1∶13.5
初中	城市	1∶13.5
	县镇	1∶16
	农村	1∶18
小学	城市	1∶19
	县镇	1∶21
	农村	1∶23

二、农村中小学教师总量超编

农村中小学教师总量超编现象明显。调研发现（表 6-2），大部分农村的九年一贯制学校存在明显的教师"超编"现象，初中尤其常见，如黄冈市浠水县绿杨中学只有 9 名新机制教师，而教师总量为 55 人，学生数量为 710 人。根据国家统一标准，湖北省中小学的师生比应接近 1∶18，该中学配备 39 名教师较为合理，但实际教师数额已经超编 16 人。按照这种标准进行推算，浠水县兰溪中学教师超编人数已经超出合理编制的 36 人，读书中心小学超编 1 人，程畈小学超编 2 人，程畈小学牛头教学点超编 1.5 人。

表 6-2　湖北省浠水县绿杨乡、兰溪镇中小学师生数量　　单位：人

学校名称	教师数量	学生数量
绿杨中学	55	710
兰溪中学	75	700
读书中心小学	17	422
程畈小学	12	337
程畈小学牛头教学点	2	58

三、农村中小学结构性缺编

农村中小学教师结构性缺编问题突出。从总量来看，教师数量是充足的，但是教师的学科分布不均衡，非主干学科教师如信息技术、音体美类的专职教师较为缺乏，主干学科教师较为充足。尤其是农村偏远地区的教学点和村级小学更是如此，因为缺乏英语及音体美教师而无法开齐和开足课程。

四、农村中小学教师严重老龄化

农村中小学教师老龄化现象尤为明显，如果不能及时补充年轻教师，教师队伍将面临"青黄不接"的现实困境。通过对湖北省教师队伍的研究发现，农村中小学教师平均年龄为43岁，年龄最小的为26岁，最大的为60岁，50岁左右的教师居多，30岁左右的教师严重短缺，整个教师队伍年龄偏大。

五、农村中小学教师待遇低、压力大

尽管国家对农村中小学教师的工资待遇做出了明确规定，但受县级管理的义务教育教师工资保障体制等因素的影响，教师工资待遇仍然低于同级别的乡镇公务员。由于编制紧张，许多农村中小学无法及时补充新教师，为了缓解教学压力，学校只能招收代课教师。代课教师的工资一般属于学校自主发放，并不纳入现行的县级管理体制，因而代课教师的工资待遇比正式教师低很多，每月只能维持在500元左右。我国大部分农村中小学地处偏僻、交通不便、信息闭塞、生活环境差、教学设备陈旧、公共服务设施跟不上，难以吸引合格教师到校任教。农村教师的教学压力相对较大，其教学压力可以通过正常的教学工作量和课后的工作时间反映出来，一方面，农村中小学教师普遍会承担3门左右课程的教学，周课时数平均为25节，还有早晚自习时间；另一方面，课后还要批改作业以及备写教案，其工作量非常繁重。在城镇化的快速推动下，农村低龄留守儿童日益增多，农村教师往往身兼数职，既要担任授课教师，也要担任学生的"保姆"和心理指导教师。

六、城乡教师交流困难

当前有许多政策措施都鼓励教师积极参与轮岗和交流，凸显出了政府对城乡教师交流工作的重视和教师管理体制的改革力度。城乡教师通过相互交流和轮岗获得了理解、支持，也促进了农村中小学的建设和发展，但同时也存在城市教师交流积极性不高、乡镇教师流失显著等问题，造成了许多年轻优秀的乡村教师出现逐级、单向流动，使地理位置偏僻、条件艰苦的乡村中小学优质教师更加紧缺，进一步拉大了城乡中小学师资建设本身存在的巨大鸿沟。

七、高校大学生就业难问题突出

1999年以后，我国出于保证经济发展的人才供给、增加消费、拉动内需、满足社会大众上大学意愿等原因，实行了高等院校大规模扩招。在高校扩招的背景下，高校毕业生就业分布的内部异质化明显，即大学生进入主要劳动力市场和次要劳动力市场的机会不一致。就业市场会受到先赋因素（家庭背景、户籍所在地、文化资本、社会阶层）的影响，通常而言，相对于城市户籍的大学生而言，农村户籍的高校毕业生的就业机会更少。就业市场还会受到后赋因素的影响，其中，毕业院校的层级和专业都会影响到大学生的就业情况，从高等院校的层级来看，"211工程"、"985工程"等国家重点高校的毕业生，进入主要劳动力市场的可能性更大。筛选假设理论主张教育应作为筛选机制，当雇主与求职者相遇时，雇主可以通过低成本的学历标志为企业选拔最紧缺的人才。同时，大量普通本科院校和专科院校的毕业生则被挤入次要劳动力市场甚至出现就业难的困境。

第二节 湖北省新机制教师政策的基本内容

湖北省新机制教师政策从新机制教师的招聘和管理、工资和福利待遇、考核与管理、配套政策、教育培训和使用管理、流动等六个方面进行推进，以有效保障新机制教师作为普通人员和专业人员的合法权益。

一、新机制教师的招聘

一方面,继续实施"国标、省考、县聘、校用"的教师管理制度,由国家制定教师资格考试标准,省级教育行政部门统一组织教师资格考试和教师资格认证,县级教育行政部门组织教师公开招聘,学校负责任用教师。另一方面,建立起省级统筹的教师补充新机制。从 2016 年起,除补齐新机制教师空岗之外,各地根据学校发展需要和编制空缺情况,在教师补充机制上,实施招聘计划自主申报、招聘条件自主确定,省级编制部门核准招聘数量,省里搭建统一笔试考务平台、统一组织报名、统一组织笔试的办法。各县(市、区)教育部门会同当地编办、人力资源和社会保障部门提出招聘计划,经当地政府同意后,报市、州人力资源和社会保障部门核准备案,由省人力资源和社会保障厅、省教育厅发布招聘公告,统一组织网上报名和笔试,各地根据省级考试部门发布的笔试成绩确定面试入围人选,组织面试、考核和体检,各地在申报新机制教师空缺岗位时,同时申报农村义务教育学校教师招聘计划,考试同一时间举行、采用统一试卷。

新机制教师应在农村乡镇及以下学校任教,新机制教师的招录对象包括"资教生"(含中央"特岗生")、应届或往届大学本科毕业生。2016 年,湖北省全面落实新机制教师"总量控制、动态平衡"工作,以 2012—2015 年各地实际招聘人数(经人事和社会保障部门办理聘用备案手续为准)(表 6-3)为基数,允许各地将空缺的新机制教师岗位数纳入 2016 年度招聘计划,招聘形式和往年的"资教生"相同。此后每年都采取"退一补一、空岗补齐"的办法,将各地因多种原因形成的新机制教师空缺岗位,纳入下一年度教师招聘计划,使全省新机制教师规模保持在 3.1 万人左右。

表 6-3 2012—2016 年湖北省新机制教师招聘规模   单位:人

年份	公开招录人数
2012	17 000
2013	8 000
2014	8 180
2015	4 000
2016	2 626

二、新机制教师的工资和福利待遇

根据《湖北省人民政府关于创新农村中小学教师队伍建设机制的意见》，新机制教师实行年薪制，以各地实际在岗的新机制教师人数为基数，省财政按艰苦边远地区每人每年 3.5 万元，其他地区每人每年 3 万元的标准将补助经费转移支付到县，不足部分由各地财政统筹解决，并根据经济社会发展水平适时调增。新录用的新机制教师年薪由基本工资、基础性绩效工资、奖励性绩效工资和农村义务教育学校特岗教师补助组成，并被纳入到现行事业单位工作人员工资框架。基本工资标准按国家和省有关工资政策核定；基础性绩效工资和奖励性绩效工资标准按照各县义务教育学校同类教师标准核定；剩余部分作为农村义务教育学校特岗教师补助。

三、新机制教师的考核与管理

新机制教师是湖北省农村教师队伍的重要组成部分，按照义务教育以县级人民政府管理为主的体制，各地县（市、区）要将新机制教师与当地教师纳入统一管理。县级教育行政部门负责新录用新机制教师的管理工作，组织对其进行绩效考核，具体考核工作由学校按规定的程序组织实施。鼓励新机制教师在农村义务教育学校长期从教、终身从教，但其因被解聘、辞退或离开农村学校教育教学岗位的（包括到县城义务教育学校），其年薪、编制等待遇随即终止。

四、新机制教师的配套政策

实施"湖北省农村教师广厦工程"，为新进新机制教师、城乡交流教师建设周转房；新机制教师住房公积金被纳入财政保障范畴。新机制教师在工资福利、社会保险、职称评定、职务晋升、岗位聘用、表彰奖励等方面与当地教师享受同等待遇。对于 2013 年国家和省出台的调整基本工资、绩效工资以及实施养老保险等政策，新机制教师要与当地教师享受同等对待。并且今后国家和省出台的相关政策，对新机制教师都要按照政策执行。

五、新机制教师的教育培训和使用管理

湖北省实施农村中小学教师全员培训制度，省教育行政部门统筹规划全省农

村中小学教师全员培训工作，发挥省级农村中小学教师免费培训项目的引领示范作用。湖北省从2005年开始实施"湖北省农村教师素质提高工程"，定期组织农村中小学教师接受免费培训。而对新机制教师的培训则按照全覆盖的要求，用三年时间对新机制教师进行一次全员培训，采用多种方式提高新机制教师的综合素质和业务水平。注重新机制教师的教育培养和使用管理，对表现优秀的新机制教师在提拔任用上适当倾斜。落实《事业单位人事管理条例》规定，规范对新机制教师的人事管理。按照统一的聘用合同范本，与新机制教师签订聘用合同，并将新机制教师纳入岗位管理，切实做好年度考核、聘期考核等工作。连续两年年度考核不合格的，以及不能按规定时间取得教师资格证的，与其解除聘用合同；对违反教师职业道德、社会公德或有其他严重违反纪律行为的，要依法依规对其进行严肃处理。

六、新机制教师的流动

根据《湖北省人民政府关于创新农村中小学教师队伍建设机制的意见》规定，工作满一个聘期后，新机制教师可按照事业单位人事管理人员流动的相关政策流动，新机制教师可以在县域内的中小学交流轮岗（不含县城中小学）。2016年，湖北省教育厅、省编办、省人力资源和社会保障厅、省财政厅发布《关于做好2016年度农村义务教育学校教师招聘及有关工作的通知》，对服务满一个聘期的新机制教师因家庭等特殊原因确需流动的，可在湖北省新机制教师岗位间，采用新机制教师空岗跨县（市、区）流动的方式进行流动。此方式可以激励新机制教师扎根基层、长期从教。具体可经流入地、流出地所在县（市、区）教育、编办、人事和社会保障部门同意后，按事业单位人事管理人员流动的有关政策办理相关手续。

第三节 湖北省新机制教师政策实施的初步成效

新机制教师政策本身具备一定的创新价值，不仅为农村中小学搭建了省级统筹的教师补充新机制，突破了农村义务教育学校发展的财力瓶颈，解决了多年来教师补充难的问题，还为优秀大学毕业生搭建了扎根基层、建功立业的政策桥梁。与此同时，新机制教师在任教期间，也为农村中小学带来了不少生机与活力，他们用自己的青春和血汗不断激活农村教育"末梢",为农村学生带去不少福利。

一、促使农村义务教育教师招录机制更加公平合理

新机制教师政策实施之后,农村中小学教师的招录机制更加公平合理。首先,新进教师不仅需要符合国家对教师的准入标准、具备教师资格证书、教师初始学历达到要求,而且省级教育主管部门统一组织考试,省域内的统一试卷可以保障考试程序的公平公正以及考试结果的公开透明,减少关系、人情因素的干扰;其次,县级教育主管部门实行教师聘任制度,可以有效绕开教师编制问题,加强对教师的统一管理;最后,农村乡镇中小学不用承担教师流动的职责,这样可以减少学校对教师的自由调度权。从笔试和面试两大核心环节来看,新机制教师政策采取"省考县面"的招聘模式,与以往县级教育主管部门的招聘机制不同。这种招聘模式主体上移,有利于提高教师招聘的整体质量,而且教师招聘事权的上移说明省级政府的教育统筹力度在不断加大,县级政府的事权逐渐减少。省级统筹的教师招聘模式可以从入口端保障新进教师的质量,促使农村中小学教师招录机制更加公平合理。

二、吸引优秀人才,改善了农村义务教育教师队伍结构

长期以来,农村中小学教师队伍数量紧缺、素质不高、结构不合理,难以补充优质年轻教师,教师队伍面临着青黄不接的状况,师资队伍结构亟待优化。自新机制教师政策实施以来,农村中小学教师的补充渠道得以畅通,教师学历结构有所优化,整体素质也得到了提升,农村中小学的教育教学质量有了保障。

其一,优化了农村义务教育教师的学历结构。师资队伍结构和教育质量会受到教师学历层级的影响。农村中小学教师的学历层次不高,制约着湖北省义务教育学校的教师队伍建设以及教育质量的有效提高。在农村中小学,"民转公"教师占据半壁江山,且大部分学历不达标。从学历达标的教师来看,他们多是通过自学或进修等方式获取的最终学历,并没有接受过正规的专科教育或本科教育,其学历的提高对优化农村中小学的师资队伍结构并没有实质性的促进作用,这也反映出农村中小学紧缺高学历层次的教师。囿于农村地区的经济条件、地理环境、交通状况等因素,拥有高学历的大学毕业生深入到农村、偏远、贫困地区等基层学校任教的积极性并不高。自新机制教师政策实施以来,省级政府一直通过财政

转移支付的方式向县级政府提供财力补助，通过实施一系列优惠政策，吸引了不少优秀的新机制教师到农村小学任教。经粗略统计，截止到2016年9月，全省在岗的新机制教师有2.9万余人，其中，研究生学历的有150余人，本科学历的有2.7万人，专科学历的有2000余人（苏令等，2016）。根据我们的调查，新招录的新机制教师绝大部分都是本科学历。2012年，浠水县共招录教师392人，其中，本科学历教师达99.48%；2013年，浠水县共招录教师115人，其中，本科学历教师达100%；2014年，浠水县共招录教师163人，其中，本科学历教师达99.38%。调查结果（图6-1）显示，新机制教师中来自"211工程""985工程"等国家重点高校的占6.0%，来自地方综合性大学的占33.9%，来自地方师范学院的占52.5%，还有7.6%的来自地方普通院校。

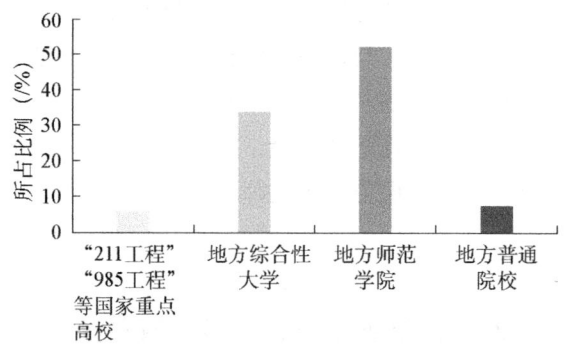

图6-1 新机制教师毕业院校的分布情况

其二，改善了农村义务教育教师的学科结构。依据现行的编制标准和生师比，农村中小学的教师数量已经饱和甚至超编，但农村中小学教师的学科结构存在着不均衡现象，英语、计算机、艺体类教师尤为紧缺。随着基础教育新课程改革的逐步推进，农村中小学开设了英语、计算机课程，学校对专职教师和教学辅助人员的缺口日益变大。受制于紧张的教师编制和过大的生师比，农村中小学优质教师补充变得尤为困难，现有的教师学科结构无法满足教学实际所需，也无法真正提高教学质量。从课程开设情况看，大部分农村中小学已经开设了外语、信息技术课程，但任课教师的专业程度不高，教师兼任多门课程的现象较为普遍。任教多门课程不仅加重了教师自身的教学负担，还会影响教学效果的提高。农村教学点和村级小学分布较为零散，师生数量不多，根据城乡统一的教师编制标准，很难招聘到优秀的年轻教师。目前的山区学校往往只有一两位留守教师，这些留守教师年龄较大，一般都要任教多门、跨年级进行复式教学。不少教学点仅仅依靠一位留守教师的奉献精神才得以保存，这位教师需要保证学校所有课程的正常教学，只能选择传统的主干学科进行授课，根本无暇顾及国家开设的外语、信息技术等课程，也无法保障教师的专职教学。即便有专职教师来到农村教学点任教，也会迫于课程的主次性和教师数量的紧缺实行跨学科、多学科任教，专业不匹配现象突出，教师的教学压力颇大。据统计，湖北省累计为农村义务教育学校补充英语教师5700余人，音体美及信息技术教师5200余人，一定程度上满足了紧缺学科对专业教师的需求（苏令等，2016）。

其三，改善了农村义务教育教师的年龄结构。受限于紧张的教师编制，湖北省农村中小学自2000年以来一直没有补充过年轻教师，教师的年龄结构极其不合理，50岁左右的中老年教师居多。新机制教师政策对新进教师的入职年龄有明确规定，报考教师的年龄需在30周岁以下。为了激励优秀新机制教师留在农村学校，新机制教师政策对"资教生""特岗生"的年龄可以放宽到35周岁。通过2016年的实地调研可知，大部分新机制教师的年龄都在30岁左右。样本数据（图6-2）显示，大部分新机制教师工作时间并不长。38.5%的新机制教师于2014年参加工作，37.8%的新机制教师于2012年参加工作，16.4%的新机制教师于2013年参加工作，5.7%的新机制教师于2015年参加工作，还有1.6%的新机制教师于2008年就已经参加工作。这部分工作较早、选择留任在农村学校的"资教生"，其平均年龄大多超过30岁，但这并不影响他们的教育教学质量，反而，资教时光为他们累积了丰富的基层教学经验，也激发了他们对农村土地和农村教育的热爱。可见，这些新机制教师改善了农村中小学师资队伍的年龄结构，用热血和青春造福于农村学生和农村家庭。

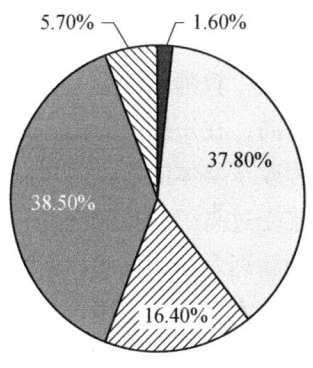

图6-2 新机制教师参加工作时间的调查结果

三、激发了办学活力并推动了农村教育教学改革

（一）激发了农村中小学的办学活力

调查结果显示，新机制教师普遍年轻，年龄在 25—30 岁的居多。这批年轻教师上岗之后，不仅解决了农村中小学历年来面临的教师补充难的问题，也进一步优化了农村中小学教师队伍结构，促进教师队伍学历层次的整体提高，并为农村义务教育学校注入了新鲜血液和无限活力，对农村义务教育发展起到了至关重要的促进作用。访谈期间，湖北省农村中小学校长均表示对本校新进的新机制教师较为满意。例如，咸宁市赤壁市观堂镇随阳学校是一所偏僻的山区小学，2014 年该校新入职 3 名新机制教师，学校校长这么评价："新机制教师工作积极性比较高，他们年轻有活力，学东西也比较快，跟学生之间的沟通障碍少，很受学生们的欢迎和喜爱。"湖北省鄂州市华容区临江中心小学自 2012 年以来招聘了 3 名新机制教师，该校校长非常自豪地告诉我们："新机制教师年龄小、学历高、素质高、学习能力强，我们学校新开设的剪纸、绘画、音乐课程都是他们通过网上自主学习将所学知识传授给我们的小学生的。"新机制教师的到来不仅得到广大农村中小学校长的欢迎和好评，还得到了各地县教育局人员的广泛认可，例如，黄冈市浠水县教育局的相关人员告诉我们："新机制教师的到来大大改善了教师知识结构，年轻人的确给农村学校带来了满满的生机和活力，操场上也多了笑声、跑步声，多了舞蹈排练、歌唱比赛，他们还是非常不错的。"

（二）推动了农村中小学教育教学改革

2005 年，义务教育新课程改革实验在湖北省全面推行。许多农村中小学，特别是偏远地区的农村小学和教学点，教师年龄偏大，接受新理念、新思想的能力有限，参与课程改革的积极性不高，在短期内无法适应并迎接新课程改革带来的诸多挑战，致使农村中小学课程改革整体滞后。新机制教师的到来解决了教学改革面临的系列困境，他们不仅接受过高等教育的洗礼，具备扎实的专业背景和学科基础，还对新课程改革倡导的新理念、新技术、新方法有一定程度的主观理解和认知，与此同时，他们对信息技术工具的使用也较为熟悉。鄂州市华容区临江中心小学的校长喜气洋洋地说："新机制教师是一批高学历人才，在电脑的使用方面比年老教师精通很多，他们的到来让我们学校的旧电脑得以充分利用，学校教育教学和学生管理日益走向信息化，这些进步都得益于他们的帮助。"湖北省浠水

县程畈小学的校长和我们访谈时激动地说:"我们学校基本上是依靠这批年轻教师支撑起来的,没有他们的引导,年龄大的教师根本不会使用电脑,也没有兴趣使用,但在他们的指导下,学校年老教师也开始尝试使用电脑备课、记录学生的成长信息,学校的新老教师相处非常融洽,教学方面互助互长。"随着信息技术对农村学校的影响日益深入,新机制教师通过熟练运用信息工具服务教学,改变了乡村"一支粉笔、两袖清风、三尺讲台"的教学生态。新机制教师运用信息化教学手段让传统的"一言堂"变得生动有趣。我们在实地考察期间发现,一位来自咸宁市的年轻女教师,为了给学生讲授平面镜成像的原理,自己亲自动手做实验并录制成"微课",课堂上学生认真观看,眼神专注,一直盯着那面镜子,还引发了激烈的争论,课后学生一起交流这堂课的所学所思。新机制教师对信息化工具的灵活使用,不仅反映出信息技术对农村学校教学方式改革的促进作用,也见证了新机制教师对农村学校教学改革的实践意义和推动作用。新机制教师的到来让沉寂的操场遍布人群、充满活力;让破旧的设备再次被利用,并成为课上重要的教学工具。在新机制教师的一堂体育课上发现,尽管他们并非体育专业出身的教师,在学校还有主干学科的教学压力,但他们会依据自己的教育背景、所熟悉的运动项目以及学生的身心发展规律,为不同年级的孩子设置不同的体育项目,比如,1—3年级的学生就练习跳绳,4—6年级的学生就学习篮球、乒乓球。除了让学生的身体变得健壮外,新机制教师还会自主学习一些剪纸、绘画、钢琴等课程,丰富学生的精神世界。总体而言,新机制教师的艺术课堂丰富多彩,体育课堂活力无限,他们为乡村学校增添了满满的生机与活力,也赢得了广大农村学生的喜爱和农村校长以及地方基层政府的认可。

(三)提高了农村中小学的教育教学效果

新机制教师的责任意识比较强,工作积极性比较高,入职后既承担着繁重的教学工作,也面临着跨学科教学的巨大压力,在这种境况中,他们仍然选择坚持挑战自我并取得了优异的成绩,同时也提高了农村中小学的教育教学效果。

浠水县程畈小学的翁老师是一名典型的跨学科教学的教师,她毕业于湖北文理学院的美术学院,武汉市新洲区人。她教授五年级一个班的语文课,该班有73名学生,班级规模比较大,同时兼任学前班和三、四、五年级的体育老师。她本科阶段攻读的是美术专业,来到程畈小学后却只能教语文和体育。对此现象,翁老师也比较无奈,只好听任学校安排。

新机制教师的工作积极性非常高，部分教师已经得到了所在学校的重用，成为学校的管理精英或骨干教师，例如，2012年来到湖北省浠水县洗马镇中心小学的夏老师是一位女老师，来到洗马镇中心小学不到一年就被县教育局聘为教导主任，很快就升为副校长。2016年5月，我们实地调研期间，她已经被提拔为学校的正校长，她带领着全校30多位教师、300多名学生，把学校搞得有声有色。

学生的考试成绩在一定程度上反映出教师的教学水平。新机制教师凭借吃苦耐劳、勇于探索的良好品质，不仅促进了自身教学能力的提升，也提高了学生的考试成绩。有些新机制教师在地方教学大赛中取得了优异成绩，有些新机制教师能启发学生思考、引导学生学习进而提升学生的学习兴趣和学习成绩。在访谈期间我们发现，湖北省赤壁市随阳学校的邱老师教导有方，经过一年的教学，她对班上学生的基本情况非常熟悉，她非常担忧也很无奈地告诉我们：

我们学校的孩子基本上都是留守儿童，父母长期在外面务工，对孩子的学习并不关注，留守老人大多年事已高，只负责孩子的生活照应，年纪稍轻的隔代老人还会负责接送孩子。受教育程度不高和代际沟通障碍的影响，有些老人从来都不检查孩子的作业完成情况。班级上有一位成绩非常差、从来不写作业的学生，他家只有爷爷奶奶照顾他，他性格比较孤僻，不爱说话，我关注到这个孩子的异常举动，就让他每天放学之后来到我宿舍写作业，写完之后才让他回家，这样他奶奶也很放心，还经常当面感激我。这学期下来，他每天坚持来这里写作业，汉字拼写错误减少了，语文成绩有所提高，学习兴趣也日益增加。

四、利用合同制度破解教师编制难题

在湖北省的农村偏远贫困地区，中小学教师补充难问题普遍存在。根据湖北省人民政府办公厅印发的《湖北省中小学机构编制管理暂行规定》，湖北省依然沿袭2001年的教职工编制标准，城市初中的教职工与学生比为1∶13.5，农村初中的为1∶18，城市小学的为1∶19，农村小学的为1∶23。[①]可见，城市中小学教师的教职工编制标准显著高于农村学校的该项标准。2015年，湖北省浠水县兰溪镇绿杨中学有学生710人，按照省里统一规定的师生比配备教师，这所农村初中只能配备39名教师。受义务教育学校布局调整政策的影响，农村教学点和村级小

---

① 湖北省人民政府.2001-10-20.《湖北省中小学机构编制管理暂行规定》.http://www.syez.org.cn/xxpd/jywj/200010/t20001021_1747788.shtml

学的撤并力度不断加大，撤并学校的教师被安排到就近的农村中小学任教，进而挤占了教师编制。

新机制教师政策是由省级政府负责统筹实施的，其最大的优势就是利用省级政府的财政实力吸引优秀大学毕业生到农村中小学任教，将短期的教育政策与教师队伍的长期建设有机结合起来。短期的教育政策主要体现为省级统筹的周期较短，新机制教师在3年聘用期间实行年薪制，由省级政府负责教师的工资性支出，不足额部分由地方政府适当补齐。新机制教师的招聘工作是由省级政府负责统筹组织的，省级教育主管部门、编制部门、财政部门、人事部门联合实施新机制教师招聘计划，县级政府负责组织新机制教师的面试和分配工作以及新机制教师配套政策的落实，遵循"公平、公正、公开，择优录用"的原则进行，这就有效绕开了固定的教师编制，在不改变原有的教师编制制度下，增强了新机制教师政策的吸引力。可以说，新机制教师政策实行省级招聘、县级实施、学校使用的办法，从源头上提高了教师初始学历，严格了农村中小学的用人标准，增强了招聘程序的公正公开性，突破了农村中小学教师编制这一重大难题，保证了农村新进教师工资管理主体的上移。利用省级财政实力吸引优秀人才扎根农村中小学，不仅可以有效绕开不合理的教师编制标准，还能利用3年时间为农村中小学腾出编制数量。可以认为，这种合同制度可以有效解决教师退出难、补充难和经费少的困境，同时也在农村中小学创造性地实施了"退一补一"政策，保障了年老教师的合理退出和年轻教师的及时补充。

五、突破了"以县为主"的管理体制下的经费困境

新机制教师政策是由省政府决策和制定的，针对农村教师补充难、教师结构不合理、教师专业素质不高等问题，通过加强省级财政统筹，由省级财政安排资金，统筹使用编制，吸引年轻大学生献身基层、服务农村学校（柯进，黄兴国，程墨，2014）。可以说，新机制教师政策利用省级政府的财政实力保障了教师招聘主体和招聘事权的上移，也反映出省级政府在逐渐加大对农村义务教育学校教师工资的财政责任，省级政府的教育统筹作用日益凸显。就目前而言，我国仍然在实施"以县为主"的教师工资管理体制，而省级统筹的新机制教师政策是在坚持"以县为主"的管理体制下的一项制度创新，解决了短期内难以解决的因县域经济发展不均衡、县级财政紧张而不好补充乡村教师的瓶颈问题。

六、为高校毕业生服务农村基层学校搭建平台

2006年6月，中共中央办公厅、国务院办公厅颁布了《关于引导和鼓励高校毕业生面向基层就业的意见》，该意见指出，广大基层特别是西部地区、艰苦边远地区和艰苦行业以及广大农村还存在人才匮乏的状况，要完善人才资源市场配置与政府宏观调控相结合的运行机制，进一步消除政策障碍，健全社会保障体系，促进高校毕业生到西部地区、艰苦边远地区和艰苦行业就业。该意见还为高校毕业生到农村基层就业创业制定了一系列优惠政策，同时也制定了"大学生志愿服务西部计划"和"三支一扶"计划，旨在引导大学毕业生面向农村基层学校实现就业。胡锦涛同志指出，"实施大学生志愿服务西部计划，有利于开辟高校毕业生健康成长的新途径，有利于推动西部地区的经济社会发展"[①]。他强调，各级党委、政府和有关部门一定要从全局和战略的高度重视这项工作，总结成功经验，完善政策措施，健全工作机制，引导和鼓励更多的高校毕业生到西部、到基层、到祖国最需要的地方去，磨炼意志，增长才干，为实现全面建设小康社会的宏伟目标贡献自己的智慧和力量。2014年，《教育部关于做好2015年全国普通高等学校毕业生就业创业工作的通知》中指出，各地各高校要进一步健全鼓励毕业生到基层就业的服务保障机制，落实和完善学费补偿和助学贷款代偿、后续升学和就业服务等政策。[②]新机制教师政策既是湖北省农村中小学教师补充的创新机制，也是解决大学生就业难、拓宽大学生就业渠道的重要方式。从全国范围来看，2001年至2016年大学毕业生的就业人数持续增长，2016年，高校毕业生是765万人，比2015年增加了16万人，而且中职毕业和初高中毕业后不再继续升学的学生大约也是这个数量。青年就业群体加在一起大约有1500万人。2004年，湖北省启动实施"资教生计划"。2006年，湖北省政府结合"特岗计划"，每年选派优秀大学本科毕业生到农村学校任教。据粗略统计，2012年，湖北省有800多名"资教生"即将面临期满就业的选择，尽管政策鼓励优秀人才留任在农村学校，但难以保证解决他们的编制问题和财政保障，这也就意味着大量"特岗生""资教生"将经历二次就业或失业难题。为了解决这批大学生面向农村基层学校就业的难题，新机制教师政策创造性地绕开教师编制，实行合同制度，利用3年服务期

[①] 中华人民共和国教育部. 2005-07-20. 胡锦涛总书记关于西部计划的重要指示引起各地热烈反响——"到西部去，在奉献中成长成才！". http://www.moe.gov.cn/jyb_xwfb/xw_zllssj/moe_183/tnull_10475.html

[②] 中华人民共和国教育部. 2014-12-02. 教育部关于做好2015年全国普通高等学校毕业生就业创业工作的通知. http://www.moe.gov.cn/srcsite/A15/s3265/201412/t20141202_180810.html

来缓解农村教师编制紧张问题。

总之，新机制教师政策既是一项颇具创新意义的教师补充政策，也为大学毕业生面向基层学校建功立业搭建了政策桥梁，为他们实现自我价值和社会价值提供了施展才华的平台。新机制教师政策能有效引导高校毕业生服务农村基层学校。2012—2013 年，湖北省有 1.9 万余名教师通过新机制教师政策补充到全省各地的农村义务教育学校，约占全省农村学校教师总数的 8%，其中，农村学校普遍缺编或紧缺的音体美及小学英语学科教师达到 6000 多人，约占新机制教师总数的 1/3（柯进，黄兴国，程墨，2014）。

第四节　湖北省新机制教师政策实施中的主要问题

作为一项创新性的制度安排，新机制教师政策仍然会受到现行制度和外部环境的不利影响，这种不利影响主要体现在政策执行发生偏离、政策执行主体利益受损、新机制教师的培训效益不高、新机制教师的合理流动受阻以及政策引发的其他系列问题五个方面。

一、新机制教师政策执行发生偏离

教育政策的偏离是指教育政策在执行过程中偏离教育政策目标或者完全没有执行教育政策，不按照教育政策本身的内容和精神办事，导致教育政策执行严重"走样"（孙绵涛，2010）。新机制教师政策属于教育政策的一种表现形式，新机制教师政策的偏离是指该政策在执行过程中偏离了政策目标。新机制教师政策旨在为农村、偏远、贫困、总体缺编的薄弱中小学解决优质教师短缺、学科结构不合理等问题，通过各种优惠政策吸引大学毕业生投身于乡村教育事业，实现"下得去、留得住、教得好"的教育目标。依据我们的调查，新机制教师政策仍然无法完全实现政策设计的理想目标，政策的目标偏离体现在以下三点。

（一）新机制教师政策仍然难以吸引优质的专业型教师

通过新机制教师政策补充进来的教师大部分都是普通本科院校的毕业生，且"非师范"的现象较为明显，这表明，新机制教师政策只能解决农村学校课程"有人教"的问题,并不能解决"教得好"的问题。调查结果(图6-3)显示,70%的新机制教师所学的专业既不热门也不冷门,只有27.4%的新机制教师学习的是热门专业,2.6%的新机制教师学习的是冷门专业。在深度访谈中发现,新机制教师选择这一职业主要是迫于现实中的就业压力,并不是源于对农村教育事业的热爱,这就有可能导致新机制教师在未来严重流失。英语及音体美教师稀缺恰恰反映这种教师补充新机制并不能完全解决农村教师问题。从另一方面也反映出,年薪3万的工资并不足以补偿艺术类毕业生所花费的高额培养成本。因此,政府应该考虑学生的专业培养成本、地域差异等具体实际采取差异化工资制。

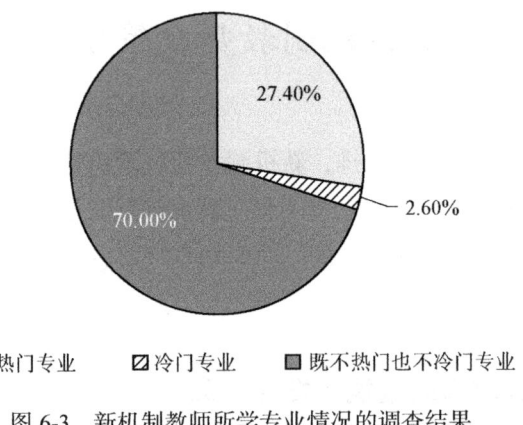

图6-3 新机制教师所学专业情况的调查结果

(二)新机制教师仍难以去最薄弱的村小和教学点任教

根据湖北省教育厅2015年公开招聘的统计数据,农村义务教育阶段学校教师(非村小和教学点)公开招聘的县(市)有42个,村小和教学点公开招聘的县(市)有38个,几乎占全省农村县(市)总数的一半。调查发现,每年公开招聘的学校大多是经济比较落后、教师数量较为稀少的地区,如阳新县、英山县、大悟县、巴东县等,且都是这些县(市)的村小和教学点。这些县(市)的村小和教学点地理位置极为偏僻、教学条件落后等诸多原因总是难以吸引优秀人才,因此出现"年年都在招教师,年年招不到教师,年年状况难改善"的现象,即便招到几个,很多大学生也是"上午高高兴兴来,下午哭哭啼啼去",形成了马太效应。总之,湖北省农村经济较为富裕的县(市)在招聘市场有相对优势,而经济落后的县(市)则不具备吸引力。根据招聘信息可知,经济落后的县(市),特别是村小和教学点教师需求量依旧很大。调查还发现，新机制教师通常散落在农村乡镇及其以下的中小学，在乡镇初中和农村初小任教的教师分别占 40.8%、29.2%，在乡镇中心小学和教学点任教的教师分别占 25.8% 和 4.2%（图 6-4）。通过以上招聘信息和任教信息可以发现，村小和教学点的教师需求得不到满足，新机制教师绝大部分是在县以下的乡镇初中和小学工作，补充到村小和教学点的新机制教师数量非常有限。这也表明，教学点等较为偏僻的农村学校需要建立起"弱势地区补偿机制"，通过物质条件的改善提升学校吸引力。

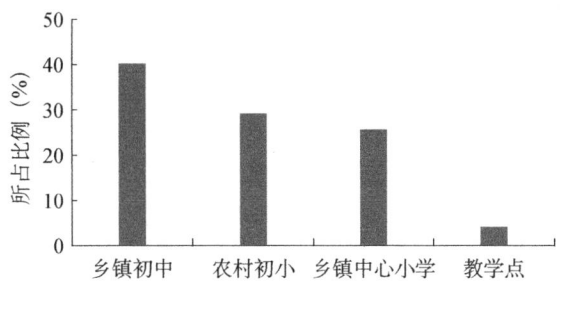

图 6-4 新机制教师任教情况分布图

（三）新机制教师缺乏献身教育的理想

2016 年，我团队前往黄冈市等地进行调研，调查结果（表 6-4）显示，新机制教师报考动机呈现多样化特点，主要偏好于稳定的工作编制。由此可见，大部分新机制教师的报考初衷是出于对事业编制偏好而做出的选择，他们更多是把农村教师作为进入体制内的一个重要途径，更多期望的是享受体制所带来的医疗、住房等优待条件。这从另一个侧面也说明，如果希望留住新机制教师必须解决农村医疗、养老等一系列社会保障问题。此外，将新机制教师作为人生的跳板，利用 3 年时间积累工作经验以利于期满后的再就业，或者报考公务员、县城教师编制等，也成为一部分新机制教师的报考初衷。这从侧面也说明，新机制教师岗位目前并不具备吸引力，通过新机制教师政策补充进来的教师队伍也并不稳定。

表 6-4 参加新机制教师招聘考试的主要目的的人数占比（多项选择） 单位：%

主要目的	人数占比
稳定工作编制	75.0
教师收入高，待遇好	8.3
教师是崇高的职业	50.0

续表

主要目的	人数占比
家庭经济困难	7.5
就业困难	18.3
跟随另一半到本地	10.8
其他	10.8

二、政策执行主体利益受损

政策的本质是权利和利益的分配，教育政策无论如何发展都不会偏离利益诉求。既然教育政策是利益的载体，那么教育政策决定者在制定教育政策时，能否统筹兼顾各个集团、各个阶级的利益，并优先考虑在社会中居于主导地位的统治阶级的利益就显得非常重要了（孙绵涛，2010）。在公正和谐的社会环境中，教育政策能否平衡阶层权益，保障不同阶层的利益不受侵害，成为衡量教育政策价值大小的重要指标。新机制教师作为政策的直接执行对象，也是政策实施的重要主体，其利益诉求在政策实施过程中无法得到有效保护。

（一）新机制教师教学任务繁重

新机制教师被分配到县城以下的农村中小学任教后，面临着教学任务繁重、专业匹配程度不高等问题。调查结果显示，新机制教师在学校任教多门科目，任教科目最多达7门，最少有1门，平均有2.5门（图6-5）。每周平均有16节课，最多的达到32节，此外，平均每天还需要花费3个小时用于其他教学活动。可见，大部分新机制教师至少要教授2—3门自己不熟悉的课程。调查还发现，新机制教师教学工作中遇到的主要困难首先是学生缺乏学习兴趣，其次是学校基础设备差、教学仪器短缺，最后是教学经验不足。调查结果显示，62.5%的新机制教师认为自己的教学水平处于"中等"，认为自己的教学水平处于"中下等"的教师占9.7%，还有27%的新机制教师认为自己的教学水平处于"中上等"，认为自己的教学水平处于"上等"的教师占0.8%（图6-6）。这表明，大多数新机制教师对自身的教学能力还比较自信，但仍需在教学实践中累积经验从而进一步提升教学能力。学科知识不够和对教书不感兴趣并不会成为他们从事教学工作的主要障碍。另外，有37.7%的新机制教师在学校担任班主任，还有23%的新机制教师在学校担任中层干部。可以发现，新机制教师任教科目繁多，教学负担明显偏重；学校教学条件较差和学生兴趣不足会对新机制教师造成一定的教学困难。尽管如此，仍有不少新机制教师受到所在学校的重用，成为学校的骨干教师和管理精英。

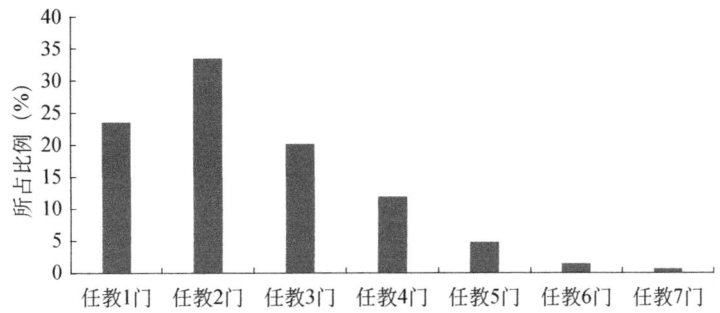

图 6-5 新机制教师任教科目情况的调查结果

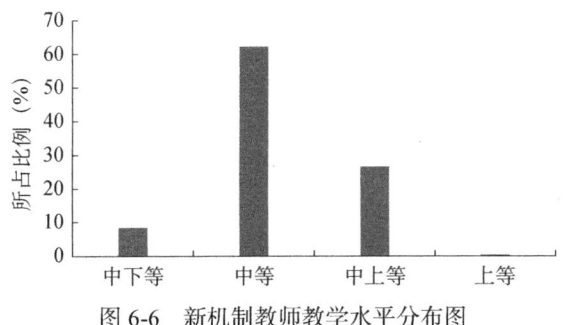

图 6-6 新机制教师教学水平分布图

（二）新机制教师的工资和福利待遇难以落实到位

1. 新机制教师的工资水平仍然较低

按 2016 年美元购买力平价计算，新机制教师的年工资水平平均为 4500 美元左右，不但低于美国、英国、日本等发达国家中小学教师的年工资水平，也低于印度、巴西、智利等许多发展中国家中小学教师的年工资水平。当今很多国家中小学教师的工资都高于同等资格或类似资格的其他职业的平均工资，如日本的中小学教师工资比同期毕业的其他行业职员的平均工资高 16% 左右；英国中小学教师的工资比一般职员的平均工资高出 35%；法国中小学教师的平均工资比高级熟练工平均高出近一倍；美国中小学教师的工资一般高于普通企业职员工资额的 25%—35%，其年薪甚至高于政府工作人员平均年薪，在全国十三大行业中排名第六（陈赟，2003）。同时，新加坡、马来西亚等国家主要以国家公务员的工资水平来确定中小学教师工资待遇，同时将其与物价水平相联系。调查结果显示，与学校其他教师的工资收入进行对比，认为自己的收入水平处于"下等"的新机制教师占 37.4%，认为自己收入水平处于"中等"的新机制教师占 33.9%，认为自己的收入水平处于"中下等"的新机制教师占 27.1%，认为自己的收入水平处于"上等"和"中上等"的分别占 0.8%（图 6-7）。由此可知，新机制教师的工资水平仍然低于在学校任教多年的老教师的工资。

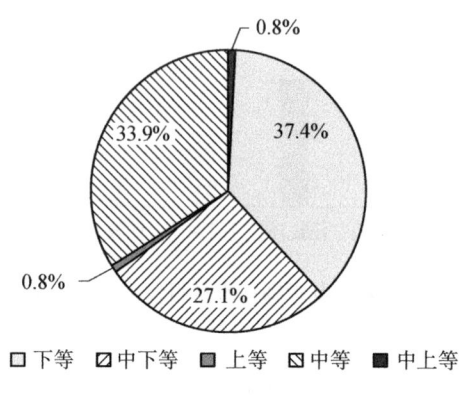

图 6-7 新机制教师与其他教师的工资收入对比

2. 新机制教师工资发放不及时

新机制教师政策明确提出，新机制教师的平均工资不低于当地公务员的平均工资水平，与当地教师同工同酬，并随着物价和经济水平适当上调。这看似是给新机制教师吃了一颗"安心丸"，但究竟是哪个部门保障新机制教师与当地公务员的同等工资水平呢？同工同酬又该反映在哪些方面呢？什么样的经济条件才会上调教师工资呢？又该以何种工资水平进行协调呢？这些都是新机制教师的困惑，且县级政府在落实教师工资时会出现一系列问题，如新机制教师的工资发放存在不及时现象。不及时主要是对于刚入职的新机制教师而言，他们通常会在入职半年内领不到任何工资，部分教师仍会向父母索要生活费。湖北省咸宁市花纹小学一名体育教师告诉我们：

刚入职时，前半年的工资一直没有发放，自己上大学期间又没有什么存款，只能厚着脸皮向父母拿钱，过了一个学期后工资才陆陆续续发放。

新机制教师的工资发放不及时还体现在绩效工资补发上。2012 年，湖北省率先实行"国标、省考、县聘、校用"的新机制，由省政府在全省范围内招聘本科毕业生到乡镇及以下的农村中小学任教，年薪 3 万元或 3.5 万元，月平均工资约 2500 元，比普通农村中级职称的教师工资高出 5%—10%，这就引发了县级财政部门对于供给新机制教师工资的不满。因此，2013 年 1 月，全省事业单位人员开始调薪，县政府分别补发给 2012 届和 2013 届新机制教师 7000 多元，给 2014 届新机制教师补发了 4000 多元，但仍分别拖欠 2013 届和 2014 届新机制教师绩效工资 5688 元和 1248 元，这部分少发的绩效工资县政府并没有提及，这也是新机制教师心里最不满意的地方。

3. 新机制教师工资增长缓慢

2016 年 8 月，我们在跟踪调查时发现，新机制教师的工资管理制度与非新机制教师尚未实现并轨，国家对非新机制教师工资的涨幅力度较大，而新机制教师的工资增长相对缓慢，甚至是迟滞（表 6-5）。从世界范围看，许多国家已经意识到年轻教师对于高工资的迫切需求，因此，有些国家新任教师的起点工资水平的提高明显快于老教师。在英国，一个初中教师工资从起点涨到最高，平均只需要 5—8 年；其次是澳大利亚，需要 9—10 年；最久的是法国，需要 34 年的时间（曾晓东，曾娅琴，2009）。在澳大利亚、挪威和丹麦，新任教师的工资增长水平高于中级和高级职称教师。新机制教师工资增长缓慢已成为严峻的现实。

表 6-5　湖北省浠水县清泉镇新机制教师增资表

聘任时间	2013 年 9 月	2013 年 9 月	2013 年 9 月	2013 年 9 月	2013 年 9 月
增资时间	2016 年 1 月	2016 年 1 月	2016 年 1 月	2016 年 1 月	2016 年 1 月
岗位等级	10	12	12	12	12
薪级等级	15—16	22—23	8—9	9—10	7—8
月增资额（元）	24	22	18	17	15

4. 绩效工资方案尚未体现多劳多得、优劳优酬

新机制教师的工资也被纳入绩效工资制度改革中，他们的奖励性绩效一般在年底发放，也称之为年终绩效。发放标准主要依据教师工作量、出勤率来确定，而关于教师的师德、师风、师能情况很难进行量化，短期内也见不到收益，各地县政府纷纷感到为难：

关于教师奖励性绩效这一块，其实很难做到精准化，我们也很为难，因为教师的师德、师风、师能无法在短期内收到成效，教师绩效评价难免单一化，学校也只好以教师工作量作为考核标准实行量化考核。

从广义上来看，教师工资还包括福利保障。福利保障原是社会学范畴，属于社会保障的一部分。教师法明确规定，教师享有寒暑假带薪休假，定期体检，与

公务员同等的医疗待遇、培训以及住房优惠等福利（杨国营，宋伟涛，2015）。我们在调研中发现，新机制教师并没有享受到这么多福利，主要表现在如下四个方面。①新机制教师的"五险一金"（医疗保险、养老保险、失业保险、工伤保险、生育保险、住房公积金）办理不齐全。"特岗计划"明确规定，特岗教师实行"县级管理，学校聘用"新机制，县级财政负责保障新机制教师的"五险一金"。落实得较好的福利政策有医疗保险和住房公积金，住房公积金依据学校地理位置、经济条件而支付不同的比例，一般会根据在职职工月工资额（上年度职工工资总额除以12）的6%—12%来确定，但其他四类保险则根据学校的自主安排情况而有所差异，有的学校甚至只有"一险一金"（医疗保险和住房公积金）。②新机制教师的住房数量不足且质量欠佳。以九江市为例，虽然自2010年以来共新建、改造农村教师周转房2582套，但目前仍存在缺口近7000套。同时，已有教师住房破旧老化，除近几年新建的周转房外，原有的学校教职工宿舍大部分已使用20年以上，且缺乏必要的维修，存在极大的安全隐患（胡晓军，2016）。③新机制教师定期体检制度尚未落地。新机制教师普遍反映自入职以来只进行过一次体检，而且是自费的，学校和地方政府尚未主动安排新机制教师进行统一体检。④新机制教师的改革性补贴尚未落实到位。依据湖北省委办公厅、省政府办公厅文件的相关精神，各地县政府依法制定了《关于奖励性和改革性补贴实施的基本意见》，针对县级以下事业单位人员提出了相应的补贴形式，其中，奖励性补贴主要针对事业单位进行奖励，而改革性补贴主要包括通信补贴、住房公积金、住房补贴、交通补贴、物业管理补贴等五个项（也称为"小五项"）。对于新机制教师而言，享受的改革性补贴包括住房公积金、住房补贴、交通补贴三项。湖北省政府明确规定，这些补贴应于2014年7月1日起执行，但在与新机制教师的深度访谈时发现，县级政府在2016年7月仍未开始发放改革性补贴。

住房公积金：全县各机关事业单位按上年度在职职工月工资额（上年度职工工资总额除以12）的6%—12%，具体比例由各单位根据实际自行确定。工资总额包括基本工资、岗位工资、职级工资、奖金、津补贴、增补发工资等。

住房补贴：发放对象为全县党政群机关、参公管理事业单位和一级事业单位在职、在编及离退休人员，发放标准为：职工本人上年度月平均工资总额的2.5%。每月可以随工资或离退休费发放。工资总额的口径同住房公积金。

交通补贴：发放对象为全县党政群机关、参公管理事业单位和一级事业单位在职、在编、在岗人员，按每人每月220元标准执行。每月可以随工资发放。

除了三项改革性补贴外，农村教师补贴也是新机制教师福利待遇的重要组成部分，主要由县级政府来保障。然而，县级政府并没有将上级政府关于新机制教师的有关补贴政策落实到位。很多新机制教师都反映，本校教师津贴和补贴每月只有100元左右，远远没有达到乡镇工作人员平均每月200—500元的补贴标准。关于农村教师补贴，湖北省孝感市某县某中学的一位老师告诉我们：

教育局在给新机制教师发放农村教师工作补贴时，存在明显的克扣或挪用现象。省里明明规定所有农村教师每月都有300元的补贴，但我们每月只发了不到100元，其中，2014年为65元，2015年为86元。

三、新机制教师的培训效益不高

新机制教师的培训主要指新机制教师的职后培训，包括岗前培训和在岗培训。岗前培训的问题表现为以下四点：①培训方式单一，多为专题讲座，交流研讨、合作探究都很少，培训课堂往往变成了培训教师的"一言堂"，教师的主动性和积极性都难以调动；②培训内容缺乏对教学环境的关注，包括教师任教学校以及教学情境，主要是宣扬教师的无私奉献精神、教师职业道德观的树立以及基本的教学技巧，导致教师对即将任教的学校心存疑虑和担忧，自然无法激发新机制教师参与培训的积极性；③课程设计缺乏针对性，难以满足不同受训者的不同需求，如小学教师和初中教师所面临的教学冲突有所不同，培训需求也不同，师范类和非师范类教师所接受的高等教育内容不一样，培训需求也不一样；④培训环境较差，新机制教师的岗前培训，不仅培训人员多，而且教师必须在指定地点休息，培训管理者也没有为教师配备舒适的住房环境以及必备的生活用品，教师培训还需要自费购买相应的生活物品。据湖北省孝感市某县某中学的一位老师反映：

2014年，我们一起培训的还有一名女生，她刚进入学校宿舍后就一直哭，跟家里人打电话，诉说自己在这里培训没有床褥、没有凉席，只有一张什么都没有的床铺，还担心晚上有蚊子咬她。我心想怕吃苦还怎么去农村学校教书啊。

在教育信息化时代背景下，未来课堂对教师信息知识和素养结构有了更高的要求，各地方教育主管部门也纷纷重视对农村中小学教师信息技术能力的提高，开展了一系列教师培训。他们接受的职后培训层级多样，有国家主办的各种教师培训，也有地方主办的各种教师培训；培训主题也呈现多元化，有知识传授型培训，也有技能提升型培训；培训的形式相对丰富，有现场讲座，也有远程网络教学。然而，新机制教师的在岗培训最显著的特征就是"散而不精，杂而不细"，在培训过程中，新机制教师的主动性和参与性尚未被激活。从培训理念看，新机制教师的在岗培训依旧采取"补缺式"模式，将新机制教师视为培训的客体而非主体，培训课程的设计仍然以培训教师为权威和主导，新机制教师的主观能动性和实践性知识完全被忽视，培训教师"一言堂"情形仍未得到改观；培训课堂中依旧采取以讲授式为主的教学方法，新机制教师的课堂参与性不高，培训动机也难以得到激发。不仅如此，新机制教师的培训问题还体现为职前培养与职后培训的相互分离，新机制教师的职前培养一般由师范院校、综合院校承担，但教师入职后的培训相对零散，主要由省级、县级教育行政部门承担，职前、职后培训主体相互独立，互不支持，导致教育理论与教育实践难以有机结合起来。

四、新机制教师的合理流动受阻

（一）新机制教师流动仍然阻碍重重

在传统计划经济体制下，人才的培养、聘任、流动实行高度集中的管理模式，这种人才管理模式不利于人才队伍的结构优化与重组，无法保证人才的合理流动，也就无法充分发挥人才的才智，进而挫伤人才的积极性。实行社会主义市场经济体制后，教师流动仍然阻碍重重。一方面，我国目前尚且没有一部完整的教师流动法，教师流动缺乏科学合理的法律依据；另一方面，地方性教师流动政策过于刚性，缺乏人文性和伦理性，如湖北省新机制教师政策严格限制了教师流动时间和流动方向，新机制教师在工作满一个聘期后才能按照事业单位人事管理人员流动的有关政策正常流动，并且只能在县域内进行交流轮岗，且流动学校不包含县城学校。为了遏制新机制教师向城镇学校流动，县级教育主管部门开始严格控制新机制教师的流动，并对新机制教师流动采取严厉的围堵、惩处措施。县教育局的相关人员向我们反映，当前县级政府对新机制教师的流动限制非常大：

省里对新机制教师出台了相关政策，如新机制教师工作满一个聘期后，也就是3年以后，可按事业单位人事管理人员流动的有关政策正常流动，新机制教师可在县城内进行交流轮岗（不含县城中小学），按校长、教师交流轮岗的有关规定执行。但这个政策并不具备可操作性，教师流动因涉及人事与社会保障部门、教育部门、财政部门、编制办四个部门，教师流动意愿、流动去向、流动比例很难做到精细化。同时，在外地任教的新机制教师很难回到自己的家乡，原因是多样的，可能在分配的时候一些教师就是调剂过去的，或者报考的学校恰巧没有报考的专业，这两种情况都可能导致他们只能在外地学校任教。"我们县就有几位老师报考到其他学校，如罗田、大悟、恩施州，他们现在想回到自己家乡都很难。"

（二）新机制教师无序流动现象比较严重

教师无序流动是指教师的单向、逐级流动现象。新机制教师主要是从教学点、村小流向中心校，从乡镇中小学流向城市学校，呈现出逐级流动的趋势；同时，从流动方向来看，主要是从经济待遇差的学校流向经济待遇好的学校，呈现出单向性流动的趋势。

（三）新机制教师隐形流失比较严重

教师隐形流失是指教师暂且没有脱离教师岗位，但将主要精力用于学校教育以外的其他事业上，如考研、考公务员、考事业单位或者开发第二职业，并且严重影响了当前的教学活动。教师职业最大的吸引力在于稳定，许多人正是偏好教师职业的稳定性以及所带来的养老保险、医疗保险等福利政策而选择了教师职业，但为了谋求更大的经济利益，部分教师将个人精力放在教学以外的其他事情上，严重影响了教学质量的提高。数据分析结果表明，3年聘任期内，有23.3%的新机制教师"正在考虑违约，且可能性比较大"。这些新机制教师作为隐形流失人员，在未来可能实现向城镇的实际流动。

（四）新机制教师内部流动不够

在人才频繁流动的当今社会，更多人将主要关注点放在了教师外部流动上，如推行县域内教师流动、城乡教师流动，却忽视了教师在学校内部的流动，有些学校管理者甚至觉得教师内部流动不合理。教育事业相比其他事业更具稳定性，教师如果长期处于一个固定的岗位，思维就会逐渐固化，工作积极性也会逐渐降低，学校自然就会缺乏生气。除了外部流动，内部流动的可能性和收益更大。人一旦对某一职业感兴趣，就会追求这一职业，并愿意为此付出努力（申继亮，2006）。因此，重视教师流动可以考察教师对不同岗位的适应性，从而找到最合适教师的岗位，并激发其内在潜能，避免教师流失。但当前，大部分农村中小学校长根本没有意识到甚至忽视了教师内部交流。

五、新机制教师政策引发的其他系列问题

（一）进一步加剧了农村教师性别比例失衡

长期以来，教师性别比例是大家共同关注的热点话题。改革开放以后，农村教师性别结构逐渐发生变化，"女性化"趋势日益凸显。对湖北省的实证研究表明，新机制教师的性别结构已经严重失衡，呈现出显著的"女性化"趋势，即女性教师数量远远多于男性教师数量且比例日益增加。无论从不同乡镇、不同学校还是不同学段的教师招聘情况看，新机制教师性别结构都开始严重失衡，"姹紫嫣红"的景象已经形成并逐年扩大化。从样本数据看，在新机制教师中，男性教师比例只占 18.4%，而女性教师比例高达 81.6%。自 2012 年以来，黄冈市浠水县有 12 个乡镇中小学都在招聘新机制教师（表 6-6），女性总量明显超越男性，大部分学校的女性教师所占比例已经超过 80%。湖北省赤壁市观堂镇 2015 年教师招聘情况显示，新招录的 54 名新机制教师中，有 44 名是女性，女性教师比例高达 81.5%。从学段分配情况看，小学和初中教师仍以女性教师为主体，如观堂镇中小学男教师与女教师（特指在乡镇中小学工作的专业人员）比例分别为：小学为 17.2% 和 82.8%；普通初中为 8% 和 92%。2014 年，湖北省鄂州市王埠小学新进的 4 名教师、临江中心小学新进的 3 名教师、胡林中学新进的 1 名教师全都是女性。2015 年，湖北省浠水县绿杨中学招录的 9 名新机制教师、兰溪中学招录的 6 名新机制教师也都是女性。在连续 5 年的新机制教师招聘中，女性教师的比例居高不下。2016 年的调研数据还显示，71 个招聘县（市）中，女性教师比例均在 80% 左右，如浠水巴河镇在岗在编教师有 73 名，其中女性教师有 60 名，男性教师有 13 名，女性教师比例高达 82.2%。这些数据表明，新机制教师政策进一步加剧了农村教师队伍性别比例失衡，即女性教师比例持续上升。

表 6-6 2012—2014 年湖北省浠水县新机制教师性别分布表

镇名	教师数量（人）	女性数量（人）	男性数量（人）	女性占比（%）
清泉镇	115	98	17	85.2
巴河镇	94	82	12	87.2
团陂镇	78	59	19	73.8

续表

镇名	教师数量（人）	女性数量（人）	男性数量（人）	女性占比（%）
关口镇	70	52	18	74.3
竹瓦镇	57	46	11	80.7
洗马镇	52	38	14	73.1
散花镇	49	41	8	83.7
兰溪镇	32	28	4	87.5
蔡河镇	31	25	6	80.6
丁司垱镇	28	22	6	78.6
白莲镇	18	14	4	77.8
绿杨乡	30	23	7	76.7

（二）异地招考容易引发新机制教师在生活、心理、文化上的不适应问题

异地招考是相对于本土化培养模式而言的，本土化培养模式下的生源来自本地，毕业后回到当地任教，这种定向培养机制可以在一定程度上增强教师队伍的稳定性。而异地招考作为一种新型的教师招聘方式，其积极影响是通过吸纳外地教师来促进校际、区域的文化交流，通过教师传播异域文化，扩大学生的知识视野；其不足之处在于异地教师在进入陌生的农村场域时，会在生活、心理、文化上表现出极度的不适应。这种不适应表现为生活上的不便利、异地新机制教师的心理落差大以及异地新机制教师难以融入当地的文化氛围。生活上的不便利涉及异地新机制教师的日常饮食、住房环境、水电网络、交通出行。新机制教师的生活现状满意度如图6-8所示，16.80%的新机制教师对自己的生活现状非常满意；29.40%的新机制教师认为自己的生活现状较为"一般"，不好不坏，但是生活质量并不高；还有11.80%的新机制教师对自己的生活现状"不太满意"，"非常不满意"的新机制教师占0.80%。可见部分新机制教师的生活满意度并不高。对于在农村中小学，尤其是教学点和村小任教的新机制教师而言，他们以学校为家，工作日都待在学校，但学校提供的饮食条件和住宿环境较差。有不少新机制教师反映，自己时常吃不上可口的饭菜，去学校外面买很不经济，只有趁着每次回家才有机会饱餐痛饮一顿。调研过程中，我们曾与新机制教师共同生活数日，发现大多数农村中小学教师的饮食条件并不好。通过观堂镇随阳学校邱老师的生活日记，可以感受到农村新机制教师在生活上的不如意：

刚来的时候感觉非常不适应，第一个晚上哭着给家里人打电话，述说自己难以待在这里的种种原因，在父亲的劝说下，坚持了一个星期，就慢慢适应了这里

的生活。

我和学生同吃住,一天三餐我都选在食堂就餐,食堂阿姨人很不错,大家一起吃也总比一个人吃着香,选两三个便宜菜,每份菜都有一些鲜肉,油很重但味道并不好,还有一份肉汤可以享用。我就住在寄宿生旁边,这些房子都是翻修过的旧楼房,房间环境很一般,没有什么特殊布置,也不温馨,只是独立卫生间还算方便。每天我都要自己储备一些水,因为到了下午学校供水会比较紧张,教师宿舍就会暂时停水。在这里,我只能用自己的电脑来办公,我的电脑由于买的比较早,有些系统功能还无法发挥,都不能连上网。我们出去一趟非常不方便,一天的班车数上午最多,下午到了三点就只有最后一班车。我每次从家里来到学校需要花费1个多小时,颠簸在山路之中,一边欣赏着风景,一边准备着待会儿的课程,心情总有些忐忑不安。

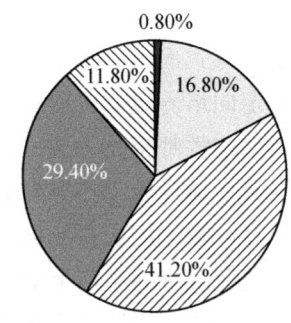

图 6-8 新机制教师的生活现状满意度调查结果

在湖北省内,农村偏远地区教师周转房的数量仍然十分有限,有些乡村学校教师人数较多,但住房供给严重不足,教师只能多人挤在同一个房间或者挤进学生宿舍,甚至去学校外面租房。同时,教师周转房的质量也不高,大部分异地新机制教师住在学校翻修的新宿舍,房间装修的偷工减料现象非常明显,有些房间的墙皮已经开始严重脱落,尽管房间空旷偌大但却非宜居之地。新机制教师出行会受到地形地势、交通线路、时间的影响,本地新机制教师基本上每周回家一趟,工作日住在学校;而异地新机制教师,回家次数比较少,周末时光只能留在空荡的宿舍或前往闹市逛逛。教师用水时间也受到限制,山间地理环境特殊,供水难免紧张;学校接入的网络宽带较旧,且容易受到极端天气的影响。

异乡的饮食、住房、水电、网络、交通等的不便利使得异地新机制教师在心理上产生巨大的落差感，工作以后的生活现状与大学时期的生活也相距甚远，巨大的心理落差不仅表明异地新机制教师的生活现状不容乐观，还通过异地新机制教师的文化不适应表现出来。这种文化不适应问题主要体现为异地新机制教师对当地语言的不理解、对留守老人溺爱行为的不理解、对本校年老教师生活方式的不理解。

语言障碍不利于学校与当地社区居民开展家校合作，也会阻碍异地新机制教师和家长的有效沟通，进而影响着学校教育质量的提高。一方面，异地新机制教师难以完全融入乡村社区，当地文化特有的符号和标志无法唤起异乡人的共同认知，异地新机制教师对留守老人的溺爱行为表示不理解。另一方面，作为城市化的先驱者，异地新机制教师在居住地点、择偶标准、网络消费、教学理念、教学手段等方面表现出与本地教师不同的显著特征。本地教师的户籍所在地是以所任教学校当地为主体，他们大部分已经成为本地居民，部分教师来自学校附近的乡村。其生活已经完全与教学融为一体，呈现出"半农半学"的生活特征，也体现为身份特征的双重化，教学时间置身于课堂和办公室时为教师，非教学时间置身于家庭和土地时为农民。自 20 世纪 80 年代以来，我国农村中小学补充的教师大多就读于收费制度改革后的高等院校，历经高等教育和城镇化的熏陶，已经呈现出"离乡、离农、离土"的特征，新机制教师已经顺利完成了由"农"向"城"的转化，其工作单位属于体制内的教育事业单位，其工作特征以学校为中心，其身份特征类似于市民而非农民，其生活方式趋向城市化。不同的教育制度、不同的时代特征造就了两种截然不同的乡村教师，这也是新机制教师无法理解本校年老教师生活方式的主要原因。

第五节 湖北省新机制教师面临问题的深层次原因

新机制教师面临的这样那样的问题，既有体制机制方面的原因，也有教育主管部门、学校和新机制教师自身方面的原因。只有对这些原因进行全面分析，才能得出正确的结论。

一、新机制教师的工资管理体制和保障机制不完善

(一) 财力与事权的严重不对应

新机制教师工资和福利待遇落实不到位的原因有很多，其中，最主要的原因就在于实行"以县为主"的农村义务教育教师工资管理体制，其实质是教师待遇在政府供给的事权与财政支出的财力上的严重不对称。自 20 世纪 80 年代以来，我国教育财政体制经历了一个根本性的结构变迁，由单一化的集中体制向经费来源多元化的分权体制转变，县乡政府承担着义务教育的主要筹资责任，但在大量的农村地区和贫困地区，县乡政府所筹集的资金仍然非常有限；与之相对的是经济较为发达的城市地区，其义务教育学校无论是通过预算内还是预算外渠道都能筹集到更多的资金。1994 年的分税制改革进一步明确了各级政府的收入来源，促使政府间的财政能力发生了变化，财力高度集中于中央财政和省级财政，而义务教育服务供给的事权大部分集中在县级及以下地方政府，由此造成了各级政府间财力与事权的严重不对应。尽管税费改革强调了中央政府、省级政府以及县级政府的责任，但并未对三者的事权和财权进行明确划分。除了少数发达地区的经济发展水平较高，国内大部分地区的地方财政实力仍然不高，特别是中西部地区的国家贫困县和省级贫困县，财政收入基本上只能维持义务教育的基本运转，而义务教育的主要财政支出部分即教师工资，则成为基层政府的财政负担。如果新机制教师的工资依然沿袭以县级政府为主的义务教育教师工资管理体制，必然会出现新机制教师工资和福利待遇无法得到有效落实的问题。

(二) 政策推行过急导致相关政策不完善

西蒙认为，决策过程是一个不断调节适应现实发展的活动过程。一个正确的决策过程要考虑价值要素与实施要素相结合，不仅需要考虑价值判断和价值选择是不是建立在正确的实施认识和判断的基础上，还需要考虑所选择的方案是否与政策目标相互适应，即政策方案是否具备可操作性的特征 (西蒙，1988)。从这个角度看，任何教育政策在决策、执行过程中都会面临着政策调整的问题，只有不断修改、补充、调节、完善教育政策，才能保证教育政策的合目的性与合规律性。新机制教师政策属于教育政策的一种，在执行过程中，也需要不断调整才能逐渐实现其政策目标。其中，新机制教师政策中最为关键的部分，即新机制教师工资

待遇的具体执行方案尚且不明确。如省财政对新机制教师的人均补助经费到底有多少，县级政府又该补齐多少，都是比较模糊的；工资增长资金到底由谁来发放，怎么发放，以及发放时限都没有具体的制度安排；与当地教师的同等待遇都没有进行细化和明确。这些不明确的规定致使各县（市）在落实新机制教师待遇过程中，产生了诸多分歧和错误理解，甚至有些县级财政公开克扣、故意截留新机制教师的工资和福利待遇资金，致使一些地方的新机制教师工资延时发放、工资大打折扣、津贴补贴落实不到位。可见，只有制定细致、明晰、可操作的相关政策，才能逐渐减少地方政府的主观随意性和不公正偏好。

（三）专项转移支付的周期较长且存在不规范性

在教育决策分权化的环境中，各国义务教育财政分权化的程度有所不同。在高度分散的教育财政系统中，地方政府相对于高层政府而言，在地方信息、学校情况以及居民偏好方面具有一定的优势，因而我国义务教育的教育决策权通常落在地方政府和基层学校，但我国地域经济和社会发展不平衡、地方政府财力差距悬殊，过度依赖地方政府会导致县域之间的教育投入不均衡以及地方教育需求的财政能力不均等。这就需要一个能够均衡政府间财力状况的平衡机制，转移支付制度应运而生。作为教育财政体制的重要组成部分，政府间转移支付制度主要是为了消解分权化教育财政系统的弊端。转移支付制度通常可分为两种：一种是为了弥补财政缺口而发生的一般性转移支付；另一种是设定了资金使用方向的专项性转移支付。后者除了专项补助外，还包括项目性的专项转移支付。作为省级统筹实施的义务教育教师补充新机制，新机制教师政策通常被视为固定的教育项目，而新机制教师工资则被视为项目性的专项转移资金，通过省级政府的专项性转移支付将新机制教师工资支付到县级政府，项目所在地政府予以配套资金，用以补齐新机制教师工资差额。专项性转移资金分配缺乏操作性和透明性，致使专项性转移支付的公平性受到质疑。与此同时，专项性转移支付还具有一定的周期性，通常而言，省级财政将转移资金支付到县级财政需要半年多的时间，先是学校将新机制教师名单报到县编办，县各部门审批、核对之后再继续提交到省政府，省编办确认名单无误之后，省财政才会向县财政拨款。出现新机制教师半年没有发工资的窘况，主要是因为县（市）财政不够充裕，无法提前垫付新机制教师的工资性收入，反之，如果县政府的财政实力颇为雄厚，新机制教师在工资发放方面也不会出现如此多的问题。与此同时，专项性转移支付还存在着诸多不规范问题，最为突出的就是转移支付的监督力度不够。上级政府只负责审核人员名单，进行资金拨付，却对资金是否拨付到位、是否足额发放等监督不力，致使新机制教师的工资问题重重。

二、新机制教师生活、工作环境欠佳

研究表明，新机制教师的生活满意度不高主要是由先天不佳的工作环境和生活环境引起的。新机制教师主要分布在偏远、贫困、落后的山区。一方面，山区地理位置偏僻、交通不便，致使教师购物、出行存在困难；另一方面，新机制教师任教学校大多属于连片贫困山区，当地经济建设不够发达，配套的公共服务设施不完善，学校的健身休闲设施陈旧不堪，网络使用不稳定、维修困难，教师用水用电受到限制。可见，新机制教师的生活环境欠佳。同时，农村山区的文化较为落后，至今仍然盛行着"读书无用论"，农村家庭对子女教育的重视程度不高，导致学生的厌学情绪高涨、逃学行为明显，甚至不服从管教，公开欺凌女教师。可见，新机制教师的工作环境欠佳。

三、相关配套政策不完善和激励因素不足

当前，新机制教师的配套政策不完善引发了新机制教师巨大的心理落差。依据美国心理学家埃里克森（Erikson）所提出的社会心理发展理论，18—30岁是成年早期，是组建家庭生活的重要阶段，是建立人与人之间的亲密关系，感受爱情生活的基本过程阶段。可见新机制教师正处于渴望构建亲密关系、家庭生活的重要时期，此时的基本住房、配偶问题以及工作发展都会影响着他们的心理状况。同时，新机制教师也面临着从学校走进社会的迷茫期，基本住房、工作发展等配套政策对他们的心理发展有很大影响。刚刚走出象牙塔的年轻教师，其心理体验热烈丰满，对社会充满希冀，对工作充满激情，当走进真实的农村中小学后，他们会发现，一切都来得如此不一样，此时的他们可能会出现心理情绪低落、内心矛盾不已甚至引发一些极端行为。他们的住宿环境相当简陋，食堂饭菜难以调动味觉，同时还需要承担繁重的教学任务，适应闭塞的自然环境、结交陌生的组织人员、减少出行机会，这种现实状况与他们理想中的教师职业相距甚远，很多人来到农村中小学后，发现与自己所想象的学校完全不一致，在第二天便选择离开。

从教师年龄结构看，新机制教师的年龄在30岁左右，对于风华正茂的男性教师而言，30岁正是成家立业的好时机。然而，在农村中小学任教的男性教师时常

因为教学工资水平过低、收入来源单一、家庭背景农村化等,不受当地年轻女性青睐,进而在理想预期与现实困惑中形成巨大的心理落差。在新机制教师中,只有接近20%的教师是男性教师,而在这部分男性教师中间,已经结婚或者处于婚恋状态的教师大多是有一定家庭背景的教师,否则他们在低额的收入中根本无法独立成家,而在年龄、社会、家庭压力的共同挤压下,他们只能接受现实成为"啃老族"。我们在调研期间也发现,部分男性教师由于选在农村中小学工作而被大学期间的恋爱对象"抛弃"。由此可见,新机制教师的固定收入已经无法保障他们成家立业。为早日成家立业,很多农村男性新机制教师只能在任教之余或者寒暑假外出打工,他们开发出来的第二职业可谓多种多样,如进行家教、开培训班。

关于配偶问题,除了男性教师会有巨大的心理落差外,女性教师同样会出现心理反差,但其特征有所区别,体现为女性教师的"高配"难觅。据调查,80%以上的新机制教师都是女性,而女性教师相对于男性教师,并没有成家立业的社会压力,传统观念给予她们的厚望更多是扮演好家庭角色,她们自己也希望能够寻觅到一位"如意郎君",在经济收入、社会地位上能够支撑起家庭的男性,她们的婚恋问题主要受到教学和生活时空固化的影响,而不是过低的经济收入。哈格里夫斯曾经说过,教师的最大困难便是时间,时间阻碍着教师发展。女性新机制教师在教学和生活方面呈现出明显的单一性和凝滞性。教师的时间可以分为常规时间和意外时间(丁道勇,2009)。而新机制教师的教学时间主要参照课程表和学校临时安排来进行,依据上课铃声来确定教师的授课时间、课后时间。对于年轻的女性新机制教师而言,她们不仅每周课时量很大,上课之余还要承担着作业批改、学生管理、课件准备的任务,甚至还需要完成照料学生起居、保证学生安全、监督学生完成作业等教学外的额外工作。调查结果显示,38.6%的女性新机制教师每天需要花费2个小时用于其他教学活动,29.8%的女性新机制教师每天需要花费3个小时用于其他教学活动。由此可见,女性新机制教师的教学时空已经占据了她们的生活时空,婚恋问题一再被抛在脑后,特别对于单身、住校的女教师而言,这种现象更为明显。

我们呈现出一位单身女性新机制教师一天的时空分布情况(表6-7)。这位张老师来自初级小学,她目前处于单身状态,住在学校宿舍,家在十堰市,在咸宁市读完大学,就报考了当地的花纹小学。她每天的生活安排基本按照课程表来展开,周一到周五,她穿梭于宿舍、食堂、办公室、教室这四点一线,每天从早上7:30开始一天的工作到17:00送走学生的这9个半小时内,至少有5个小时都待在教室，还要花费将近 2 个小时批改作业，其余时间待在宿舍，在校外活动的时间比较少，包括送走学生所需的 30 分钟。

表 6-7　湖北省咸宁市咸安区花纹小学张老师的一天（2016-05-18）

时间	地点	事项
7:00—7:30	教师宿舍	起床洗漱
7:30—8:30	食堂、办公室	吃早餐、安排学生打扫卫生
8:30—12:00	教室	上课
12:00—12:50	食堂	吃午餐
12:50—14:00	教室	上课
14:30—16:00	教室	看管学生自习、午休
16:00—16:30	教室	上课
16:30—17:00	校门口	护送学生回家
17:00—17:30	食堂	吃晚餐
17:40—19:00	办公室	改作业
19:00—21:30	教师宿舍	自定（写论文、日记、计划、反思、看电视）
21:30	教师宿舍	休息

调研期间还遇到一位女性新机制教师，她来自浠水县张岭学校，性格腼腆、喜欢宅校。工作之前，她在学校认真学习，希望通过知识改变命运，走出农村。毕业后发现工作不好找，2011 年，她索性报考了湖北省"资教生计划"，当时被分配到浠水县一所特别偏僻的村小——茅江小学；一年过后她报考了新机制教师岗位，被分配到工作环境较好、交通较为便利的张岭小学。自从来到学校后，她深深地感受到了美好的大学生活与残酷的现实世界之间的差距。受到个人性格因素的影响，她很少主动与外界交流，结交异性的机会越来越少。在学校里面，她通常与其他女性教师结成非正式组织，在这个组织中，她们拥有自由、充分的话语权，但她们却很少与组织外的男性教师接触，见面后，她急切地向我们诉说自己的婚恋困扰：

我们学校有 7 位新机制教师，其中，有 4 位已婚，3 位未婚，我是她们的"老大"，今年我已经 28 岁了，平日我不慌不忙，在学校已经习惯了慢悠悠的生活，但母亲却三天两头给我打电话，催我找对象。从现实状况来看，新机制教师分布在不同的学校，考虑到学校所在的地域差异和学科需求，教师分配就非常分散，校与校之间的教师交流非常少，工作以后人脉网、交际圈会逐渐缩小，学校似乎变成了我唯一的生活圈，每天在这个小圈里面打转，很少有机会和别人交流，加上自己性格因素，也不怎么喜欢走出校门，因此，婚恋问题也只能顺其自然。

除了新机制教师的配偶问题之外，配套的工作政策不完善也会让新机制教师形成巨大的心理反差，进而阻碍着新机制教师的工作发展。新机制教师政策所招聘的都是一群壮志凌云、年轻气盛的大学毕业生，他们渴望寻觅到一个良好的工作发展平台，平台的良性运行离不开激励因素的充分调动。赫茨伯格的双因素理论认为，激励因素的满足会带来工作绩效的提高，它们的缺失不会导致工作绩效下降至低于"拿多少钱干多少事"的水平，而激励因素应主要关注与教师息息相关的工作，包括赋予员工足够的责任意识、工作成就感以及自我发展空间。然而，农村新机制教师的激励因素明显不足，教师在职务晋升、职称评定、评奖评优方面仍然无法与当地教师享受同等待遇，新机制教师发展空间受到限制，甚至在工作提升方面存在诸多不公平不合理现象，这会让新机制教师在心理上心存反感甚至厌恶，他们会坚持用一种抱怨的态度看待教学工作，这种消极情绪会极大地制约新机制教师的工作积极性。

四、新机制教师的职前培养和职后培训相互割裂

新机制教师培训效益不高主要是因为教师的职前培养和职后培训出现割裂，主要表现在以下三个方面。①培训目标不一致。在高等院校，师范教育的主要目标是培养合格的专业型教师，但是高校教师大多缺乏在一线教学的实践经验，同时，学校为师范生安排的实践教学周期比较短，因此，师范生在短期内成为专业型教师的这一职前培训目标难以实现。新机制教师的职后培训有多种类型，既包括国家组织的"国培计划"、省教育厅组织的岗前培训，主要目标在于宣传和弘扬高尚的师德素养，也包括县级行政部门组织的专题培训，主要目标在于及时更新教师的专业知识和专业技能，以及学校组织的校本培训，主要目标在于促进教师的校本专业发展。可见，在新机制教师发展的不同阶段，职前培养与职后培训的目标并不统一。②培训课程不衔接。新机制教师在高等院校主要进行教育学相关理论、学科知识、教学基本技能的学习，其中，教师教育体系中基础课程比重只占到15%，这种课程设置并没有考虑到教师从教所需的各项综合能力，如对自然、人文、艺术类课程的综合安排。随着新课程改革的逐步深入，基础教育课堂对教师的综合素养和综合能力有了更高的要求，但教师在基础课程方面较为薄弱，这就形成了一对现实矛盾。可见，新机制教师所接受的职前培养课程与职后培训课

程明显难以衔接起来，课程设置不具备连续性和系统性。③职前培训和职后培训的管理体制不一致。在职前培养阶段，新机制教师主要由高等院校负责统一培训和管理，职后培训则由教育行政部门主导，管理部门的培训理念不一致，直接决定了培训的实际成效。以新机制教师的岗前培训为例，导致培训效益差的主要原因在于湖北省教育厅对农村教师培训存在认识上的不足，且培训效率不高。省级教育主管部门为了节约培训成本，对新机制教师采取大一统的岗前培训，将他们分配到指定的地方采取集中培训的方式进行全员式培训。尽管从形式上看，这符合新机制教师政策的规定，着实保障了新机制教师在3年时间内接受一次全员培训；但从培训效果上看，教师培训是无法满足新机制教师需求的。可见，省级教育主管部门只重视教师的入职引导，却忽视了教师培训的连续性、系统性、科学性和针对性。新机制教师的职前培训变成了行政力量的产物，从而制约着培训实际功效的发挥。行政思维主导下的教师岗前培训是积极主动的，但也是无效的，省级教育管理者掠夺了新机制教师作为专业人员的特定话语权，致使他们在职业前景中出现迷失和困惑。就名义而言，虽然省政府每年为新机制教师提供了固定、重复的培训内容，但忽视了农村中小学和新机制教师发展的实际需求。这种岗前培训模式既不符合学校发展规律，也不符合教师职业发展规律，应进行相应的完善。

五、正式制度的缺位以及保健因素影响新机制教师合理流动

（一）正式制度的缺位不利于新机制教师合理流动

新机制教师的流动制度是指关于教师流动的时空、数量、方向方面的程序与规范，包括正式制度和非正式制度。前者是指中央和地方政府制定的，用以规范和制约教师流动行为的各项正式性规则，这种制度规则具有明显的强制性特征，一经实行在短期内就很难更改，进而形成制度刚性，影响着教师合理流动。当前新机制教师流动的正式制度主要是指湖北省教育厅在《关于进一步完善农村义务教育学校新机制教师队伍管理的意见》中提及的教师流动，该方案明确规定新机制教师只能在县域内中小学流动，而且当前还没有建立起教师"县管校聘"的教师管理制度，教师的系统人身份还没有完全建立，教师的自由流动仍然受到学校限制。

当前，新机制教师无法合理流动主要是由于正式制度的缺位，新机制教师的无序流动现象明显。而正式制度的确立可以从宏观上对教师流动进行有针对性的

引导，提高流动的高效性。首先，正式制度的出台可以保证教育主管部门的有法可依；其次，正式制度一旦颁布，就具备权威性和可控性，依靠着这种行政干预，教育主管部门可以在一定程度上引导教师合理流动；最后，正式制度的出台可以提高教师管理效率，新机制教师流动的正式制度具有明确的规范性、指导性和可操作性，在教育行政部门的严格遵守和高效执行下，教师流动管理的效率会得到提高。

（二）保健因素影响着新机制教师合理流动

与正式制度不同的是，教师流动的非正式制度是指教师在发展过程中逐渐形成的、对教师流动行为具有明确导向作用，并得到教师一致认同的不成文的利益规则，这种教师流动具有内生性、潜在性、主观性、非强制性和不可控性等特征（谢延龙，2015），通常体现为保健因素。依据赫茨伯格的双因素理论，经济待遇、工作环境、人际关系等保健因素会影响着组织员工的工作积极性，这些因素的满足会带来工作绩效的提高，它们的缺失会降低员工的工作绩效，引发职工的不满情绪。然而，新机制教师的经济收入较低、工作压力较大、工作环境较差、难以完全融入地方等因素会影响着新机制教师的合理流动。

经济收入较低影响着新机制教师流动。从当前新机制教师的流动方向看，主要是从经济条件差的地方流向经济条件好的地方。经济利益是新机制教师流动的主要内驱力。由于我国长期实行城乡二元经济体制，东部沿海发达地区学校的硬件设备和软件资源相对充足，而经济欠发达的农村地区的学校，义务教育投入长期不足，基础设施和师资队伍的建设都比较差。这就形成了农村学校与城市学校的差距，基于此，家庭条件好的学生会主动流向城市学校，教师也不例外，同样会选择向经济待遇好的学校流动。

国际研究表明，教师流动与选择更好的经济待遇有重要关联。在美国公立学校离职的教师群体中，14.2%的离职教师声称他们获得了更好的工资和福利待遇，私立学校离职教师表示获得了更好的工资和福利待遇的占21.8%；2000—2001年学年度，这一比例在公立学校离职教师中占20%，在私立离职教师中占28%（项亚光，2008）。调查发现，新机制教师月工资在2500元左右，27.1%的新机制教师认为自己的收入与学校其他教师相比处于中下等，37.4%的新机制教师认为自己的收入与学校其他教师相比处于下等；78.3%的流动教师是为了获得更好的经济收入，大多数新机制教师的工伤保险、失业保险、生育保险得不到保证；近5年新机制教师只接受过入职前的一次体检。这些因素直接促成了新机制教师向城市的单一流动，这种单一流动严重影响着农村中小学师资队伍的稳定性以及教育质量的有效提高。

当教师物质经济待遇达到一定程度时，教师流失往往表现为物质待遇以外的其他追求（孟令熙，2004）。同时，不同年龄阶段的教师对于物质的需求是不一样的。一般而言，40岁以前刚刚步入社会的男性新机制教师，迫于现实压力，他们不得不考虑购买住房、组建家庭、养育孩子，这一年龄阶段的男性教师正是需要物质保障的时期。而步入中年以后，事业进入平稳期，教师更多考虑个人发展空间，对经济之外的精神追求更加重视。

工作压力巨大也影响着新机制教师流动。工作压力是指产生于外界、形成于内心的一种主观感受。积极运用压力，可以提高工作效率，产生有益影响；压力如果得不到合理调试，将引导人误入歧途，挫伤人的工作积极性，严重的会对个人身心及社会产生不利影响。并且，这种积极和消极的影响可以在一定条件下发生转化。调查结果（图6-9）显示，有60.5%的新机制教师认为工作有些压力，16.8%的新机制教师认为工作压力非常大，18.5%的新机制教师认为工作压力一般，只有4.2%的新机制教师认为工作压力不大。工作压力的出现，既有外部因素的影响，也有内部因素的影响。一方面，来自学校外部的压力正无形地影响着新机制教师发展，家长所要求的教育质量，学生所要求的学习分数，这些都会给新机制教师工作带来压力；另一方面，从学校环境看，学校赋予新机制教师的巨大的教学压力和科研压力，甚至将这些压力来源纳入新机制教师考核体系。数据分析表明（图6-10），教师的压力来源是多元的，其中，75.8%的新机制教师认为压力主要来自收入低、待遇差；54.2%的新机制教师认为压力主要来自教学问题。

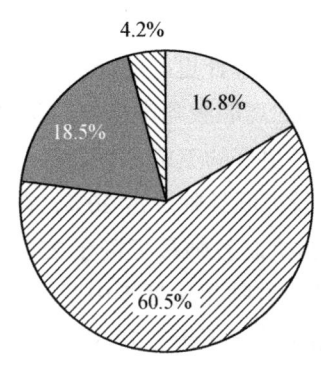

图6-9 "新机制教师工作压力分布情况"问题的调查结果

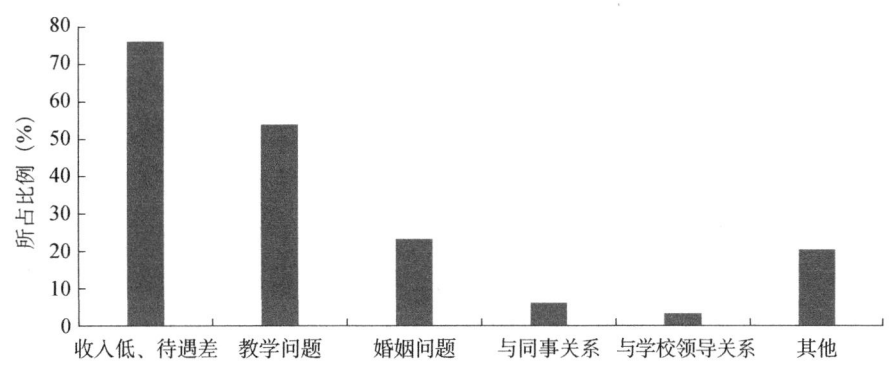

图 6-10　新机制教师压力来源情况的调查结果

新机制教师与地方环境的融入性不够也影响着新机制教师流动。新机制教师进入学校后，会与自己周围的同事、校长、社区建立起有机联系，而新机制教师与同事的人际关系、与校领导的人际关系、与社区的融合程度无疑会影响着新机制教师流动。一所人际关系和谐、管理宽松民主的学校，对新机制教师的吸引力会增大。新机制教师与地方环境的融入性不够体现为地方学校对新机制教师的"排斥"。一方面，部分农村学校的校长将新机制教师视为学校的外来人员，认为他们是异乡人，无法在本校驻留太久，忽视他们的专业发展。与本土教师不同，新机制教师是由省级政府在全省范围内公开统考统招的教师，这就意味着新机制教师聘任过程中存在着"跨县市"录取情况，部分新机制教师并非来自本地，在任教期间会面临着迥异的文化差异。另一方面，新机制教师与当地任教多年的教师之间的交流并不畅通。调研发现，新机制教师在学校多以完成教学任务为主，老教师很少主动关心新机制教师，新机制教师遇到生活问题不会主动寻求老教师的帮助，通常都是由几个年轻新机制教师协商解决。调查发现，81.5%的新机制教师认为，新机制教师政策会引起新老教师之间的对立。可见，部分新机制教师与当地校长、教师的融入性不够，新机制教师的发言权被剥夺，他们的工作发展空间也受到限制，致使新机制教师心理状态不稳定，甚至成为教师流失的潜在因子。

期满留任后的诸多困惑也影响新机制教师流动。根据双因素理论可知，为员工提供良好的工作条件，可以提升员工的工作绩效，至少可以保证员工"拿多少钱干多少事"；如果不加提供，员工的工作绩效会降低，工作态度会有所懈怠。因此，为激发教师工作积极性，需要为教师提供稳定可靠的工作保障，当教师感到工作的持久性和稳定性之后，自然会回报工作以积极的态度。西维克（Severke）、荷兰格林（Hellgen）和纳斯威尔（Naswall）等的元分析强有力地证明了工作不安全感对雇员工作满意度、工作投入度、组织承诺、组织信任的消极影响，以及对离职意向的增强作用（Bultena，1998）。教师职业与一般职业的不同之处在于稳定性，这种稳定性不仅有利于教师自身专业发展，也有利于学生成长。因此，教师职业发展需要稳定性来保障。由此推论，新机制教师期满后的入编情况、工资变化是教师心理状态不稳定的重要因素。

新机制教师期满留任后的第一个困惑是能否顺利入编。新机制教师 3 年期满之后，就面临着入编和工资变动问题。通过对新机制教师相关政策文本进行分析发现，现有的政策文本中并没有提及新机制教师期满留任后的入编事宜和工资安排。我们在调研时发现，湖北省新机制教师在签订聘任合同时，自己手中并没有合同副本。很多新机制教师反映，当他们问及教育局关于期满后的入编事宜时，教育局相关人员只是回应会依据新机制教师的考核情况、个人意愿再决定。2016 年 5 月，我们调研时发现，很多新机制教师已经工作四五年了，但仍然没有领到编制证，也没有与当地教育局续签合同。可见，期满留任后能否及时入编仍让新机制教师感到十分困惑。

新机制教师期满留任后的第二个困惑就是工资是否能有所变动。新机制教师入编之后就纳入当地县级政府管理，由于各地工资标准存在差异，有些乡镇由于县级政府财政实力有限，教师工资几乎没有提高，2012 年，新机制教师的年薪约为 3 万元，2016 年，年薪仍然只有 3 万元。从纵向比较看，新机制教师的工资增长幅度过小；从横向比较看，一些县的新机制教师的工资水平相比其他地方较低。

新机制教师期满后的第三个困惑是职业认同感不高。通过数据分析（图 6-11）可知，对新机制教师政策比较满意的教师占 18.4%，认为新机制教师政策一般的占 45.8%，对新机制教师政策不太满意的教师占 22.5%，对新机制教师政策非常不满意的教师占 13.3%。这种对政策不满的情绪体验使得大部分新机制教师并不认同该政策，也不会向身边熟悉的人推荐报考新机制教师岗位，这也从侧面反映出新机制教师政策的不完善。

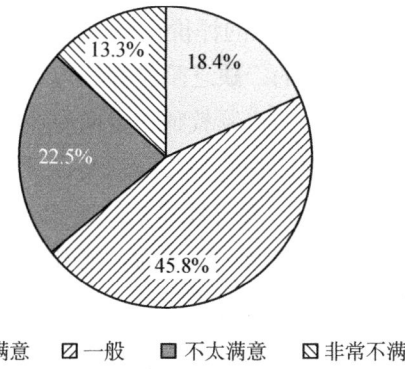

图 6-11　新机制教师政策满意度分析

六、学校培养机制的不完善和内生动力不足

教师专业发展是教师在教学过程中，不断积累经验，反思自己，完善自己并促进自身专业发展的过程。从微观层面看，学校培养机制的不完善是导致新机制教师难以走向专业发展的重要原因。新机制教师进入学校以后，就由学校任用，学校对新机制教师的教学任务、专业发展担有不可推卸的责任，甚至学校的重视程度也会影响着新机制教师参与培训的积极性。通常而言，学校越重视教师培养，教师专业发展空间就越大，各项专业技能和专业方法就越能在教师培训中得到快速提升和改善。教师在步入课堂的那一刻，就意味着在教学方面朝着专业路径发展。促进新机制教师教学专业发展的主要路径包括建立起稳定的"师徒帮扶制""公开课"制度，但这两种形式存在着明显的问题。①不精细、不系统。新机制教师在走上讲台的过程中，会经常面临着巨大的心理挑战、能力挑战和专业危机感，譬如对课程内容的生疏，对授课方法的不合理使用，对待学生管理的无所适从。新机制教师在需要专业指导的时候却没有专业人员及时提供合适的帮助。此外，新机制教师还面临着这样一些问题。刚进入学校，校长就对他们委以重担，给他们安排了繁重的教学任务，以至于新机制教师刚任教不久就感觉疲惫不堪，而当前 62.5%的新机制教师认为自己的教学水平属于中等。这就说明任教初期给他们安排过于繁重的教学任务，对他们而言具有一定的专业挑战性。从教师专业的发展轨迹看，入职的第一年是关键期，此时新机制教师需要得到优秀教师的全程指导、悉心帮助，细致指导他们怎么备课、上课、听课、评课、结课，但当前的师徒帮扶制很难做到精细化。②学校对指导教师的选拔标准不够严谨，教师的指导

活动缺乏科学的评价和反馈，教师的评价程序不一定客观公正，并且教师的听课、评课通常是只言片语和零散化的，缺乏阶段性和连续性。

除了外在环境的限制外，新机制教师在走向专业发展过程中还会受到个体因素的影响。目前，新机制教师面临的主要问题是自身教学经验不足、学生缺乏学习兴趣，加上学校基础设施差、教学仪器短缺（图6-12）。这些问题严重制约着新机制教师的专业发展。内生发展理论认为，提升内生动力是实现内生发展的重要方式，而当前新机制教师内生动力不足，直接导致他们的专业发展出现困难，具体包括：①新机制教师缺乏内生发展动力，突出表现为教师专业地位的缺失，使得教师在学校组织中无法对自己进行清晰定位，甚至主观上认为自己的主要任务就是教好书，而没有从根本上树立主人翁意识；②教师内生发展意识不够强烈，遇到一些专业问题也不愿意主动寻求帮助；③教师内生发展的权利落实不到位，教师逐渐成为教育教学的单一执行工具；④教师内生发展缺乏相应的激励机制。

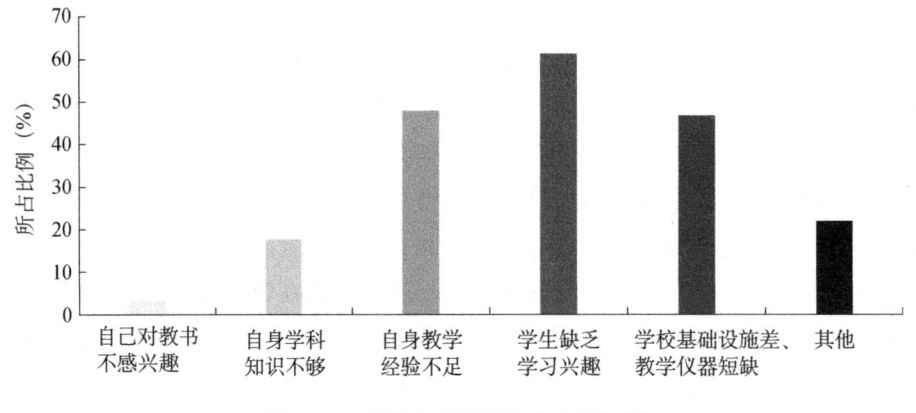

图6-12 新机制教师面临的主要问题

第六节　完善湖北省新机制教师政策的建议

一、改善新机制教师工资的管理体制和保障机制

当前新机制教师的工资和福利待遇仍然由县级政府来保障，受制于县级政府财政实力不足，中央财政转移支付的周期较长以及中央下属的县（市）较多，基于省级统筹的农村教师补充新机制，应重点加强省级财政对农村义务教育学校招

聘教师的财政责任，同时建立起省级统筹的动态工资增长机制以及新机制教师工资发放的保障机制，鼓励学校积极探索本地化的教师绩效改革方案。

(一) 重点增强省级政府对新机制教师的财政责任意识

我国要稳步推进城乡义务教育均衡发展，保障偏远农村地区学生的受教育水平，使其享受更加均衡的教育服务，就要建设一支富有生机与活力的教师队伍，而建设这样一支教师队伍的关键在于确保教师享受公平合理的工资待遇政策，使城乡同级别教师的工资水平大体相当。国际经验表明，义务教育的投资责任重心不宜过低，投资主体应适当上移，如日本和法国，将中小学教师视为国家公务员，按照公务员制度进行管理，日本法律虽然明确规定中小学教师的工资由都道府县和市町村两级政府负担，但教师工资大部分来源于中央政府的税收返还；而法国不仅明确规定由中央政府全额负担中小学教师工资，而且中小学教师还能享受公务员具有的子女补贴、交通补贴，以及公务员不能享受的岗位津贴、超工作量津贴等收入（亓俊国，姜红，2003）。美国义务教育教师的工资虽有地方学区支付，但地方学区经费的半数来自州政府的财政补助拨款，教师工资实际上是由州政府和地方学区共同负担（许竞，2005）。从我国现实情况看，我国地域分布广泛，地形复杂多变，省际跨度较大，由中央政府进行统筹管理往往耗时耗力且成效不高，同时地方政府相对于高层政府具有显著的信息优势，省级统筹是更为高效的管理方式。从县级政府与省级政府的财政实力来看，省级政府的财力明显强于县级政府，但当前省级统筹水平仍然不高，财权与事权仍然不匹配，呈现出"省轻县重"的状态，省级统筹有助于改善这种状况。同时，新机制教师3年期满后如果留任在当地中小学，也会给当地县级政府带来巨大的财政负担。从根本上解除县级政府财政乏力的困境，则是确立省级政府统筹的农村义务教育财政体制，重点加强省级政府对新机制教师的财政责任。

建议将新机制教师的工资管理权从县级政府上移到省级政府部门，逐步确立省级财政统筹的新机制教师工资保障机制，重点增强和提高省级财政对新机制教师的财政责任意识和财政供给水平。同时，需要明确新机制教师工资的最低标准，比照当地公务员的工资水平，保证新机制教师与同级别公务员享受大体相当的工资和福利待遇。从省级财政转移支付的方式来看，省政府可以根据全国教师工资标准将新机制教师的工资，通过专款定向转移到指定银行，将教师工资直接发放到教师个人银行卡，避免教师工资发放的不及时、不足额。

（二）逐步建立省级统筹的动态工资增长机制

结合我国现实情况和国外提高教师社会经济地位的保障措施，我国农村教师社会和经济地位的提高需要逐步建立起动态的教师工资增长机制。国际社会已经认识到了提高教师工资待遇的积极作用，各国的普遍做法是每1—2年对教师涨薪一次。衡量教师待遇的高低，不能只看其工资的绝对值，还要看它实际能交换到的生活资料和社会服务的数量和质量，这就不能不考虑到通货膨胀率以及其他行业工资的浮动因素等（曲铁华，梁清，2002）。而省级财政供给水平通过新机制教师的工资福利数量和增长体现出来。双因素理论认为，为了使农村中小学教师岗位更具吸引力，应发挥工资政策的积极作用，而当前新机制教师工资政策的难点是如何建立起动态的工资增长机制。①新机制教师任教初期，也就是任教的最初3年，在对新机制教师进行考核的基础上，保证新机制教师的工资每年都会有所提高，从第三年起每两年提高一次；②对于连续两年考核合格的新机制教师予以职务提升，并增加工资；③相应增加津贴补贴的总额，只有当教师感受到职业稳定、有保障的时候，其他优秀人员才会不断涌入教师队伍（吴志宏，冯大鸣，1988）。关于工资增长的标准，新机制教师也给出了自己的标准。笔者通过调研发现，38.3%的新机制教师认为自己的月收入在"3501—4000元"这个区间比较合适，认为月收入在"2501—3000元""3001—3500元"区间比较合适的分别占17.6%和26.1%，认为月收入在"4000元以上"比较合适的新机制教师占18%。

（三）逐步完善并建立新机制教师工资发放的保障机制

新机制教师的工资问题主要体现为政策难以得到落实，只要这些政策能够落实到位，按时足额发放新机制教师工资是不成问题的。但在实际执行过程中，一些地方政府谋用私权，擅自克扣、截留和挪用教育经费，致使新机制教师工资发放困难、福利政策难以落实。为此，必须尽早建立起新机制教师工资发放的保障机制，将新机制教师工资发放情况与领导人员的目标考核机制相结合。同时，建立工资发放的监督机制，对违反新机制教师工资发放政策，不按时落实新机制教师法定福利政策的单位或个人，都要进行严厉的惩处。我国正在大力建设服务型政府，服务型政府应朝着公开、公平、公正的方向努力，不仅需要监督工资发放情况，还需要通过政府的信息化公众平台及时公开监督结果，接受社会成员的全面监督。

（四）学校应积极配合政府探索多元化的绩效激励机制

双因素理论认为，工资政策、制度环境等保健因素可以有效激发员工的内在潜能，调动其工作积极性和创造性。从湖北省浠水县教育局提供的《绩效工资改革方案》可以发现，新机制教师的绩效工资分为基础性和奖励性两部分，其中，基础性工资占70%，包括农村学校教师津贴、聘用岗位工资，按照县人力资源和社会保障局审核的标准，按月发放；奖励性工资占30%，包括班主任津贴、超课时津贴、教育教学奖励及其他，全额用于考核发放，考核重点与教职工工作量和工作业绩挂钩。尽管各地绩效激励方案明确指出，开展新机制教师绩效工资要注意结合教育规律和教师工作的特点，既要重视考核结果，也要重视工作过程，将过程性评价与结果性评价相结合；既要强调出勤率、工作量和教学成果，也要注意教师教育过程的落实和情感渗透、言传身教；要坚持定性评价和定量考核相结合，防止出现考核过程中的形式主义和机械主义。但这些实施方案的细则过于简单粗略，不具备可操作性，致使奖励性工资无法真正拉开差距，无法体现对优秀新机制教师的"优劳优酬"。下一步应积极探索行之有效的激励绩效制度，将实施方案进一步细化并落实，如可适当减轻学生考试成绩在绩效考核中的比重，增加教师的德行、品质的权重；以及教师对学生思想、行为、观念的转变等。这就需要各地学校密切配合政府部门探索多元化的绩效工资激励机制，在学校内部尝试改革，以此推动绩效工资改革。

二、完善新机制教师配套政策

（一）加大教师生活补偿力度，切实解决新机制教师生活困难问题

针对新机制教师所面临的生活住房、用水用电、交通出行困难等问题，建议通过加大生活补偿力度来切实解决。针对新机制教师所处环境的"先天不足"，提供相应的补偿措施，利用经济补偿满足新机制教师的"经济人"需求。从经济补偿看，包括直接经济补偿和间接经济补偿，前者主要包括交通补贴、住房补贴、公积金补贴；后者主要体现为人文关怀，即对身处农村偏远地区、环境极端恶劣的新机制教师优先配备生活物资、教师住房，增强地方政府的社会责任感。同时，各项补偿政策需要县级政府的配套落实才能得到保障，因此，各县级政府部门需要积极配合上级政府的补偿行动，完善和落实新机制教师的生活补偿政策。

（二）合理解决新机制教师的配偶问题，解除他们的后顾之忧

新机制教师面临着自身难以解决的配偶问题，这就要求各级教育主管部门高

度重视这一社会现象,并采取合理措施解决新机制教师的配偶问题,解除他们的后顾之忧。各级教育主管部门应充分认识到,新机制教师之所以出现配偶问题,关键在于其经济地位较低,经济收入一旦无法得到保障,其社会地位也会相应降低,专业发展的权威性和可及性也会随之减弱。因此,为了从根本上解决新机制教师的配偶问题,省级政府应加大对新机制教师的工资统筹力度,建立起科学合理的工资增长机制,保证新机制教师享受与当地公务员同等的经济收入和福利待遇,甚至更高;县级政府需要完善对新机制教师的人事管理,增强对新机制教师的人文关怀,在县域内试点实行教师轮岗制度,增进同一地区不同学校男女教师之间的交流与合作,为他们搭桥引线,鼓励他们投身于农村教育事业。对于在农村基层工作数年的女教师,应给予政策上的体恤优待(武晓伟,郑新蓉,2015)。利用感情和家庭留住新机制教师,满足他们最基本的婚恋需求。除了进行体制改革外,学校部门也应适当减轻新机制教师的教学压力,实行科学民主化的教师管理。针对女性教师,学校可以搭桥引线,为她们主动安排一些相亲活动,为她们介绍当地的、有一定收入保障、道德品行良好的男性。从女性新机制教师的实际需求看,她们更加偏好寻求当地的公务员、商人为配偶,来弥补她们在经济收入上的匮乏。

三、建立新机制教师职前培养与职后培训体系

我国教师教育的职前培养和职后培训是相互割裂的。高校负责职前培养,地方教育主管部门负责职后培训,其下属的教研中心以及教师进修院校负责具体实施。要保证新机制教师专业素质和专业能力的提高,最关键的是要在职前培养和职后培训之间建立起有效的沟通桥梁,也就是专业的教师发展机构。由于这是一项涉及面广、系统深入的制度化变革,所需的投入成本相对较大,投资主体应上移到国家或省级政府层面,只有建立起一体化的职前职后培养制度,才能将教师职前教育与职后教育有机统一起来,形成适应教育事业发展的、高质量的教师教育与培养体系,才能更好地促进教师的专业发展(贾建国,2011)。从世界范围看,当中小学教师专业素质参差不齐的时候,教育质量会受到很大影响,因此必须高度重视教师专业素质的提高。采取补缺式培训是提高教师专业素质行之有效的方法,但补缺式培训必须以规范化和制度化作为前提,在这点上美国、日本已经为我们提供了良好的借鉴经验。如美国的教师专业发展学校(professional development school,PDS),这一名词最早出现在1986年霍姆斯小组提供的报告

《明日的教师》中,该报告明确提出,美国各州应以中小学为基地,与大学建立起合作伙伴关系,通过大学与中小学的有机衔接建立起教师专业发展学校。

正确理解美国的教师专业发展学校需要把握好以下四点。第一,从教师专业发展学校的成立背景来看,1983年,美国国家教育质量调查委员会提交了报告《国家处在危机中:教育改革势在必行》,该报告从国家安全的角度阐述了教育改革的重要性,提出了一系列实质性的教育改革建议从而掀起了美国第二次世界大战后的第三次教育改革运动。[①]在全国教育改革的风潮下,加强教师培训质量成为教师专业发展的重要举措之一。第二,从概念界定来看,教师专业发展学校最早是基于构建大学与中小学的合作关系而被设计出来的。教师专业发展学校可提供及时的反思性经验并在更大范围内传播,因此,其重要性日益凸现出来。如果从行业发展的角度来看,教师专业发展机构就相当于大学下属的实践学校、临床学校、研究中心。尽管社会各界人士对此的理解不一致,但教师专业发展学校的目标却是一致的,即为教师提供职前准备促进教师专业发展,为在职教师提供职后培训促进教师专业发展,为学生取得最好的教学成就而设置典型的教学实践和教学案例,为促进学生和教师的发展而提供相应的咨询服务。1991年以后,美国有个别州的郊区、乡村、城市都建立了这种学校,美国教师教育院校协会的统计数据表明,到2000年,全国已经建立了1000多所教师专业发展学校,这已经成为美国教师教育改革的一大趋势(王海燕,2002)。这些学校大多数是初等学校,相当于我国的中小学,也有少数的高中,大多数学校是公立的,也有私立学校的热切参与,无论是何种学校,美国各州政府都将其视为重要变革力量并同等对待。第三,从教师专业发展学校的特点来看,其成立的核心精神在于它对学校教育、合作与反思性实践的理论假设(教育部师范教育司,2003),具体包括:①教师专业发展学校为师范生提供实习机会,确保教学经验的积累;②教师专业发展学校的师资构成包括教育理论家、学科专家、中小学骨干教师,不同教师之间可以形成经验互补;③教师专业发展学校的教师合作研讨教师实践模式,建构新理论,完善教学实践;④教师专业发展学校注重教学创新;⑤教师专业发展学校是各级各类教师寻求合作共生、专业发展的有效平台,无论是大学教授,还是骨干教师、新任教师,抑或是教育行政人员,都可以通过这个平台寻求合作伙伴,走上良性互动、共同发展的专业之路。第四,教师专业发展学校的教师开展的活动丰富多样,主要有专题研究活动、系统咨询服务、教学管理实践、指导实习生,为没有

[①] 第一次教育改革运动以事实中学补偿教育和高等教育扩大为重心,形成了美国历史上的"教育黄金期";第二次教育改革运动以生计教育和回归教育为重心。

经验的教师提供专业建议和监督。教师开展的这些活动主要围绕教师自身展开，以教师为学习主体，他们的学习地位体现在以下三个方面：①教师需求被置于首要地位，一切专业活动以教师的实际需求为导向来展开；②教师的自主性被高度重视，教师几乎完全成为专业发展学校的主导者，全程自主构建课程活动，整合课程资源，开展课程学习；③教师的参与性和能动性被高度重视，整个专业发展计划侧重关注教师的积极参与能力，这种能力是与课程设置相匹配的、与教育改革相适应的，依据教师参与性的提升，教师能动性主要体现在使自己不断朝着专业标准奋斗，进而满足社会大众对优质教师的需求。

通过分析美国教师专业发展学校成立的背景、目标、特点及活动开展，可为完善新机制教师职前、职后培养体系提供可行的经验，主要包括五个方面。①新机制教师职前、职后培训体系亟待一体化。只有充分了解新机制教师的学习基础，才能如实制定培训目标。美国教师专业发展学校尤其注重对实习生的专业指导，指定经验丰富的教师为实习教师开展专业指导活动。②注重教师培训理念的转变。在职后培训中要充分强调教师的主体地位和主体需求，将教师视为主动的学习者，而不是被动的接受者；将教师视为实践者，而不是知识的传声筒；将教师视为反思者，而不是技艺工匠。开展多种形式的培训活动，不仅要在培训类型上满足教师的选择需求，更要在培训活动中高度重视对教师主观能动性的发挥，注重教师实践性知识的养成。③培训目标的承接性和发展性。教师在不同的发展阶段有不同的发展需求，教师培训目标的确立是教师需求满足的基础和前提，当前的培训活动需要将新机制教师培养成为具备终身学习能力、连续发展的专业人员。④在培训课程设置上，要注重培训内容的承接性、系统性和连贯性，注重受训教师的自主性、参与性和能动性。⑤教师培训需要注重大学与中小学的伙伴协作，美国大学与中小学之间的关系纽带就是各州政府，正是州政府对教师素质的高度重视，以及为此开展的伙伴协作活动，才使得教师专业发展学校在短期内快速蔓延并取得立竿见影的成效。

四、建立城乡教师定期流动制度

从国际视野看，教师流动问题解决得比较好的国家有日本、韩国、美国、法国等经济发达国家，其中，日本的中小学教师流动主要得益于定期轮岗制度的建立。第二次世界大战以后，日本经济的快速发展主要得益于基础教育的均衡发展，而基础教育均衡发展的关键在于师资的合理配置。日本的教师流动之所以能够促进学校之间的均衡发展，特别是对于促进农村偏远地区学校发展能产生显著的积极作用，原因有多种。①立法先行。日本为了推动教师流动，颁布了一些制度化的政策和方案，如《教育公务员特例法》《关于地方教育行政组织及营运法律》《教师资格鉴定合格证书》等各项政策和制度都在不同程度上保障着教师流动制度的实施。②政策细化。日本政府在制定教师流动方案时，尽量将政策纲要予以细化和具体，保证教师流动政策的可行性和可操作性。每年11月初，各县政府就会公开发布教师流动方案，包括流动地域、流动层级、流动种类，以及流动的对象、目的、原则和方式，确保政策进入执行环节就能做到有法可依，所有符合流动条件的教师都要填写一份个人流动信息表，由学校校长根据教师流动意愿来确定流动的人员比例，最后将这些汇总信息递交给县教育主管部门教育长进行审批，这样才能保障开学后教务人员的及时到位。③流动比例高。从流动效果看，日本的教师流动确实发挥了积极功效；从地域看，教师流动既有县域内（包括县下属的都、市、街区、村）的双向流动，也包括跨县（相当于我国的省）的区域流动。日本文部科学省1996年度的统计资料显示，小学、初中教师流动的比例最大，当年有96 033名教师进行了流动换岗，流动率为17%，其中，52 105名教师是在同一市、街区、村之间流动，占流动总数的54.3%（有的县高达94.5%）（杜晓利，2012）。④流动频率高。近年来，日本全国的教师平均每隔6年流动一次，大多数县的中小学校长每隔3—5年就要换一所学校（宋辅英，2010）。⑤流动选择多样化。从流动的学校类型看，教师流动既可在同层级学校之间流动，也可在不同层级学校之间互相流动，如小学教师流向小学和高中，高中教师流向小学和高中，这都是政策允许的。⑥流动的优惠措施充足。日本的中小学教师流动制度不仅从法律层面进行保障，还施以配套措施来支持和保障教师流动，通过提供优惠政策，吸引优秀师资前往偏远地区的中小学任教。如《偏僻地方教育振兴法》明确规定：对流向偏远地区的教职员工，从变动或搬迁之日起三年内，除本人工资外，还增发偏僻地区津贴，津贴数额仅仅限于本人月工资和抚养津贴总额的25%以内，此外，还规定对相关教师发放寒冷地区津贴和单身赴任津贴（孔凡琴，邓涛，2007）。

日本的教师定期流动制度对于加强我国偏远地区的新机制教师队伍建设具有积极的借鉴意义，具体有以下两点。

1）从中央政府到地方政府需要从观念层面正确认识并高度重视教师的合理流动。目前，我国对农村中小学教师向城镇学校的流动予以卡堵的方式回应，这种错误的处理方式不仅难以从根源上解决教师的不合理流动，甚至还会加重教师的无序流动。观念指导行动，日本教师流动之所以能够快速运转并发挥对农村薄弱学校的带动作用，与树立科学合理的价值观念有密切关系。当前我国高层政府的观念转变对于教师的合理流动是非常重要的，这种转变包括三层含义。一是树立起市场经济观念。随着社会主义市场经济的快速发展，教师流动有其必然性和规律性，人力资源由市场自由配置，人往高处走，往往符合市场配置人才的科学规律。二是知晓教师教学规律，充分认识到教师职业的稳定性和周期性特征。为了避免出现教师职业倦怠，学校有必要定期鼓励教师开展流动活动。三是要树立起补偿公平的观念。鉴于农村中小学在劳动力市场处于先天的弱势地位，教师配置无法顺应市场经济发展，政府必须采取行政力量进行干预和引导，但是这种干预必须符合教育公平的价值观念，通过对弱势群体和弱势地区的大力扶持，建立起积极有效的补偿机制。

2）县域内教师流动机制亟待完善。日本教师定期流动机制的顺利推行在很大程度上依赖于健全细致的教师流动政策文本的设计，科学合理、细致深入、系统全面的政策文本是政策有效执行、发挥积极效应的重要前提和基础，好的政策文本既能高屋建瓴，也能脚踏实地。通过分析国家层面的政策文本，我们得到如下启示。2014 年，《教育部 财政部 人力资源和社会保障部关于推进县（区）域内义务教育学校校长教师交流轮岗的意见》颁布，该意见明确规定了教师交流的初步方案：①教师交流的地域范围应在县域内逐步推进。②教师交流的目标是合理配置优质校长、教师资源，重点引导优秀校长和骨干教师向农村学校、薄弱学校流动。③教师交流的人员范围是义务教育阶段公办学校在编在岗教师，但是需要符合地方教育行政部门对教师在同一所学校连续任教年限的规定，保证任教年限与中小学学制学段相衔接。④城镇学校、优质学校每学年教师交流轮岗的比例不低于符合交流条件教师总数的 10%，其中，骨干教师交流轮岗应不低于交流总数的 20%；在教师交流的具体方式上，可采用定期交流、跨校竞聘、学区一体化管理、学校联盟、名校办分校、集团化办学、对口支援、乡镇中心学校教师走教等多种途径和方式，也可以结合本地实际，创新其他方式方法。⑤教师交流需要及时跟进配套的激励保障措施，如开展科学的编制管理和岗位设置工作，将前往农村薄弱学校任教一年作为职称评定的必备依据，对绩效工资和评优表彰工作予以倾斜。⑥积极探索"县管校聘"管理体制改革。⑦积极实行"省级统筹、以县为主"的工作机制，鼓励各部门形成联动机制，加强统筹规划、政策指导、督导检查。

国家通过建立城乡教师流动机制，可以确立教师合理流动的客观标准，为教师流动提供可依仗的程序和准则，加强教师流动的规范性，也便于相关监督单位对城乡教师交流轮岗展开合法监督，对违反教师流动法的教师予以严厉批评和惩处，增强流动政策的公开性和透明度。但当政策落实到各个省（自治区、直辖市）及县（市、区）时，就需要结合当地实际情况进行政策优化，这一过程既是切实履行国家政策和号召的重要方式，也是了解当地师资队伍实际情况的优良机会。可以认为，对于县级教育行政部门而言，这是一项极具挑战性的工作，其挑战难度就体现在信息的不对称上，一方面，对上级政府所颁发的政策的领悟程度不够；另一方面，对基层学校情况缺乏深入了解。通过分析湖北省省政府出台的教师交流轮岗政策，可以发现以下问题。①地方性的教师交流政策虽然已经初具规模但仍尚未法制化，仍然不具备强制性，致使很多县（市、区）、学校、教师都将教师交流政策视为个人行为。在"理性经济人"思维导向下，城市优质教师大多不愿意到农村偏远地区的学校任教，即便交流政策提供了适当的补偿措施，如对职称评定等有所倾斜，但仍然无法激励城镇优秀教师到农村中小学任教。②政策宣传力度也不到位，对政策建构的伙伴合作和双向互动缺乏客观阐释，致使大量教师难以从根本上理性客观地理解教师交流政策，有些教师甚至坚持采取单向度思维，主观上认为教师流动是损害自身利益、满足他者利益的不道德行为。由于城乡中小学教师缺乏对彼此的深入了解，大家都不愿意打开心扉展开积极的互动和交流。③地方性的教师交流政策细化程度不够，如没有对教师流动进行基本性质和基本目标的定位；没有将流动人员的选拔标准、流动范围、流动地域、流动方向、流动时限、流动监督、流动评价进行细致规定；没有提供明确的奖惩机制，对积极落实交流政策和消极落实交流政策的县（市、区）、学校、教师没有制定相应的奖惩标准；致使政策执行环节没有相应的指导依据和可倚赖的评价标准。④相关的制度改革难以及时跟上，进而限制着城乡教师的合理交流，如教师管理制度改革、教师工资制度改革等。⑤配套的激励措施不够完善，补偿力度不够大，政策的磁场吸力不够强，无法实现正向的激励效应。

湖北省在统筹制定教师流动政策时，不仅需要对国家层面的教师流动政策进行细致领悟，也需要借鉴其他国家关于教师流动方面的有益探索，更需要结合本省实际，优化政策设计方案，制定切实可行的教师交流政策，并予以配套的政策措施，全面保障教师交流工作的正常运转。为此，特建议如下：①以城乡教师交流轮岗政策为基础，尽快完善城乡教师交流制度。以法律形式来确定教师流动的义务性、定期性和待遇等（薛国凤，2002），并进行规范化、制度化的操作，以保障教师流动的公平、公正和有效（汪永，2005）。通过明确教师交流政策的强制性，将校长、教师交流轮岗工作纳入党政领导干部教育工作督导考核体系，并作为认定全国义务教育发展基本均衡县（市、区）的重要指标。对校长、教师交流轮岗工作推进不力、范围不广、成效不大，达不到规定要求的县，不接受其全国义务教育发展基本均衡县（市、区）的认定申请。同时，可以严格控制城镇教师高级职称人员比例，将前往农村教学点和村小学校任教视为评定高级职称和骨干教师、特级教师的必备条件。②各县（市、区）部门应积极做好政策宣传和思想教育工作，对城乡教师交流的积极价值和客观意义进行全新建构和阐释。可从符合市场及经济规律、教育教学规律、教师发展规律等层面进行建构，同时以县为单位，在县域内的城乡中小学开展政策宣传。③逐步细化教师交流政策，建立起合理、有序、定期的城乡教师交流机制。在政策细化层面，明确教师交流的人员规模、流动地域、流动范围、流动方式方法、流动频率、流动奖惩以及流动监督、流动效果、流动评价机制。④积极探索"县管校用"教师管理制度改革。坚持"以县为主、以校为用"的教师管理体制，教师的人事权和调动权全部归属于县级教育行政部门，教师不再是学校的所有物，而是县域内可以自由调动的"系统人"，这就打开了教师流动的方便之门。⑤完善政策相关的配套激励措施。通过逆向补偿的差序格局来增强教师流动政策的外部吸引力，逐步形成"越往偏远地区补助力度越大"的逆向补偿机制。同时，增强弱势补偿的多元性，通过经济补偿和非经济补偿来丰富教师交流的补偿体系，经济补偿包括对教师绩效工资的适当调整和提高，对教师住房和交通的适当补贴，以及对流出学校的人才培养补偿；非经济补偿包括对教师的编制核定、岗位设置、职务（职称）晋升、业绩考核、培养培训、评优表彰等的适当倾斜。⑥学校管理者应为教师发展创设良好的文化氛围。学校文化是以一定的经济社会和文化底蕴为基础的，在长期运作的过程中不断沉淀、积累的理想信念、道德品质、行为准则等。文化是一所学校的根基，不仅具有正向的引导和激励作用，也具有凝聚人心和加强团队管理的积极作用，同时对教师违反社会规范的行为发挥抑制、约束作用。学校领导应对当地教师实行柔性管理体制，通过民主化、人性化的关怀手段，理解、尊重和帮助每位教师，在学校内部创设和谐互助的人际氛围，激发教师工作的积极性和创造性。

五、采取相关措施，促进新机制教师专业发展

（一）完善招聘相关方案

当前新机制教师政策设计上的缺陷，直接导致教师资源配置的不均衡，进而

引发诸多教师专业发展问题。本书建议，首先，及时完善新机制教师政策的相关招聘方案，从入口端严格控制教师学历，保证新机制教师专业程度的提高；其次，对教学点和村小等农村小规模学校予以高度重视，放宽对专科师范生的准入门槛；最后，不断调整政策方案，通过广泛调研了解农村中小学的实际需求，了解学校的教师编制、配备、流失情况以及学科结构等，尽量招聘与学校所需专业对口的教师，保证新机制教师专业水平的提升。

（二）重视新机制教师的内生发展

除了完善相关的招聘方案，优化新机制教师发展的外部环境外，教师专业发展在很大程度上需要通过个体内在的专业化方式来提高教师的专业水平。前已述及，内生发展理论对于教师发展的启示意义，即涉及如何扩展教师自主发展的意识和能力问题。此外，还应重点关注校本化的教师专业发展，以新机制教师任教学校为研究领域，基于教师专业发展的动力激发、意识转变、权力落实、机制保障等四个层面开始建构新机制教师内生发展理论，当新机制教师感受到了自己在学校发展中的主人翁地位，开始从意识层面关注自己的专业角色，合理运用专业自主权时，新机制教师专业发展的空间范围和可及性就会与日俱增。

（三）将新机制教师全面纳入学校规划和发展体系

新机制教师是一群接受过高等教育熏陶和教师专业发展洗涤的知识分子，当他们脱离象牙塔生活，告别青少年时期的欢愉和喜悦，逐步走向社会和教学生活时，就意味着他们开始从经济和心理上逐渐摆脱对父母的依赖，他们希望在实际的学校生活中寻求真正意义上的独立。初来乍到的新机制教师，面对着农村学校，身体和心理各方面难免会出现诸多不适应，看待问题容易情绪化，甚至全凭自我感受，有些教师感受到了理想与现实的差距后，就会主动逃离农村；有些则慢慢适应农村学校的节奏和步调。当这些趋于适应的新机制教师步入真实课堂时，教师专业发展就真正开始了。在初任教师的谋取关注阶段、合格教师的角色关注阶段、成熟教师的完美关注阶段，都需要高度重视新机制教师的专业主体地位，而这种专业主人翁意识应从农村中小学校长的高度重视和培养中来体现。在"理性经济人"思维的社会导向中，大多数新机制教师都将农村学校视为职业跳板，社会各界对这种隐形流失现象也都予以理解和包容。但在教师流失人数和流失频率水涨船高的境遇中，很多农村中小学校长都开始将新机制教师视为学校发展的"客体"，而非主体，他们害怕优秀教师再次流失，却又束手无措，甚至通过限制教师参加专业比赛来抑制教师专业发展,这是一种非常片面、狭隘的教师发展观念。

内生发展理论认为,发展的内生动力来源于当地资源的合理配置和利用,而教师发展的内生动力来源于任教学校对教师主人翁地位的保障,这种地位权限体现在校长的重视和规划中,从内涵上理解,内生动力是指教师愿意主动从事教学活动,赋予自己内在的责任感和主人翁意识的动力。因此,新机制教师需要得到校长的全面信任和支持,并且校长将他们视为学校的专业主人,为他们创造专业发展的人文氛围。因此,要从根本上激发教师专业发展动力,需要给予新机制教师足够真实的专业主体地位,这种专业主体地位口说无凭,需要落到实处,而这种落实则体现为校长的专业引领。作为一所学校的专业引领者和开拓者,校长需要树立学校发展的全局观念,需要以学校发展进行统筹布局,将新机制教师全面纳入学校规划和发展体系中。只有农村学校校长高度重视新机制教师专业发展,主动落实新机制教师专业主体地位,延伸新机制教师发展的专业路径,新机制教师发展的内生动力才能逐渐被激活,新机制教师才会真实感受到自己的主人翁地位,新机制教师参与学校建设的积极性和创造性才能在这个过程中得到激发。

学校好似一个独立的系统组织,系统内部各个发展要素相互协调、相互促进,学校内部运转离不开教师、学生、经费、后勤人员、制度规则等各种宝贵资源,其中,教师是学校运转最为核心的支撑力,学校规划必然离不开教师资源的共同参与。因此,学校的科学发展需要将教师摆置在主人翁地位,而这种主人翁地位主要体现在学校的全面发展过程中。譬如,学校的总体规划、目标定位、课程开发、资源利用、专业活动的安排,都需要教师的积极参与。这一过程也是教师与群体顺利建立关系的关键期,如果教师此时不能与周围同事群体顺利建立起亲密关系,那么日后在学校环境内,不免会感到孤立而不能融入群体(王枬等,2007)。在教师任教的社会体系中,教师的角色和地位具有多重性。在教室里,教师是课堂的组织者和学生的引导者,居于领导者角色和主动地位;在学校体系中,教师则接受校长和其他行政人员的领导,居于被领导者角色和被动地位。在这种角色结构中,教师的角色定位和地位提升需要借助外部推力来保障,而这种推力与学校组织和制度化的校长领导密不可分。

(四)唤醒沉睡的专业发展意识

教师的自觉是教师能够坚持不断发展的内在、持续、稳定的动力系统(吴黛舒,2014)。因为再好的生活环境也不会自动转化为教师发展,更因为有再多问题的生活环境,在追求发展的教师那里总能找到发展空间,在自觉努力的教师那里总会拓展出更大的可能空间,在切实行动的教师那里总会出现相对昨日之我的真实发展(叶澜,2007)。这就意味着教师内生发展并不取决于外在的环境优劣,而在于教师个体的专业自觉。

教师的专业自觉主要体现为教师的自我更新,包括专业发展意识、专业发展行为、专业发展创造的更新。首先,教师只有具有专业发展意识,才能不断引导自己关注教学活动,将自己从合格教师发展成为优秀教师,从新教师发展成为熟练型教师。在这一转变过程中,教师专业发展需要具备充足的专业发展意识。专业发展意识是教师专业发展的前提和基础,体现在课程设计、规划教学活动以及选择教材方面。因此,在专业发展意识的引导下,教师本人必须把外在的影响转化为自身专业发展过程中的重要动力,必须具备专业发展意识和责任感。教师专业发展的意识可以促使教师增强对自己专业发展的责任感,促使教师不断寻求自我发展,逐渐获得自我发展的能力。其次,随着社会经济和文化的快速发展,人们对教师质量的要求越来越高,教师必须迎合社会要求发展,自觉更新自我行为,发展自我的教育技术能力,如强化反馈教学信息的能力、实施教育教学策略的能力、了解和分析学生的能力、驾驭教材的能力、设计教学方案的能力(万福,2002)。最后,教师的专业自觉主要通过创造自觉来体现,就教学活动本质而言,教学就是一种创造性活动。教师的根本任务在于育人,尽管教师所教授的知识是前人经过不断摸索总结出的实践知识,以一种系统、连续的排列方式呈现在教科书中,但是教师不可能简单地将这些知识完整地灌输给学生。对课程重点、难点的选择,对教学活动、教学方式和教学情境的选择,都需要经过教师的科学设计和安排,才能整齐有序地展现在学生眼前;不仅如此,教师也需要了解学生的发展特征,如学习能力、学习需求、学习兴趣和学习特征,才能基于学生的学习近况,研究学生潜在的内在需求与可能;同时,教师对知识创生的过程,也是引导学生关注现实、培养学生创造兴趣的发展过程,这同样也是教师创造性成果的体现。通过对新机制教师专业发展意识的唤醒,可以充分调动新机制教师的内生发展动力,提升其自主专业发展意识,而专业发展意识的更新,决定了新机制教师专业发展行为的更新,新机制教师在专业发展中的自觉行为,可以激发他们的创造自觉。

(五)认真落实新机制教师的专业自主权

当前,教师专业发展普遍存在的问题是外界对学校、教师和教师专业工作的干扰太多。目前，这些干扰主要来自两个方面。①各级教育行政部门，通常表现为教育领导部门的行政性指令和整齐划一的要求，不同层次的检查和评比太多，有些指令和评比没有经过充分研究，没有充足依据，停留在表面。基层校长往往因为行政命令而疲于应付，这种被动失控的局面，如果不从制度、体制层面加以改进，后果必然是压抑教师积极性、责任心和创造力，并日益强化教师的工具性价值，促使他们成为政策执行的听令者。②社会各界，如家长既要求学生成绩的提高，也要求学生个性的发展；既要求教师对学生进行适当指导，也要求保障学生安全。随着教师经济地位和政治地位的提升，教师发展也从不被重视到被重视，再到出现更深层次的问题，即教师专业发展的自主权保障问题。

落实新机制教师的专业自主权体现在学校的教育教学改革中，尽管社会各界喊出了关于教师专业发展的不同声音，但作为知识权威者，学校领导和教师必须有清醒的专业发展观。在应试教育体制下，学校应适当下放权力，给予教师充分的专业自主权，尊重教师自主选择教学内容、教学方法的权利。同时，学校应以本地资源、技术为根本，关注和研究不同职业生涯阶段教师的不同需求以及教师培训的自主选择权问题。目前，三个方面因素（①本地资源、技术；②不同职业生涯阶段教师的不同需求；③教师培训的自主选择权）的缺乏，致使新机制教师在培训方面花费了大量的时间和精力，最终的培训效果仍然不佳，而且成为影响教师厌学、厌培、厌教的重要因素。因此，学校在教学、培训方面的改革可以逐步落实新机制教师的专业自主权，这样可以促进新机制教师专业话语权的理性回归。

（六）通过信息化手段开展伙伴协作

通过对新机制教师专业自觉的唤醒，新机制教师内生发展的观念已经初步形成，教学能力已经趋于稳定，新机制教师的发展也日益呈现多元化和差异化。随着国家对农村中小学硬件设施的大力投入，农村中小学的信息化教学设备已经不再影响学校的正常运转，但农村教师的信息化专业技能和专业素质却一直难以得到有效提升。尽管各级各类教师培训繁多，但教师始终处于被动发展状态，教师的学习自主性和专业主体地位一直未被高度重视和挖掘；教师的实践性知识一直处于缄默状态，甚至逐步失去发声权。

无论从国际化视野还是从国内经济发达地区的中小学来看，教师专业发展学校所倡导的大学与中小学开展的伙伴协作精神已被实践证明具有积极的指导意义。这种教师专业发展模式是在当地教育主管部门的引领下，通过整合大学和中小学的教师资源，以当地的中小学为基地，建立起大学与中小学的合作机制以促进教师专业发展。目前，这种教师专业发展模式主要存在于我国经济发达的东部沿海地区，这些地区教师的生境问题已经不再是教师发展的焦点，教师发展从物质保障转向精神追求，即追求教师专业知识、专业素养、专业情意的提升；而内生发展理论视域下的教师专业发展主要以调动教师内生发展意识为前提，以教师内生动力为支撑，以专业自主权进行落地，其本质就是立足中小学本地资源和教育技术，采取"专家引领、同伴互助、自我反思"的方式促进教师发展（王枬，2007）。

"专家引领"是新机制教师专业发展的前提和基础，主要是学校聘请一些高校专家组织一些教研活动，为新机制教师的交流和研讨提供一个交流平台。处于一线教学的新机制教师在长期实践中已经积攒了一些教学经验，这些教学经验是教学研究的基础，而在专家的理论引领下，教师进行课堂研究和学生研究是非常容易展开的。在这个平台中，教师通过互相切磋，互相听课、评课、讲课，其缺点和优点就会逐渐暴露，在听取高校专家的建议之后，其教学实践就能得到一定程度的升华。在信息化学习环境中，教师已经基本掌握了专业发展最便捷、易行的方式，如通过教师博客发布教学感悟与其他教师共享；通过电子邮箱与其他教师保持密切联系和沟通；通过各种现代化交流媒介找到互相交流的对象，分享教学经验和教学反思，探讨教学方法和教学规律。这些做法对于教师专业发展都是大有裨益的。"同伴互助"是新机制教师专业发展的重要途径，"同伴"不仅仅包括正式群体，如同一教研组的学科教师，还包括非正式群体，如同一学校内关系亲密的教师、不同学科的教师、志同道合的高校与教师之间建立起的非正式组织。通常而言，同一教研组内都是同一学科的教师，这种同伴交流可以激活教师之间的共同话题，增进教师在单一学科的专业发展；而不同教研组由不同学科教师构成，跨学科的同伴交流有助于促进教师多元学科的专业发展；高校与新机制教师同伴的合作与交流，可以补偿双方所欠缺的专业知识，如高校教师缺乏的是教学实践经验，新机制教师缺乏的是先进的理论知识，通过优势互补可以有效促进教师专业能力的迅速提升；不同非正式组织的亲密关系，可以为同伴学习提供稳固良好、轻松和谐的发展环境，让教师在充满关怀和情意的组织中得到专业指导。自我反思是指新机制教师对自己所经历的教育教学实践进行分析、总结和反思的认知活动。这种反思活动所涉及的对象不仅包括教师个人，也包括教师以外的同伴，还包括实践活动以及隐藏的教育理论。反思活动的主要方式包括撰写教学反思日记、专业论文，也包括平日的聊天、会议、阅读。反思活动最终通过自我评价和自我调节来实现，这就需要教师拥有一定的自我评价能力和自我调节能力。自我评价是指评价对象对自我教学活动和自我反思所做出的主观评价，自我调节是指个体按内部标准而不是由别人指控或环境约束进行的内部控制活动，以维持内部稳定状态的机能（顾明远，1998）。自我评价的高低以及自我调节的掌控力和支配力是衡量教师反思的重要指标。

参 考 文 献

阿耶·L. 希尔曼. 2006. 公共财政与公共政策——政府的责任与局限. 王国华译. 北京：中国社会科学出版社.

埃里克·弗鲁博顿，鲁道夫·芮切特. 2006. 新制度经济学：一个交易费用分析范式. 姜建强，罗长远译. 上海：上海人民出版社.

艾尔·芭比. 2000. 社会研究方法（上）. 邱泽奇译. 北京：华夏大学出版社.

爱因斯坦. 1976. 爱因斯坦文集（第一卷）. 许良英，范岱年译. 北京：商务印书馆.

安雪慧，丁维莉. 2014. "特岗教师计划"政策效果分析. 中国教育学刊,（11）：1-6.

柴江. 2010. 农村教师流失特点解读与补充机制创新. 中小学教师培训,（9）：58-61.

柴葳. 2015. 大山深处的青春之歌——写在"特岗计划"实施十年之际. 云南教育（视界综合版）,（10）：23-24.

常宝宁. 2006-10-23. 调查显示 30.8%的西部贫困地区中小学教师想改行. 中国青年报,（第1版）.

陈庆云. 1996. 公共政策分析. 北京：中国经济出版社.

陈时见. 2007. 师范生免费教育的培养模式探析. 西南大学学报（社会科学版）,（6）：7-11.

陈赟. 2003. 20 世纪 90 年代教师工资问题研究. 清华大学教育研究,（1）：92-96.

陈振明. 1998. 政策科学. 北京：中国人民大学出版社.

陈振明. 2003. 公共政策分析. 北京：中国人民大学出版社.

陈振明. 2009. 政府工具导论. 北京：北京大学出版社.

程方平. 2008-01-09. 重视免费师范生职业品质教育. 光明日报,（第 1 版）.

丁道勇. 2009. 论教育改革中的教师时间. 教师教育研究,（1）: 11-15.

丁煌. 2002. 政策执行阻滞机制及其防治对策——一项基于行为和制度的分析. 北京：人民出版社.

董萍, 邬跃, 宋萑等. 2011-09-07. 善之本在教, 教之本在师——关于农村教师队伍建设的调查. 光明日报,（第 16 版）.

杜晓利. 2012. 教师政策. 上海：上海教育出版社.

范莉莉. 2005. 建立"弱势补偿机制"是解决教师流失问题的有效策略. 江西教育科研,（8）: 25.

范先佐. 1999. 教育经济学. 北京：人民教育出版社.

范献龙. 2007. 资教, 为了山洼洼里的孩子们. 学校党建与思想教育（普教版）,（3）: 46-47.

方增泉, 孟大虎. 2007. 师范生免费教育中的招生与就业制度设计. 清华大学教育研究,（4）: 114-118.

方增泉, 戚家勇. 2010. 北京师范大学 2007 级、2008 级免费师范生的对比调查. 中国教师,（11）: 40-43.

方增泉, 戚家勇. 2011. 推进和完善师范生免费教育制度——基于北京师范大学 2007—2009 级免费师范生的调查. 教师教育研究,（1）: 63-68.

菲利普·库姆斯. 2001. 世界教育危机. 赵宝恒, 李环等译. 北京：人民教育出版社, 126.

冯帮, 汪传艳. 2009. 资教生面临的问题与对策——基于湖北省的实证研究. 上海教育科研,（7）: 18-20.

冯跃武. 2012. 新疆实行地方免费师范生政策解读. 教育教学论坛,（S2）: 197-199.

付淑琼. 2012. 美国州政府的农村教师保障政策研究. 比较教育究,（2）: 65-69.

付卫东. 2009. 资教生参与"农村教师资助行动"的调查与思考. 教师教育研究,（3）: 67-70.

付义朝, 付卫东. 2011. 首届免费师范毕业生就业意向及其影响因素分析——基于全国 6 所部属师范大学免费师范毕业生的调查. 华中师范大学学报（人文社会科学版）,（4）: 150-158.

甘宇. 2011. 义务教育阶段农村教师退出机制探索. 西南农业大学学报（社会科学版），（2）：131-134.

高丽. 2014. 中国义务教育阶段教师资源配置问题研究. 北京：中国社会科学出版社.

高闰青. 2013. 教育公平视阈下"特岗计划"实施成效研究——以河南省为例. 北京：中国社会科学出版社.

高政，刘胡权. 2014. 农村小规模学校教师队伍现状与改进对策. 中国教育学刊，（8）：18-23.

顾明远. 1998. 教育大辞典——增订合编本（下）. 上海：上海教育出版社.

顾明远，檀传宝. 2004. 2004：中国教育发展报告：变革中的教师与教师教育. 北京：北京师范大学出版社.

管培俊. 2012. 中国教师队伍建设研究. 北京：北京师范大学出版社.

郭桂周，于海波. 2012. 美国农村教师短缺困境及其补充策略. 比较教育研究，（6）：87-91.

国家教育委员会政策法规司. 1992. 十一届三中全会以来重要教育文献选编. 北京：教育科学出版社.

韩琳琳. 2016. 云南省特岗教师政策研究. 云南师范大学硕士学位论文.

韩小雨，庞丽娟，谢云丽. 2010. 中小学教师编制标准和编制管理制度研究——基于全国及部分省区现行相关政策的分析. 教育发展研究，（8）：15-19.

何东昌. 1998. 中华人民共和国重要教育文献（1949—1975）. 海口：海南出版社.

赫伯特·西蒙. 1988. 管理行为：管理组织决策过程的研究. 杨烁等译. 北京：北京经济学院出版社.

贺亮. 2013. 支教生问题研究. 华中师范大学硕士学位论文.

胡林. 2013. 本土化定向培养：农村小学教师补充机制的探索. 江西教育，（7）：31.

胡乡峰，于海波. 2016. 我国农村教师补充的现实困境与破解思路. 教学与管理，（7）：10-13.

胡晓军，邱玥. 2016-03-15. 让农村教师住有所居——访江西省九江市副市长卢天锡委员. 光明日报，（第8版）.

黄白. 2009. 农村教师问题研究——教师专业化视角. 太原：山西教育出版社.

黄恒学. 2000. 我国事业单位管理体制改革研究. 哈尔滨：黑龙江人民出版社.

黄友初. 2018. 改革开放 40 年来我国教师专业化的回顾与展望. 课程·教材·教法, (11): 11-17.

加里·德斯勒. 1999. 人力资源管理（第六版）. 刘昕译. 北京：中国人民大学出版社.

贾建国. 2011. 关于我国教师专业发展制度的分析——从新制度主义的视角. 教育探索, (10): 120-122.

蒋丽珠, 李玉向. 2011. 教师队伍建设困顿与出路. 南京：江苏教育出版社.

教育部师范教育司. 2003. 教师专业化的理论与实践（修订版）. 北京：人民教育出版社.

景小涛, 余龙. 2013. 农村义务教育教师补充机制探析——"为美国而教"的生命力与启示. 外国中小学教育, (12): 33-38.

柯佳敏, 朱锦秀. 2015 农村教师补充机制：问题与对策新探. 探索, (3): 119-123.

柯进, 黄兴国, 程墨. 2014-06-25. 省级统筹破解农村师资困局——湖北探索农村教师补充新机制. 中国教育报, (第 1 版).

孔凡琴, 邓涛. 2007. 日、美、法三国基础教育师资配置均衡化的实践与经验. 外国教育研究, (10): 23-27.

李玲, 卢锦珍, 李婷. 2015. 西部农村教师补充的模型建构与实证分析——基于补偿性工资差别理论的视角. 教师教育研究, (6): 45-51.

李琼, 丁梅娟. 2017. 社会变迁中的我国中小学教师队伍发展研究. 北京：北京师范大学出版社.

李素矿, 姚刚, 林文姣等. 2009. 大学生从事农村资教工作的实践与探索——湖北省农村教师资助行动计划战略研究. 武汉：中国地质大学出版社.

李友芝, 李春年, 柳传欣等. 1983. 中国近现代师范教育史资料（第 4 册）. 北京：北京师范大学出版社.

刘福才, 周磊. 2011. 试析师范生免费教育政策的几个前提性假定. 中国教师, (13): 15-18.

刘晖, 杨会芹, 刘丽华. 2014. 贫困地区农村教师补充机制的新路径——对河北省特岗教师工作现状的调研. 石家庄学院学报, (1): 106-109.

刘佳. 2017. 我国"特岗教师计划"实施十年后的回顾、反思与展望. 现代教育管理, (2): 79-84.

刘欣. 2008. 由教育政策走向教育公平——我国基础教育政策的公平机制研究. 华中师范大学博士学位论文.

刘英杰. 1993. 中国教育大事典（1949—1990）. 杭州：浙江教育出版社.

卢现祥. 2004. 新制度经济学. 武汉：武汉大学出版社.

罗丹. 2012. 创新农村教师补充机制加强农村师资队伍建设——中国—联合国儿童基金会"特岗教师"政策研讨会综述. 世界教育信息，（3）：37-40，50.

罗霞. 2006-03-12. 红河州两千万元购买教师岗位. 云南日报，（第1版）.

马克思，恩格斯. 2013. 马克思恩格斯选集. 中共中央马克思恩格斯列宁斯大林著作编译局译. 北京：人民出版社.

马斯洛. 2011. 马斯洛谈自我超越. 石磊译. 天津：天津社会科学院出版社.

孟令熙. 2004. 教师流动规律及其对教育管理的启示. 中国教师，（6）：51-53.

孟旭，马书义. 1999. 中国民办教师现象透析. 南宁：广西教育出版社.

苗培周. 2005. 当前我国农村教育存在的问题及其应对. 中国教育学刊，（5）：1-4.

庞丽娟，韩小雨. 2006. 我国农村义务教育教师队伍建设：问题及其破解. 教育研究，（9）：47-53.

庞丽娟，夏婧. 2009. 建立城乡义务教育学校校长交流机制的政策思考. 教育发展研究，（12）：46-49.

庞守兴. 2000. 中国当代农村教育改革发展史研究. 华东师范大学博士学位论文.

裴娣娜. 2006. 教育研究方法导论. 合肥：安徽教育出版社.

亓俊国，姜红. 2003. 日法两国中小学教师任用管理模式比较. 外国教育研究，（7）：22-25.

秦克铸. 2007. "师范生免费教育"政策回归：新时期教师教育政策的重大调整. 当代教育科学，（8）：25-28.

秦玉友. 2010. 农村学校布局调整的认识、底线与思路. 东北师大学报（哲学社会科学版），（5）：150-155.

仇立平. 2008. 社会研究方法. 重庆：重庆大学出版社.

曲铁华，梁清. 2002. 知识经济与教师待遇探新. 河北师范大学学报（教育科学版），（4）：19-23.

日本筑波大学教育学研究会. 1986. 现代教育学基础. 钟启泉译. 上海：上海教育出版社.

单志艳等. 2013. 国情教育研究书系：中国教师发展报告（2012）. 北京：教育科学出版社.

申继亮. 2006. 师德心语——教师发展之魂. 北京：北京师范大学出版社.

宋辅英. 2010. 县域内义务教育阶段教师合理流动机制研究. 陕西师范大学硕士学位论文.

宋华. 2008. 区域经济发展中的资源开发与环境治理研究. 四川大学博士学位论文.

苏令，黄兴国，余闯等. 2016-07-11. 湖北巧破乡村学校师资困局. 中国教育报，（第1版）.

孙国春. 2013. 师范生免费教育的制度创新与特色探寻——以江苏免费幼师男生项目为例. 教育发展研究，（15）：26-32.

孙绵涛. 2010. 教育政策学. 北京：中国人民大学出版社.

唐纳德·怀特，大卫·B.贝登纳. 1989. 组织行为学. 景光译. 北京：中国财政经济出版社.

唐松林. 2005. 中国农村教师发展研究. 杭州：浙江大学出版社.

万福. 2002. 校本教师培训模式研究. 教育研究，（1）：24-26，54.

汪丞. 2005. 中日中小学教师流动之比较及启示. 比较教育研究，（11）：65-69.

汪传艳. 2009. 湖北省资教生情况的调查分析与思考. 华中师范大学研究生学报，（1）：111-114.

王宝玺. 2002. 复杂科学视角下的教育科学研究方法. 外国中小学教育，（1）：26-30.

王国红. 2007. 试论政策执行中的政策认同. 湖南师范大学社会科学学报，（4）：46-49.

王国明，杨赟悦. 2014. 文化资本视角下的农村教师补充困境研究. 湖南师范大学教育科学学报，（3）：103-107.

王海燕. 2002. 美国专业发展学校的教育行动准备. 外国中小学教育，（4）：13-16.

王红霞. 2010. 创新和完善农村教师补充机制. 教育发展研究，（6）：55-58.

王嘉毅. 2011. 多维视角中的农村教师. 北京：北京师范大学出版社.

王善迈. 2005. 教师教育成本分担与保障机制研究结题报告. 北京：教育部师范教育司.

王宪平,唐玉光.2006.时空因素对教师专业发展的影响.教师教育研究,(5):21-25.

王献玲.2009.中国民办教师的历史回顾及其启示.河南教育(基教版),(6):54-55.

王艳,张世辉.2010.完善农村教师补充与退出的内在动力机制.教育理论与实践,(12):25-26.

王枬等.2007.教师发展:从自在走向自为.桂林:广西师范大学出版社.

王孜,王现彬.2016."特岗计划"实施过程中存在的问题及对策——以广西地区为例.北京教育学院学报(社会科学版),(2):19-25.

魏峰.2009.弹性与韧性:乡土社会民办教师政策运行的民族志.上海:上海三联书店.

魏建徽.2010.农村义务教育教师特岗计划的回顾与展望.现代教育论丛,(9):32-35.

吴黛舒.2014.教育实践与教师发展.福州:福建教育出版社.

吴晗,付卫东.2016.农村义务教育阶段教师补充"新机制":问题与对策——基于湖北省的调查分析.当代教育论坛,(2):20-27.

吴志宏,冯大鸣.1988.中小学管理比较.上海:上海教育出版社.

吴志华,于兰兰,苏伟丽.2011.农村教师的流失:问题及解决之策——基于辽宁省的实证调查.教育理论与实践,(10):3-5.

武晓伟,郑新蓉.2015.我国农村中小学教师性别结构的女性化——基于河北、云南、贵州三省的调查分析.教师教育研究,(3):86-92.

项亚光.2008.当今美国学校教师流动的新动向——基于国家教育统计中心学校教师调查的分析.外国中小学教育,(5):33-36.

谢华,段兆兵.2011.农村小学教师流失问题与补充机制研究——基于对安徽省S县部分小学的调查.教育理论与实践,(10):6-8.

谢延龙.2015.我国教师流动制度的困境与出路.教育发展研究,(22):21-25.

谢延龙.2016.教师流动论.南京:南京师范大学出版社.

许锋华.2013.连片特困民族地区教师队伍建设的困境、原因及出路——基于武陵山区的调查研究.民族教育研究,(5):72-76.

许竞.2005.美国关于教师任教资格与业绩工资的举措及争议.基础教育参考,(4):13-15.

许丽英. 2010. 论教育补偿机制的构建——义务教育资源均衡配置的实现路径探讨. 教育发展研究,（19）：31-35.

许云霄. 2006. 公共选择理论. 北京：北京大学出版社.

薛国凤. 2002. 日本教师"定期流动制"对解决我国偏贫地区义务教育师资问题的启示. 日本问题研究,（1）：48-52.

雅克·哈拉克. 1993. 投资于未来——确定发展中国家教育重点. 尤莉莉, 徐贵平译. 北京：教育科学出版社.

闫建璋. 2007. 对全面恢复师范生免费教育制度的经济学思考——教师教育产品属性的视角. 教育与经济,（4）：47-51.

杨春茂. 2000. 世纪之末的思考——教师队伍建设热点透析. 北京：北京师范大学出版社.

杨公安, 张学敏. 2010. 免费师范生教育中的委托—代理问题及激励约束机制. 教育与经济,（2）：42-45.

杨国营, 宋伟涛. 2015-04-06. 法定福利多数教师"无福消受"——大数据透视基层教师福利现状. 中国教育报,（第5版）.

杨会良. 2006. 当代中国教育财政发展史论纲. 北京：人民出版社.

杨令平, 司晓宏. 2011. 完善西部农村义务教育师资保障机制的思考. 陕西师范大学学报（哲学社会科学版）,（5）：172-176.

杨小秋. 2014. 教师职业退出与补充的"国家规制". 中国教育学刊,（12）：34-39.

杨志勇. 2000. 当代财政学和财政学主流. 沈阳：东北师范大学出版社.

姚云. 2008a. 改革开放以来中国师范教育的发展及未来挑战. 大学（研究与评价）,（6）：11-18.

姚云. 2008b. 师范生免费教育：部属师大发展的机遇与挑战. 现代大学教育,（5）：93-96, 113.

叶红英. 2012. 农村中小学教师补充长效机制研究. 重庆教育学院学报,（4）：5-7.

叶澜. 2007-09-15. 改善教师发展生存环境 提升教师发展自觉. 中国教育报,（第3版）.

叶澜, 白益民, 王枬等. 2001. 教师角色与教师发展新探. 北京：教育科学出版社.

于建嵘. 2001. 岳村政治——转型期中国乡村政治结构的变迁. 北京：商务印书馆.

于伟, 张力跃, 李伯玲. 2007. 我国欠发达地区农村教师队伍建设中的结构性困境与破解. 教育研究, (3)：30-36.

于月萍, 李潮海. 2010. 农村教师退出及补充机制研究. 中国教育学刊, (10)：12-15.

袁桂林. 2004. 农村义务教育"以县为主"管理体制的利弊分析及前瞻性思考. 东北师范大学报（哲学社会科学版）, (1)：115-122.

袁振国. 2000. 中国教育政策评论. 北京：教育科学出版社.

约翰·杜威. 2001. 民主主义与教育. 王承绪译. 北京：人民教育出版社.

曾本友. 2012. 渐进—诱致：创新农村教师补充机制. 东北师大学报（哲学社会科学版）, (2)：158-161.

曾晓东, 鱼霞. 2015. 中国中小学教师发展报告（2014）. 北京：社会科学文献出版社.

曾晓东, 曾娅琴. 2009. 中国教育改革30年：关键数据及国际比较卷. 北京：北京师范大学出版社.

詹姆斯·E. 安德森. 1990. 公共决策. 唐亮译. 北京：华夏出版社.

张德利, 赵准胜. 2014. 农村教师特岗计划实施成效探析——以吉林省为例. 教育理论与实践, (8)：13-15.

张国庆. 2004. 公共政策分析. 上海：复旦大学出版社.

张济洲. 2012. 农村"特岗教师"政策实施：问题与对策. 教育理论与实践, (3)：26-28.

张健龙, 赵利曼. 2013. 从特岗计划解读我国农村教师补充机制的创新. 教育教学论坛, (39)：66-67.

张乐天. 2009. 我国农村教育结构演进六十年. 教育学术月刊, (8)：3-6.

张婷. 2012-03-12. 免费师范生教育期待星火燎原. 中国教育报, (第6版).

张馨. 1999. 公共财政论纲. 北京：经济科学出版社.

张馨, 杨志勇, 郝联峰等. 2000. 当代财政和财政学主流. 沈阳：东北师范大学出版社.

张旭, 冯路皓. 2013. "农村教师资助行动计划"执行中的问题及对策——以湖北省利川县文斗乡为例. 郑州师范教育, (5)：22-25.

张智敏，汪曦.2010.农村义务教育财政新机制的实施及评析——基于湖北省4个县的调查.天中学刊，（6）：6-10.

赵中建.1997.国际教育大会第45届会议的建议.全球教育展望，（6）：4-9.

赵中建.1999.全球教育发展的历史轨迹——国际教育大会60年建议书（1934—1996）.赵中建主译.北京：教育科学出版社.

郑新蓉，杜亮，魏曼华等.2012.中国特岗教师蓝皮书.北京：教育科学出版社.

郑新蓉，杨赟悦.2015."特岗计划"：边远地区教师补充机制的探索.民族教育研究，（1）：58-64.

钟启泉，李其龙.1993.教育科学新进展.西安：陕西人民教育出版社.

周国华，肖玲.2015.新时期农村教师"特岗计划"面临的挑战及政策建议.教育理论与实践，（17）：37-39.

周挥辉.2010.师范生免费教育实践的矛盾分析与政策调适.教育研究，（8）：58-61.

朱启臻.1996.职业指导理论与方法.北京：首都师范大学出版社.

朱旭东，胡艳.2009.中国教育改革30年：教师教育卷.北京：北京师范大学出版社.

朱朝霞，陈和龙，胡玉东.2014.农村全科型小学教师本土化定向培养模式探究——以江西省九江地区为例.南昌师范学院学报，（4）：50-53.

E.R.克鲁斯克，B.M.杰克逊.1992.公共政策词典.上海：上海远东出版社.

Bultena C D. 1998. Social exchange under fire: Direct and moderated effects of job insecurity on social exchange. Dissertation Abstracts International, 59(4-b): 1894.

Hargreaves A. 1994. Changing Teachers, Changing Times: Teachers' Work and Culture in the Postmodern Age. New York: Teachers College Press.

International Bureau of Education(IBE). 1996. Strengthening the role of teachers in a changingworld: Issues, prospects and priorties. International Conference on Education, 45th, Greneva.